情系生态
朱儒泳传

朱汉国　李葳　马红红 ◎ 著

老科学家学术成长资料采集工程
中国科学院院士传记丛书

1927年
出生于浙江宁波

1947年
考入北京师范大学

1951年
留校任教

1954年
留学苏联

1962年
与陈玉花结婚

1993年
当选中国科学院院士

2020年
逝世于广州

情系生态
孙儒泳传

老科学家学术成长资料采集工程
中国科学院院士传记丛书

朱汉国 李葳 马红红 ◎ 著

中国科学技术出版社
上海交通大学出版社

图书在版编目（CIP）数据

情系生态：孙儒泳传/朱汉国，李葳，马红红著.
—北京：中国科学技术出版社，2020.8
（老科学家学术成长资料采集工程丛书.中国科学院院士传记丛书）
ISBN 978-7-5046-8273-4

Ⅰ.①情… Ⅱ.①朱… ②李… ③马… Ⅲ.①孙儒泳－传记 Ⅳ.① K826.15

中国版本图书馆 CIP 数据核字（2019）第 058305 号

责任编辑	何红哲
责任校对	杨京华
责任印制	李晓霖
版式设计	中文天地

出　　版	中国科学技术出版社　上海交通大学出版社
发　　行	中国科学技术出版社有限公司发行部
地　　址	北京市海淀区中关村南大街 16 号
邮　　编	100081
发行电话	010-62173865
传　　真	010-62173081
网　　址	http://www.cspbooks.com.cn

开　　本	787mm×1092mm　1/16
字　　数	230 千字
印　　张	16.25
彩　　插	2
版　　次	2020 年 8 月第 1 版
印　　次	2020 年 8 月第 1 次印刷
印　　刷	北京华联印刷有限公司
书　　号	ISBN 978-7-5046-8273-4 / K·251
定　　价	85.00 元

（凡购买本社图书，如有缺页、倒页、脱页者，本社发行部负责调换）

老科学家学术成长资料采集工程
领导小组专家委员会

主　任：韩启德

委　员：（以姓氏拼音为序）

　　　　陈佳洱　　方　新　　傅志寰　　李静海　　刘　旭
　　　　齐　让　　王礼恒　　徐延豪　　赵沁平

老科学家学术成长资料采集工程
丛书组织机构

特邀顾问（以姓氏拼音为序）

　　　　樊洪业　　方　新　　谢克昌

编委会

主　编：老科学家学术成长资料采集工程领导小组办公室

编　委：（以姓氏拼音为序）

　　　　定宜庄　　董庆九　　郭　哲　　胡宗刚　　胡化凯
　　　　刘晓堪　　吕瑞花　　秦德继　　任福君　　王扬宗
　　　　熊卫民　　姚　力　　张大庆　　张　藜　　张　剑
　　　　周大亚　　周德进

编委会办公室

主　任：孟令耘　　杨志宏

副主任：许　慧　　刘佩英

成　员：（以姓氏拼音为序）

　　　　冯　勤　　高文静　　韩　颖　　李　梅　　刘如溪
　　　　罗兴波　　王传超　　余　君　　张佳静

老科学家学术成长资料采集工程简介

老科学家学术成长资料采集工程（以下简称"采集工程"）是根据国务院领导同志的指示精神，由国家科教领导小组于2010年正式启动，中国科协牵头，联合中组部、教育部、科技部、工信部、财政部、文化部、国资委、解放军总政治部、中国科学院、中国工程院、国家自然科学基金委员会等11部委共同实施的一项抢救性工程，旨在通过实物采集、口述访谈、录音录像等方法，把反映老科学家学术成长历程的关键事件、重要节点、师承关系等各方面的资料保存下来，为深入研究科技人才成长规律，宣传优秀科技人物提供第一手资料和原始素材。

采集工程是一项开创性工作。为确保采集工作规范科学，启动之初即成立了由中国科协主要领导任组长、12个部委分管领导任成员的领导小组，负责采集工程的宏观指导和重要政策措施制定，同时成立领导小组专家委员会负责采集原则确定、采集名单审定和学术咨询，委托科学史学者承担学术指导与组织工作，建立专门的馆藏基地确保采集资料的永久性收藏和提供使用，并研究制定了《采集工作流程》《采集工作规范》等一系列基础文件，作为采集人员的工作指南。截至2016年6月，已启动400多位老科学家的学术成长资料采集工作，获得手稿、书信等实物原件资料73968件，数字化资料178326件，视频资料4037小时，音频资料4963小时，具有重要的史料价值。

　　采集工程的成果目前主要有三种体现形式，一是建设"中国科学家博物馆网络版"，提供学术研究和弘扬科学精神、宣传科学家之用；二是编辑制作科学家专题资料片系列，以视频形式播出；三是研究撰写客观反映老科学家学术成长经历的研究报告，以学术传记的形式，与中国科学院、中国工程院联合出版。随着采集工程的不断拓展和深入，将有更多形式的采集成果问世，为社会公众了解老科学家的感人事迹，探索科技人才成长规律，研究中国科技事业的发展历程提供客观翔实的史料支撑。

总序一

中国科学技术协会主席 韩启德

　　老科学家是共和国建设的重要参与者，也是新中国科技发展历史的亲历者和见证者，他们的学术成长历程生动反映了近现代中国科技事业与科技教育的进展，本身就是新中国科技发展历史的重要组成部分。针对近年来老科学家相继辞世、学术成长资料大量散失的突出问题，中国科协于2009年向国务院提出抢救老科学家学术成长资料的建议，受到国务院领导同志的高度重视和充分肯定，并明确责成中国科协牵头，联合相关部门共同组织实施。根据国务院批复的《老科学家学术成长资料采集工程实施方案》，中国科协联合中组部、教育部、科技部、工业和信息化部、财政部、文化部、国资委、解放军总政治部、中国科学院、中国工程院、国家自然科学基金委员会等11部委共同组成领导小组，从2010年开始组织实施老科学家学术成长资料采集工程。

　　老科学家学术成长资料采集是一项系统工程，通过文献与口述资料的搜集和整理、录音录像、实物采集等形式，把反映老科学家求学历程、师承关系、科研活动、学术成就等学术成长中关键节点和重要事件的口述资料、实物资料和音像资料完整系统地保存下来，对于充实新中国科技发展的历史文献，理清我国科技界学术传承脉络，探索我国科技发展规律和科技人才成长规律，弘扬我国科技工作者求真务实、无私奉献的精神，在全社会营造爱科学、学科学、用科学的良好氛围，是一件很有意义的事情。采集工程把重点放在年龄在80岁以上、学术成长经历丰富的两院院士，以及虽然不是两院院士、但在我国科技事业发展中作出突出贡献的老科技工作者，充分体现了党和国家对老科学家的关心和爱护。

自2010年启动实施以来，采集工程以对历史负责、对国家负责、对科技事业负责的精神，开展了一系列工作，获得大量反映老科学家学术成长历程的文字资料、实物资料和音视频资料，其中有一些资料具有很高的史料价值和学术价值，弥足珍贵。

以传记丛书的形式把采集工程的成果展现给社会公众，是采集工程的目标之一，也是社会各界的共同期待。在我看来，这些传记丛书大都是在充分挖掘档案和书信等各种文献资料、与口述访谈相互印证校核、严密考证的基础之上形成的，内中还有许多很有价值的照片、手稿影印件等珍贵图片，基本做到了图文并茂，语言生动，既体现了历史的鲜活，又立体化地刻画了人物，较好地实现了真实性、专业性、可读性的有机统一。通过这套传记丛书，学者能够获得更加丰富扎实的文献依据，公众能够更加系统深入地了解老一辈科学家的成就、贡献、经历和品格，青少年可以更真实地了解科学家、了解科技活动，进而充分激发对科学家职业的浓厚兴趣。

借此机会，向所有接受采集的老科学家及其亲属朋友，向参与采集工程的工作人员和单位，表示衷心感谢。真诚希望这套丛书能够得到学术界的认可和读者的喜爱，希望采集工程能够得到更广泛的关注和支持。我期待并相信，随着时间的流逝，采集工程的成果将以更加丰富多样的形式呈现给社会公众，采集工程的意义也将越来越彰显于天下。

是为序。

总序二

中国科学院院长　白春礼

由国家科教领导小组直接启动，中国科学技术协会和中国科学院等12个部门和单位共同组织实施的老科学家学术成长资料采集工程，是国务院交办的一项重要任务，也是中国科技界的一件大事。值此采集工程传记丛书出版之际，我向采集工程的顺利实施表示热烈祝贺，向参与采集工程的老科学家和工作人员表示衷心感谢！

按照国务院批准实施的《老科学家学术成长资料采集工程实施方案》，开展这一工作的主要目的就是要通过录音录像、实物采集等多种方式，把反映老科学家学术成长历史的重要资料保存下来，丰富新中国科技发展的历史资料，推动形成新中国的学术传统，激发科技工作者的创新热情和创造活力，在全社会营造爱科学、学科学、用科学的良好氛围。通过实施采集工程，系统搜集、整理反映这些老科学家学术成长历程的关键事件、重要节点、学术传承关系等的各类文献、实物和音视频资料，并结合不同时期的社会发展和国际相关学科领域的发展背景加以梳理和研究，不仅有利于深入了解新中国科学发展的进程特别是老科学家所在学科的发展脉络，而且有利于发现老科学家成长成才中的关键人物、关键事件、关键因素，探索和把握高层次人才培养规律和创新人才成长规律，更有利于理清我国科技界学术传承脉络，深入了解我国科学传统的形成过程，在全社会范围内宣传弘扬老科学家的科学思想、卓越贡献和高尚品质，推动社会主义科学文化和创新文化建设。从这个意义上说，采集工程不仅是一项文化工程，更是一项严肃认真的学术建设工作。

中国科学院是科技事业的国家队，也是凝聚和团结广大院士的大家庭。早在1955年，中国科学院选举产生了第一批学部委员，1993年国务院决定中国科学院学部委员改称中国科学院院士。半个多世纪以来，从学部委员到院士，经历了一个艰难的制度化进程，在我国科学事业发展史上书写了浓墨重彩的一笔。在目前已接受采集的老科学家中，有很大一部分即是上个世纪80、90年代当选的中国科学院学部委员、院士，其中既有学科领域的奠基人和开拓者，也有作出过重大科学成就的著名科学家，更有毕生在专门学科领域默默耕耘的一流学者。作为声誉卓著的学术带头人，他们以发展科技、服务国家、造福人民为己任，求真务实、开拓创新，为我国经济建设、社会发展、科技进步和国家安全作出了重要贡献；作为杰出的科学教育家，他们着力培养、大力提携青年人才，在弘扬科学精神、倡树科学理念方面书写了可歌可泣的光辉篇章。他们的学术成就和成长经历既是新中国科技发展的一个缩影，也是国家和社会的宝贵财富。通过采集工程为老科学家树碑立传，不仅对老科学家们的成就和贡献是一份肯定和安慰，也使我们多年的夙愿得偿！

鲁迅说过，"跨过那站着的前人"。过去的辉煌历史是老一辈科学家铸就的，新的历史篇章需要我们来谱写。衷心希望广大科技工作者能够通过"采集工程"的这套老科学家传记丛书和院士丛书等类似著作，深入具体地了解和学习老一辈科学家学术成长历程中的感人事迹和优秀品质；继承和弘扬老一辈科学家求真务实、勇于创新的科学精神，不畏艰险、勇攀高峰的探索精神，团结协作、淡泊名利的团队精神，报效祖国、服务社会的奉献精神，在推动科技发展和创新型国家建设的广阔道路上取得更辉煌的成绩。

总序三

中国工程院院长 周 济

由中国科协联合相关部门共同组织实施的老科学家学术成长资料采集工程，是一项经国务院批准开展的弘扬老一辈科技专家崇高精神、加强科学道德建设的重要工作，也是我国科技界的共同责任。中国工程院作为采集工程领导小组的成员单位，能够直接参与此项工作，深感责任重大、意义非凡。

在新的历史时期，科学技术作为第一生产力，已经日益成为经济社会发展的主要驱动力。科技工作者作为先进生产力的开拓者和先进文化的传播者，在推动科学技术进步和科技事业发展方面发挥着关键的决定的作用。

新中国成立以来，特别是改革开放30多年来，我们国家的工程科技取得了伟大的历史性成就，为祖国的现代化事业作出了巨大的历史性贡献。两弹一星、三峡工程、高速铁路、载人航天、杂交水稻、载人深潜、超级计算机……一项项重大工程为社会主义事业的蓬勃发展和祖国富强书写了浓墨重彩的篇章。

这些伟大的重大工程成就，凝聚和倾注了以钱学森、朱光亚、周光召、侯祥麟、袁隆平等为代表的一代又一代科技专家们的心血和智慧。他们克服重重困难，攻克无数技术难关，潜心开展科技研究，致力推动创新发展，为实现我国工程科技水平大幅提升和国家综合实力显著增强作出了杰出贡献。他们热爱祖国，忠于人民，自觉把个人事业融入到国家建设大局之中，为实现国家富强而不断奋斗；他们求真务实，勇于创新，用科技为中华民族的伟大复兴铸就了辉煌；他们治学严谨，鞠躬尽瘁，具有崇高的科学精神和科学道德，是我们后代学习的楷模。科学家们的一生是一本珍贵的教科书，他们坚定的理想信念和淡泊名利的崇高品格是中华民族自强不息精神的宝贵财富，永远值得后人铭记和敬仰。

通过实施采集工程，把反映老科学家学术成长经历的重要文字资料、实物资料和音像资料保存下来，把他们卓越的技术成就和可贵的精神品质记录下来，并编辑出版他们的学术传记，对于进一步宣传他们为我国科技发展和民族进步作出的不朽功勋，引导青年科技工作者学习继承他们的可贵精神和优秀品质，不断攀登世界科技高峰，推动在全社会弘扬科学精神，营造爱科学、讲科学、学科学、用科学的良好氛围，无疑有着十分重要的意义。

中国工程院是我国工程科技界的最高荣誉性、咨询性学术机构，集中了一大批成就卓著、德高望重的老科技专家。以各种形式把他们的学术成长经历留存下来，为后人提供启迪，为社会提供借鉴，为共和国的科技发展留下一份珍贵资料。这是我们的愿望和责任，也是科技界和全社会的共同期待。

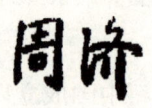

周济

孙儒泳

2012年6月16日，孙儒泳（中）在家中接受采集小组负责人朱汉国（左）等采访
（右一为孙儒泳院士工作助手黄晨西）

2012年6月16日，孙儒泳院士夫妇在接受采访后与采集小组成员合影
（左起：朱汉国、孙儒泳夫人、孙儒泳、黄晨西）

代序　孙儒泳自述[①]

立志与机遇

我出生在贫穷落后的旧中国。记得上小学的时候，老师经常以爱迪生、瓦特、富兰克林的故事鼓励我们努力学习，报效祖国。尤其是东京大地震那年，全市大火，各国政府纷纷派遣船只撤退侨民，唯我堂堂大国却无力自救，最后求助于荷兰船只协助撤出。老师在课堂上对此感慨不已，把科学救国的期望寄托在我们身上。老师的教导从此深深地埋入我幼小的心灵，成为我一生立志攀登的巨大动力。在留苏学习期间，我曾以此为题写了作文，表达我自幼报效祖国的愿望。俄语水平虽然不高，内容却打动了苏联老师的心，称赞这是一篇好文章。

我的青少年时期是多灾多难的，十一岁那年，日本发动全面侵华战争，继而我的家乡宁波沦陷，时局动荡不安，终日惶惶如坐针毡。此时我刚上初一，学校停办，整个初中阶段只能自学和上补习学校，至今也没有初中毕业文凭。残酷的现实使我的心里仇恨与救国并存，我从感性上领悟

[①] 原文发表于《生理科学进展》1999年第1期。采集小组原本拟邀请孙儒泳院士为本书写一篇序言，因孙院士身体原因未能实现。征得孙院士同意，我们以此文代序。

到，落后不能自救，落后就要挨打。我渴望有一个富强的祖国，愿为此贡献毕生精力。

家父是一位商店小职员，微薄的工薪勉强能维持八口之家，难以供给我上高中，所以就念了高中师范。三年的师范教育和两年小学教师工作，使我理解了教育对振兴国家的重大意义和教师这个崇高的职业。为实现我的理想，我没有放弃进一步深造的愿望。由于我整个中学阶段学习时停时续，基础很不扎实，所以我一面在小学任教，一面上夜校补习功课。两年后（1947年），我终于考上了北平师范学院（北京师范大学前身）生物系。我非常珍惜这个机会，我的信条是：业精于勤，荒于嬉。

入学后我发奋学习，当时对我影响最深的有三位老师。二年级时张宗炳老师用英语讲课，课堂上只能听懂二三成，我就课前课后读原版动物学教材，比别人多花上几倍时间，顺利通过了期末考试；更大的收获是：从此引起了我对读原版书籍的无限兴趣。三年级时郭毓彬老师讲比较解剖学，他以进化论为纲，饶有兴趣，尤其是海曼的原版教材，使我入了迷。即使是有限的生活费，我也要千方百计地节约下来去龙门书店买书。而四年级时，刚从美国回来的汪堃仁教授给我们讲动物生理学，深入浅出，层层诱导，引人入胜。动物生理学的考试，我得了个满分。

在他们的影响和鼓励下，从此我奠定了学动物学专业的思想，并在后来选择了动物生理生态学的研究方向。我在大学期间，通过努力学习，从低水平入学的学生变成了班中优秀者，并于1950年年底提前半年留校担任了助教工作。

大学时期也培养了我爱读书的嗜好和做事十分专心的习惯。不少人都知道我坐下去看书可半天不动窝，也很少能被周围发生的事所打动。我爱人经常埋怨我，下班回来也不给她打个招呼。我和同事、学生除了业务以外，很少有其他交往和交谈，在家中总在工作、学习或思考，很少说话。我的第一个博士研究生发现了这个特点后，问我的儿子，你们和爸爸说得最多的是什么？我的儿子回答说："爸爸吃饭了"，"嗯"，此事成为笑话在我的学生中传开。大概就是这个专心致志，久而久之，使我积累了不少知识。

1954年，国家选拔留学生，通过考试和政审，我被选中去苏联进一步深造。出洋留学在当时是极其光彩的事，也是一个十分难得的机遇。我很重情义，从内心感谢党和国家对我的关怀和器重，决心为建设新中国努力学习。经过一年俄语学习后，我被派到莫斯科大学研究生院，导师是著名的生态学家纳乌莫夫。四年学习中，在导师精心和严格的指导下，我勤学苦练，争分夺秒，寒暑假从不休息。我的博士论文是对莫斯科省南北两个地方的两种田鼠进行两年的春夏秋冬八个季节的生理生态特征的比较研究。积累这种论文数据是繁重而艰苦的重复劳动。

当时我给大家留下的印象是整天背着鼠笼鼠夹到野外捕鼠的中国留学生。莫斯科郊外的寒冬腊月两尺多深的雪地里，挖雪洞、放鼠夹，手指发木，鼻尖发疼；夏天烈日曝晒，汗流浃背，遇上一阵雷雨还无处藏身，不得不迎雨跑步以防着凉。当日和次日还要复查和回收。回校后，除了大量的重复实验测定外，还要自己喂鼠食、清鼠笼；科学是严谨的，交给别人喂养不放心。接着是面对大堆数据，当时苏联批判摩尔根学派、排斥"反动的"生物统计学的余波未息，我在小导师指导下，"顶风"琢磨，并实际应用了统计方法。在没有电子计算机的年代，用算盘和手摇计算机进行统计分析，也花了近半年时间。然后是大量阅读文献，结合自己的结果，分析综合，反复思考和修改，并克服语言障碍，第一次以外文写作论文。如此历经辛苦，终于完成了处女作。导师对此十分满意，系答辩委员会也以优秀论文通过。正是这四年的研究生教育，奠定了我一生从事动物生态学研究和教学的牢固基础。

顺境与逆境

还在1958年11月回国以前，我国兽类学老前辈寿振黄教授就邀请我回国后到中国科学院动物研究所去工作。我知道那里的研究条件是国内首屈一指的，但我是一个共产党员，应该服从国家分配，就这样回到了北京师范大学。从国外学习回来的青年都怀有满腔的热情，最大愿望就是希望尽快开展工作，发挥自己的专长。第二年，我就从中国医学科学院争取了参加"柴河林区森林脑炎自然疫源地"的野外调查工作，并认为这是我报答祖国的机会。我从有优越条件的莫斯科大学获副博士学位回国不久，就自愿远离大城市到生活艰苦的原始森林里考察，亲自放鼠夹、打老鼠、做解剖，插空还给四名青年人讲鼠类生态学，并在现场分析了结果，从而博得了大家的尊敬。我也以此次所得资料，整理出三篇研究论文，这是我回国后与学生一起完成的第一项科研成果，1962年在《动物学报》刊出，当年被该刊聘为年轻的编委。

1959年秋，从野外回来不久，我就碰上了"反右倾"运动。由于我回国不久，不谙国内形势，在党内会议上直言，为彭德怀鸣不平，认为给党中央主席写信是符合党章规定的，还怀疑"三面红旗"的可能性。这一下，一向顺利的我，遇上了逆境，立刻受到党内大小会议的无情批判，最后定为"严重右倾"，从此政治上再也抬不起头来。虽然未被"戴上帽子"，仍然免不了下放劳动改造。劳动和困难年代的生活对我都不可怕，我的表现还使我成了大田队长。但政治思想上的磨炼和教训，使我整天沉默寡言，一腔报党报国之心全部倾注于对科学和教育的追求之中。

1961—1963年，知识分子的春天来临，但对于当时年岁不高又受过批判的人是没有科研启动经费可言的。幸而我的老师、当时的生物系主任汪仁教授从他的研究课题中提出一些经费，资助我搞"我国大家鼠属生态生理学特征研究"课题。我得知后，顿时爆发出满腔热情和感激的心情。回想此期间，我有以下几方面的体会：①要有坚定不移的意志，千方百计地去克服困难。钱少、条件差，我就自己去京郊山区和畜牧场捕活鼠，带回来后为鼠建窝、喂食、扫粪便；自己选买和装置仪器，哪怕是最简陋的；为控制温度，有时还推着三轮车上街去拉冰块；对于年已35岁、有学位的我，这可算是够为难的了。但志趣所向，我什么事都干，再大的困难也能克服。②要不断学习，接受再教育。为使自己的研究跟上时代，我经常去北京协和医学院图书馆看新书、读新文献；我还系统地听了杨纪珂教授为成年人业余学习讲的"生物统计"课，并在他的启示下用协方差分析（这在60年代初期还是比较新的）解决了实验结果的数据处理，使论文水平有明显提高。③在我校张天麟的辅导下，我又学习了德语和看专业文献。根据这个课题的研究结果，我后来（1973年）在《动物学报》上又发表了三篇论文。

在这个阶段，生物系决定开设动物生态学新课程、建立实验室，并让我主持，但只配有一名助教。我对教师职业的热爱由来已久（惭愧的是，我在"文化大革命"期间对教师的残酷批判中也有过短期的动摇），故早在苏联的研究生期间，我就对当时出版的奥德姆《生态学基础》和我导师的新教科书手稿爱不释卷，并开始积累资料；还为莫斯科大学的本科生讲过几节实验和理论课。这不仅使我的论文立足于宽厚扎实的专业知识的基础上，也为我撰写适用于我国的《动物生态学》做了准备。因此，生物系给我的这个任务，正合我意。我认为讲好课的最重要环节是认真备课和写好讲义，而写出好教科书是需要有长期教学经验和专业知识的积累作为基础的。由于我一开始就有长远和当前目标，我为了讲一小时课，往往要备课二三十小时。我的一生有两个嗜好：读书和听音乐。每当学到一点新知识，我都如获至宝。如果是公家的书，我就要摘录在活页纸上；如果是自己的，我就画出，写上要点和心得。经过两年的教学，我就写出了讲义，在校际交流。同时，我在一个助教和两个进修教师的帮助下，白手起家，建立了实验室，也初步编出了实验讲义。师范院校的办学方针上，对于教学和科研的关系常有争论，我的体会是：科研和教学是相互促进和相辅相成的，我要求自己两方面都有所发展。科学研究是创造性工作，只有自己从事科研，才能使教材符合时代性。发表科研论文，审阅学报稿件，都对我的教学和教材工作有所帮助。教学则使教师的专业知识加宽加厚，增加研究思路。后来，经过多年教学实践和反复修改、充实，1987年我独著的《动物生态学原理》出版了，1988年年底入选台湾《中国时报》组织专家推荐给台湾读者的十本大陆图书，并于1992年获国家级优秀教材奖和全国教学图书展一等奖。

总之，在60年代初的三年多里，科研和教学同时展开，在领导和老一辈的关怀下，我取得了不少成绩，实际上，这正是"文化大革命"后所获成就的基础。但是，好景不长，又是一连串的政治运动，知识分子再一次陷入了困境。除了以前的老"右倾"问题，1963年整党时又增加一个新的"罪名"，努力搞研究和写教材成了"修正主义苗子"和"白专"的典型。1965年去山西搞"四清"一年，接着"文化大革命"开始，有过教训的我具有了一定的"适应"能力。只要条件允许，我就尽量争取去多读书和多做一些工作，继续提高自己的业务水平。在这个时期，我的工作有：①争取参加了医科院流行病研究所的鼠疫研究和防治工作，包括四年野外调查；②继续读专业书和文献，包括经常去图书馆，做了大量的笔记；③自学了日语，能看专业文献。这些工作为改革开放后继续工作争取了不少时间。

在1977年以后的新形势下，自上而下地组织动员，创造宽松的环境，投入经费，改善条件，建立研究生培养制度，等等，知识分子真正地解放了，我的研究工作才得以深入。如果说我以前的研究主要在阐明我国鼠类的生理生态特征的种间差异、种内季节变化、年龄变异、地理变异等，以后则着重在这些生理生态特征和能量生态的机理方面，具有更普遍的意义，研究课题拓宽、加深。其主要有：①生态能量学方面，如每日能量需要，平均每日代谢率和静止代谢率的关系等；②晚成鼠体温调节能力的胎后发育过程；③田鼠的配偶关系和繁殖行为；④与另一教授联合，从亚细胞水平研究低温适应和胎后产热发育；⑤应用同位素标记测定自由生活田鼠水代谢；⑥把生理生态研究扩展到经济鱼类。至今，我在国内外学术期刊上发表论文九十余篇。这些研究，在我带研究生以后，多数是在我指导下由学生完成的，在发表时，我总是让学生作第一作者。在教学上，我主编或参编了教材四本，开设动物生态生理学新课，并培养了十七名博士生和十二名硕士生。我与另几位教授联合于1984年被批准为生态学博士点，1988年批准为国家教委重点学科。

点 滴 体 会

恢复研究生招生时，记者找我校教师座谈，我认为，我们培养的研究生一定要胜过导师，也就是要青出于蓝而胜于蓝。研究生论文领域所看的文献一定要比导师多，即知识多；在论文工作中，要有新的结果和思想，即创新。我还认为，对待研究生，导师要有伯乐精神，为人才辈出创造条件。有记者访问我时曾经问我："你认为在你获得成功的道路上最主要的因素是什么？"我回答说："自己并不很聪颖，思想上的敏感性也不是很强，这些只能靠后天的加倍努力来弥补，比别人多花些时间读书学习，比别人多花些时间做实验，比别人多花些时间去思考问题。"

如果说，我在科学和教育上取得了点滴成就，那除了祖国的培养以外，还要首先感谢我的这些老师。在此，我愿与读者共勉的是：①立志成才必须要有明确的目标。科学的道路和人生的道路一样是崎岖曲折的，而且这两者有时是紧密相连和相互影响的。真正的科学家，其兴趣在追求真理，其目的是造福人类。只有这样才能持之以恒，执着追求，克服困难，去争取胜利。②要勤奋，勤能补拙。当然勤奋的人不一定都能成才，但成才的人没有一个不勤奋的。③要学习，再学习，切不可有点成就就骄傲。这包括向自己的学生学习，也是最重要的。我近年的基本任务是带博士生，说实在的，他们接触的新知识比我们多、思想敏锐、接受快。教学相长，本来就是一条重要教育原理，矛盾的主要方面应该是老师放下架子。

回顾我这几十年的种种经历，这确实是一条理想、挫折、机遇和长期奋斗之路。同时，我还有很多缺点，在我的长期奋斗过程中，得到了、并希望继续不断得到同事们、朋友们、学生们和家庭的帮助、鼓励和支持。当前我国经济发展，政治稳定，文化繁荣，民族团结，社会进步，形势大好，而我年过七十，仍愿与大家一起为科教兴国共勉，为振兴中华的历史使命发挥余热。

孙儒泳

目 录

老科学家学术成长资料采集工程简介

总序一 ·· 韩启德

总序二 ·· 白春礼

总序三 ·· 周　济

代序　孙儒泳自述 ······································· 孙儒泳

导　言 ·· 1

| **第一章** | **少年求学** ···································· 7

　　从杨家学堂到崇信小学 ································ 9
　　动荡岁月中的中学时代 ······························ 10
　　沪上攻读 ··· 12

| 第二章 | 北上京师 ……………………………… 15

　　入门师大 ……………………………… 16
　　留校任教 ……………………………… 18

| 第三章 | 留苏深造 ……………………………… 21

　　行前准备 ……………………………… 21
　　留苏岁月 ……………………………… 24

| 第四章 | 学成归国 ……………………………… 31

　　考察流行病疫源地 …………………… 32
　　劳动改造 ……………………………… 35
　　重返讲台 ……………………………… 37
　　动乱中的坚守 ………………………… 39

| 第五章 | 师长高风 ……………………………… 43

　　热心生态学教育 ……………………… 43
　　重视教材建设 ………………………… 50
　　培育人才 ……………………………… 60
　　生态学教育领军人 …………………… 70

| 第六章 | 潜心科研 ……………………………… 73

　　"能量收支"研究 ……………………… 75
　　"晚成鼠体温调节胎后发育"研究 …… 78
　　"行为生态"研究 ……………………… 79

鱼类生理生态学研究 ················· 83
　　不断拓展研究领域 ··················· 96
　　硕果流芳 ··························· 103

| 第七章 | 学术交流 ······················· 109

　　推动国内学术交流 ··················· 110
　　融入国际生态学界 ··················· 112
　　发起创立中国生态学会 ··············· 126
　　发挥院士作用 ······················· 131
　　热心社会学术活动 ··················· 139

| 第八章 | 老骥伏枥 ······················· 146

　　推动华南师范大学学科建设 ··········· 147
　　晚年学术活动 ······················· 149
　　生态学普及工作 ····················· 153
　　桑榆霞满天 ························· 155

| 第九章 | 家庭生活 ······················· 158

　　偶结良缘 ··························· 159
　　孙家儿女 ··························· 162
　　天伦情深 ··························· 166

结　语 ································· 168

附录一　孙儒泳年表 ····················· 177

附录二　孙儒泳主要论著目录 ·············· 205

参考文献 ·············· 225

后　记 ·············· 227

图片目录

图 1-1　孙儒泳兄妹合影 …………………………………………… 8
图 1-2　浙东中学旧址，现宁波三江中学 ………………………… 11
图 2-1　孙儒泳与同学在国立北平师范学院合影 ………………… 17
图 2-2　孙儒泳与大学同学的合影 ………………………………… 18
图 2-3　孙儒泳本科毕业成绩表 …………………………………… 19
图 3-1　1953 年 9 月，俄文速成班开学典礼 ……………………… 22
图 3-2　孙儒泳在莫斯科大学实验室做实验 ……………………… 25
图 3-3　1957 年，孙儒泳与阿拉木图鼠疫研究所工作人员
　　　　在天山北侧考察鼠疫疫源地 …………………………… 27
图 5-1　1985 年 12 月 26 日，北京师范大学生物系动物组教师聚会 …… 45
图 5-2　1983 年 5 月 2 日，孙儒泳在北京师范大学生态学研究室 …… 46
图 5-3　1992 年 8 月 11 日，全国第五届高校动物学教学教材学术
　　　　研讨会开幕式 ……………………………………………… 57
图 5-4　1992 年 8 月 11 日，孙儒泳访问新疆维吾尔自治区
　　　　地方病防治研究所 ………………………………………… 58
图 5-5　孙儒泳编著的《动物生态学原理》获 1992 年第二届高校教材
　　　　全国优秀奖 ………………………………………………… 60
图 6-1　孙儒泳在青海海北高寒草甸生态系统研究站 …………… 77
图 6-2　1980 年，孙儒泳主持的"罗非鱼某些耗氧规律"研究获北京市
　　　　科学技术成果四等奖 ……………………………………… 91
图 6-3　1989 年 9 月 7 日，北京市渔业生产科学技术顾问团成员在房山
　　　　渡考察 ……………………………………………………… 92
图 6-4　1987 年 12 月 13 日，孙儒泳在西南师大生物系谢小军的实验室
　　　　观察实验 …………………………………………………… 94

图 6-5　1987 年 12 月 31 日，孙儒泳与博士生大弟子谢小军在西南师范大学门前合影 ·················94
图 6-6　1990 年 12 月 26 日，池塘养鱼生态理论高级研讨班合影 ·················95
图 6-7　孙儒泳所著《生态学与社会经济发展》一书荣获第三届全国优秀科普作品三等奖 ·················108
图 7-1　1983 年 10 月 31 日，孙儒泳在法国巴黎塞纳河桥上 ·················113
图 7-2　1983 年 10 月 26 日，孙儒泳考察比利时荷语鲁汶大学 ·················114
图 7-3　1986 年 8 月，孙儒泳在第四届国际生态学会议上提交了三篇论文摘要，以壁报形式在会场展出 ·················115
图 7-4　1986 年 8 月，孙儒泳访问蓝瑞·沃尔夫教授实验室 ·················115
图 7-5　1986 年 8 月 18 日，孙儒泳在美国鲍德米尔保护区考察 ·················116
图 7-6　1986 年 8 月 18 日，孙儒泳在斯腾山大学生物系做题为"中国兽类生理生态研究"的学术报告后与生物系师生合影 ·················116
图 7-7　1986 年 8 月，访英期间的孙儒泳 ·················117
图 7-8　孙儒泳访问英国阿巴丁大学时与吉明亨教授会见 ·················118
图 7-9　1989 年 8 月 24 日，孙儒泳阅览第五届国际兽类学会议展板 ·················122
图 7-10　1995 年 11 月 10 日，在珠海召开的生态学会第五次全国代表大会部分代表合影 ·················128
图 7-11　1989 年 12 月，中国生态学会理事会暨生态学发展战略会议在石家庄召开，与会代表合影 ·················129
图 7-12　中国科学院院士证书 ·················131
图 7-13　2000 年 7 月，孙儒泳在实验室 ·················132
图 7-14　1992 年 3 月，孙儒泳参加的课题《网箱养鱼对水质要求、影响及防治措施的研究》获北京市科技进步一等奖 ·················141
图 7-15　2001 年 7 月，孙儒泳为雁北师范学院题词留念 ·················145
图 8-1　2002 年 6 月，北京师范大学校领导到孙儒泳家中看望孙儒泳 ·················147
图 8-2　2005 年，孙儒泳主持华南师范大学生命科学学院生态学团队学术会议 ·················148
图 8-3　孙儒泳与华南师范大学科研团队在一起 ·················148
图 8-4　2004 年 8 月 2 日，孙儒泳与夫人陈玉花在宁波院士林植树 ·················150
图 8-5　2007 年 6 月 11 日，孙儒泳从教五十五周年纪念会合影 ·················155

图 8-6	2007年6月11日,孙儒泳从教五十五周年纪念会上,时任北京师范大学校长钟秉林致词	156
图 8-7	2010年9月9日,孙儒泳在其设立的基金"生命科学青年学者奖励基金"颁奖会上为获奖青年教师颁奖	156
图 8-8	2010年,孙儒泳获"感动师大"新闻人物,北京师范大学党委副书记王炳林为其颁奖	157
图 9-1	1962年,孙儒泳与陈玉花结婚照	158
图 9-2	孙儒泳与子女在一起	160

导　言

　　孙儒泳院士是我国著名生态学家。1949年考入北京师范大学生物学系，1951年提前半年毕业，并留校任教。1953年考入北京俄语学院留苏预备部，1954年赴苏联国立莫斯科大学生物土壤系学习，1958年获副博士学位回国。回国后继续在北京师范大学任教。1978年任副教授，1983年任教授，1984年被国务院学位办遴选为博士生导师。1993年当选为中国科学院院士（学部委员）。

　　孙儒泳院士从事生态学教学和科研工作五十多年，撰写和参与撰写的专著、译著、高校教材等共16种，在国内外学术刊物上发表论文160余篇。他以8个季节的实验资料，证明地理上相距仅110千米的两个种群间存在着静止代谢率的地理变异，它平行地出现于两种小啮齿类，即生活在草甸中的普通田鼠（*Microtus arvalis*）和森林中的欧鼠（*Clethrionomys glareolus*），从而为兽类提供了地理物种形成假说的生理生态学证据；同时，他提出了地理变异季节相的新概念。孙儒泳院士通过研究长爪沙鼠（*Meriones nguiculatus*）代谢率随环境温度的变化，发现其静止代谢率与平均每日代谢率的变化率不同，提出以20℃下ADMR为主要参数的weiner日能量收支（DEB）模型应予以修正。他还提出恒温动物恒温能力的一个新指数，在应用上优于Ricklef指数；发现晚成性根田鼠的体温调节能力的胎后发育呈"S"形，可划分为三个时期。

孙儒泳院士独著的《动物生态学原理》相继获得第二届高校教材全国优秀奖和全国教学图书展一等奖。他主持和参加了16项省部级以上科研项目，相继获国家自然科学三等奖、农业部科技进步二等奖等6项国家级奖励，并于1991年获国务院颁发的政府特殊津贴。他曾任中国生态学会第三届理事长，国务院学位委员会学科评议组和国家自然科学基金会生态学科评审组成员，教育部高等学校理科生物学教学指导委员会成员，北京市政府水产科技顾问团成员，《生态学报》和《兽类学报》副主编，《动物学报》和《动物学研究》编委，美国《生理动物学》（Physiological Zoology）编委。现任兰州大学干旱农业生态国家重点实验室学术委员会主任委员，中国科学院动物研究所虫鼠害生物学国家重点实验室学术委员会主任委员，全国师范院校科技教育顾问。

2012年5月，成立以朱汉国为组长，李葳、马红红为主要成员的"孙儒泳学术成长资料采集工程"课题组，开始系统而全面地采集有关孙院士的学术成长资料。经数年努力，课题组共采集到孙院士各类相关资料926件。本书即是在大量资料基础上的研究成果。

孙儒泳成长于中国社会剧烈变动的年代，历经九一八事变、七七事变、抗日战争、解放战争，中华人民共和国成立后又经历历次政治运动。即便在这样的情况下，孙儒泳一直坚持自己的专业理想，没有放弃自己的科研工作。几十年来，孙儒泳致力于动物生理生态学研究，取得了很大的成绩。其为人低调，媒体采访报道虽零星反映了孙儒泳科学研究、教书育人和社会活动的情况，但大多较为简略。

2005年，宁波市委宣传部、市文联组织创作了记述宁波籍院士生平事迹的《院士之路》系列传记文学丛书，张良鸿所著的《孙儒泳传》作为丛书之一由宁波出版社出版发行。《孙儒泳传》是关于孙儒泳院士人生经历的记述，文学色彩浓厚，对孙儒泳院士的科研活动和学术成长历程叙述不多。

孙儒泳院士曾撰写过一篇自述，原文发表于《生理科学进展》1999年第1期，为此次研究报告的写作提供了纲要性的参考资料。出版物《中国当代自然科学人物总传·第1卷》《中华文化名人录》《中国当代科技精华·生物学卷》《中国高等学校中的中国科学院院士传略》《在海淀的中国科学院院士》《中国教育专家与教育人才Ⅰ》《甬籍院士风采录》《师范之光：北京师范大学百杰人物》《中国科学院院士画册·生命科学和医学学部分册》等均有对孙儒泳院士的记述，但是较为简略。

此外，孙儒泳院士的弟子撰写了一些回忆性文章，如王德华教授撰文《中国生态学领域的耕耘者和播种人——孙儒泳院士》、刘定震教授撰文《我的导师孙儒泳院士》、周显青副教授撰文《深情注科教——记生态学家孙儒泳院士》等，既有对孙儒泳院士学术成就的评价，也有对师生情谊的回忆，为此次研究报告的写作提供了一定的素材。尤其是孙儒泳院士八十诞辰时，孙儒泳院士的弟子为庆祝孙儒泳院士生辰，组织出版了《动物生态学研究进展》，书中有孙儒泳院士的详细简历以及孙儒泳院士实验室人员和学生名录，为此次研究报告中关于孙儒泳科研团队的写作提供了准确的资料。

采集工作一开始，我们就对孙儒泳院士进行了两次录像访谈，一次在校电视台录制棚，采访孙儒泳院士的家庭环境、生活经历等；另一次是在孙儒泳院士家中进行访谈，采访孙儒泳院士的学术成长过程、副博士论文、科研工作、教书育人、研究心得等。我们对访谈材料中出现的人名、地名、时间、项目名称等进行核对，对有疑问或对孙儒泳院士学术成长过程有重大影响的事件进行补充访谈，并在外围访谈中交叉访谈，以求史实准确、翔实。

2013年孙儒泳院士在家中不慎摔伤，此后无法接受直接访谈。为了增强学术成长报告的史料价值，采集小组分赴宁波市档案馆、北京师范大学档案馆、华南师范大学档案馆、中国科学院院士工作局、北京市档案馆，查阅了孙儒泳院士的人事档案、科技档案以及其他文字资料，尽可能收集孙儒泳院士求学、工作期间的档案资料。这些档案资料为采集小组写作研究报告补充了大量准确、珍贵的材料。

此外，采集小组收集到了大量与孙儒泳院士学术成长相关的实物和电子资料，其中包括他的著述、手稿、信件、传记、学术评价、新闻报道、照片、证书、讲义（幻灯片、笔记、教案、实验计划）等。在这些资料中，最为珍贵的当属孙儒泳院士保存完整的手稿。这些手稿是孙儒泳院士从20世纪50年代到20世纪90年代的工作记录，其中大多写于20世纪八九十年代，既有他的读书笔记、实验记录、备课资料，也有他发表的文章，为参加各类学术会议撰文，出国访问回国后写的纪要，等等。所有手稿均为原始留存，字里行间不仅有孙儒泳院士的记述，也有修改、批准的笔迹，反映了孙儒泳院士研究、创作思考的过程。采集小组还采集到孙儒泳院士的获奖证书和参与社会活动的聘书161件、信件126封、各个时期的工作生活照片301张（本书选用照片均由孙儒泳本人提供；孙儒泳本科毕业成绩表由采集小组采集；获奖证书、院士证书等由孙儒泳提供，采集小组复制）。

在研究孙儒泳院士的过程中，我们深深地感到：孙儒泳院士的学术成长过程与中华人民共和国成立、发展的过程同步，他的工作经历从一个侧面反映了我国动物生理生态学学科的发展历程。按照老科学家学术成长传记的撰写要求，采集小组经过多次认真讨论，明确了本书撰写的思路：围绕孙儒泳的学术成长和科研脉络，以采集过程中获取的各类资料为事实依据，结合孙儒泳院士所处年代的社会发展大背景以及北京师范大学生态学学科发展的背景，从他少年求学，到专注于生态学领域的学习，提前毕业留校工作，赴苏留学，回国后继续从事动物生理生态学的研究和教学工作这样一条主线，准确、完整地勾勒出孙儒泳院士的学术成长历程。

具体来说，本书以时间为脉络，将孙儒泳院士的学术成长过程分为九个部分：

少年求学——叙述孙儒泳的家庭背景、小学、中学的求学过程。

北上京师——叙述孙儒泳大学期间的学习过程，因表现优异，提前半年毕业留校工作。

留苏深造——叙述孙儒泳留学莫斯科大学生物土壤系，师从系主任纳乌莫夫教授学习的经历。1958年，孙儒泳获得副博士学位回国。

学成归国——叙述孙儒泳回国初期学术研究的情况。

师长高风——叙述在改革开放后，孙儒泳重回北京师范大学生物系教学、培养人才的情况。

潜心科研——叙述孙儒泳重回北京师范大学生物系开展学术研究的情况。

学术交流——叙述孙儒泳所开展的主要学术交流活动。

老骥伏枥——2002年后，孙儒泳到华南师范大学开始海洋水产的研究。参与华南师范大学生命科学学院学科建设，领导华南师范大学生命科学学院两个重点实验室的创建、发展。

家庭生活——叙述孙儒泳的家庭生活。

结语——对孙儒泳的学术成长经历进行必要的探讨和总结，分析孙儒泳学术成长历程的重要特点以及学术成就形成的重要原因。

本书力图彰显孙儒泳院士为我国动物生理生态学科研和教学事业做出的突出贡献，同时也为后人研究孙儒泳院士的学术成就起一定的铺垫作用。

第一章
少年求学

宁波地处我国大陆海岸线中段、长江三角洲的南翼，是人杰地灵的历史文化名城。"宁波"二字取自"海定则波宁"，简称"甬"。"甬"字是古代大钟的一个象形字，在鄞、奉两县的县境上，山的峰峦很像古代的覆钟，故叫甬山。甬江是宁波人民的母亲河，甬江流域被称为"甬"地。

宁波山清水秀，自古以米香、鱼香、书香、墨香名扬天下。书香、墨香代表着文化。这里出现过一大批藏书数万卷的藏书名楼，如我国现存最古老的藏书楼——天一阁，已有四百多年的历史，是亚洲现存最古老的图书馆之一，也是世界最早的三大家族图书馆之一。浓浓书香墨香中，诞生过四明学派、姚江学派、浙东学派等具有地方特色的学派，涌现出了虞世南、高则诚、王守仁、朱舜水、黄宗羲、万斯同、全祖望、张煌言等一批文化名人，为中华民族的文化发展做出了独特的贡献。随着时代的进步、科技发展日新月异，科学人才不断涌出。中华人民共和国成立后，中国科学院诞生了首批172位学部委员，其中就有童第周、贝时璋、纪育沣、章名涛、李庆奎5位宁波籍的科学家。迄今为止，在中国科学院、中国工程院中，宁波籍科学家达八十多位，孙儒泳就是其中的一员。

1927年6月12日，孙儒泳出生在浙江宁波江北岸槐树路余姚江边一个叫作"浮石亭"的地方。孙家是槐树路一带有名的大户，传说孙家是明末自鄞西青垫迁至江北浮石亭。孙家以经商为主业，一直是小康之家。

孙儒泳的父亲孙锷卿这一支是孙家的第六房。孙儒泳的爷爷孙馨福是第六房的当家人，也是一个走方郎中，育有二女二男，孙锷卿是长子。孙锷卿六岁的时候，父亲孙馨福就突发暴病，撒手人寰。留下孤儿寡母，依靠出租祖上留下的房产和亲戚的接济过生活。在接济孙锷卿家的族人中，族叔孙馨鋆是最富有的。孙馨鋆年轻的时候投靠亲友，在福州的金店里当伙计，慢慢地发展成了金店的老板。后来他与人合作为民国的福建省政府铸造银钱，可以说是孙家最富有的人。孙锷卿十二三岁的时候，孙馨鋆就带着他到福州金店里去学徒，后来培养他学了会计。随着孙馨鋆的生意转移到上海，孙锷卿也跟着回到上海，在叔叔的当铺里当起了账房先生。

孙锷卿20岁的时候，与宁波城里白衣巷徐芝章家的大女儿徐翠娥结为连理。孙儒泳是家里的第三个孩子，他出生的时候，父亲并不在家，儒泳的名字是后来取的。"儒"字辈是早就定下的，依据宗谱而来。

图1-1 孙儒泳兄妹合影（从左至右分别为孙儒泳、孙文英、孙儒烺、孙文美、孙儒椿）

孙家的三个儿子"儒椿""儒泳""儒烺"是分别以五行中的木、水、火为偏旁命名的，孙锷卿老先生的名字是以金字为偏旁。

虽然当时上海到宁波的交通十分方便，每天都有轮渡，但是父亲也并不常回家。小时候的孙儒泳大部分时间都见不到父亲，因为父亲在上海做事，一年之中只回家长住一段时间便又返回上海。由于家境并不富裕，所以父亲回家的日子总是家里改善伙食的好时候，孙家的孩子们因此也格外盼望父亲回家。由于父亲常年不在家，孙儒泳和兄弟姐妹们并不敢同父亲亲近，总是有距离感。父亲在孩子们的心中总是一副威严的账房先生模样，孙儒泳曾经回忆父亲在家也喜欢记"家用账"。这样一丝不苟的态度一直是父亲留给孙儒泳的最深刻的印象。

孙儒泳的母亲是位普通的家庭妇女,识字不多,但她也懂得念书的重要。由于父母对教育的重视,孙家的五个孩子因此也都有机会进学堂读书。

从杨家学堂到崇信小学

孙儒泳的小名叫文涛,昵称阿涛。阿涛的童年基本上是在田间地头度过的。父亲常年在外,加上姊妹众多,母亲没有精力照看每一个孩子,故而阿涛的童年可谓自由自在。阿涛的家在宁波市郊区,靠近甬江,他一有机会就跑到田野里,和小伙伴们一起扑蝴蝶、捉蝉,下河摸鱼、逮虾,过得开心极了。阿涛小时候有一个绝招,能用一根蘸上香油的狗尾巴草的穗子在江滩上钓来螃蟹。[①] 阿涛不仅贪玩,而且很会玩。

1933 年,7 岁的孙儒泳进入了离家 200 米外的杨家学堂读小学。他虽身在教室,心却一时半会儿收不回来。"疯玩"惯了的小孩子自然受不了学校里的束缚,逮着机会还是会跑到外面去撒欢儿,无心读书。一二年级的时候虽然成绩不理想,但勉强可以及格,到了三年级,孙儒泳被迫留级了。

当时父母选择送孙儒泳去杨家小学,是因为那里离家近,学费也不贵。但是留级的现实让父母亲开始为孙儒泳的学业重新打算,他们选择了当时由教会创办的崇信小学,这所小学的师资力量和教学设备比之前的学校有很大的提升。孙儒泳也不负期望,在新的环境里逐渐安下心来,开始体会到一些读书的乐趣了。崇信小学的收费较高,学生多是富贵人家的子弟。孙儒泳在这里很不自在,常常受到同学的排挤。据他回忆,"那时很有点自卑感,又不愿意巴结有钱同学,总觉得和他们有距离,不怎么合得来。可是我家所在的浮石亭一带贫民户比较多,那些苦力人家的子弟又视我为富家子弟,远离我,甚至嘲弄'敌视'我。我呢,也不敢或不愿接近

[①] 张良鸿:《孙儒泳传》(第一版),宁波:宁波出版社,2005 年,第 9 页。

他们，结果造成我两头不及港。"① 也许正是因为小时候的这一段经历，使孙儒泳养成了内敛沉静的性格。五年级的时候，孙儒泳被推选为班长，他竟然哭着跑回家要母亲跟老师请辞。可见孙儒泳从小就不爱交际、不善言辞。

1937年，抗日战争全面爆发。战事离宁波越来越近了。整个中国都再也放不下"一张安静的书桌"，崇信小学也不例外。每周的周会上老师们都会讲到抗战形势，老师也会在课堂上结合时势讲课，教育大家要学好科学文化知识，将来拯救苦难深重的祖国。国家兴亡，匹夫有责。即使当时还只是一名小学生，孙儒泳也和其他小伙伴一样渐渐了解了国难的深重。课堂上的孙儒泳不再三心二意，读书也日益上心了，甚至因此突然变得成熟起来，还得了一个"老笋头"②的外号。

升入高年级后，孙儒泳开始对自然科学产生了浓厚的兴趣，这得益于崇信小学的自然老师张嘉德，他是当时崇信小学的校长。张老师上课通过做模型、标本、演示实验等方式让学生直观地感受和接受知识。几十年之后，孙儒泳还清晰地记得当年张老师利用模型讲授太阳、地球、月亮的位置及运动和相互关系时候的场景③，可见当时的他已经完全沉浸在课堂中了。

动荡岁月中的中学时代

1940年，孙儒泳考入了鄞县私立三一中学④，校址在宁波市广仁街，现在的孝闻街与横河街交叉路口。当时，日军已经逼近宁波，宁波城危在旦夕。早在1939年4月的时候，日本军机就对宁波市区展开过轰炸，死伤几百人。1940年7月，日本人试图侵占镇海城关，被驻守的国民党守军击退。

---

① 张良鸿：《孙儒泳传》（第一版）。宁波：宁波出版社，2005年，第13页。
② 意思是少年老成。
③ 孙儒泳：孙儒泳先生自述（一）动荡岁月中的求学生涯。《北京师范大学校报》，2008年12月20日。
④ 10-1-261（旧），鄞县私立三一中学学生学籍表——孙儒泳。存于宁波市档案馆。

然而日本侵略军并不甘心，于当年的 10 月 27 日，无耻地向宁波的闹市区投下了带有鼠疫病菌的跳蚤及粟子、麦子、传单等物。很快鼠疫就在宁波蔓延开来。国民党鄞县政府为了防止鼠疫继续传染，不得不于 11 月 30 日焚毁了疫区的全部房屋。短短十几天内死亡一百多人。[①] 开明街疫区内的房屋化为一片灰烬，宁波城哭声连天、惨不忍睹。这件事对孙儒泳的刺激极大，也是少年孙儒泳第一次直面战争灾难，心里充满了对侵略者刻骨的仇恨。

然而，更大的灾难还在后面。1941 年 4 月 20 日，宁波沦陷。日军所到之处，无恶不作，学校也纷纷关闭。日本侵略军占领了宁波之后，三一中学被迫解散，孙儒泳在读了一年初中之后，因为日军入侵被迫失学。

1941 年 9 月，一些热心的教育界人士为了帮助留在沦陷区的失学学生能继续学业，在江北岸泗洲塘原浙东中学校址上办起了初中。浙东中学最早由美国长老会 1845 年创办，当时称"崇信义塾"（也称圣经书房），开设"四书""五经"、作文、书法、算术、天文、地理、唱歌等科目，以后演进为"崇信中学"。1906 年，校址迁至江北泗洲塘。1923 年，美国浸礼会和长老会协商，将各自的学校合并，取名"四明中学"。1935 年，浸礼会、传教士、英国循道公会协议，为充实办学力量，组织联合董会，把四明中学、斐迪中学合并为"浙东中学"。为了避免日本人的骚扰，也因为浙东中学深厚的西方教会背景，学校打出了"联合圣经学院"的牌子，表示这所学校乃英美宗教人士所举办。

图 1-2　浙东中学旧址，现宁波三江中学

---

① 中共宁波市委党史研究室业务一处：宁波八年抗战大事记.《宁波通讯》，2005 年第 8 期。

第一章　少年求学　　*11*

失学在家的孙儒泳一直自己看书温习功课,听到联合圣经书院开办的消息后便赶快跑去报名,插班读初二。可是好景不长,1942年3月太平洋战争爆发,日本人再也不用忌惮同英、美等国家的关系,将魔爪伸到了教会学校。日寇公然进驻学校,联合圣经学院停办,孙儒泳再次失学回家。

沪上攻读

1942年9月,抗战进入相持阶段,日伪沦陷区的政策此时也相对放宽,宁波办起了高中师范学校。虽然考普通高中和大学是孙儒泳一直盼望的,但考虑到此时家境并不富裕,一家老少三代八口人全靠父亲一人的收入勉强维持,所以孙儒泳只能报考师范学校。

虽然初中断断续续地只读了一年半,但是因为孙儒泳一直坚持在家温习功课,他还是顺利考上了浙江宁波高中师范。这所学校是新办的,孙儒泳是招收的第一届学生,当时课程无法开齐全,理科只开了数学、生物两门,没有物理、化学。另外还有语文、日语、音乐、体育、美术等课程。

课程虽不齐全,但这里的课程却让孙儒泳受用终生。孙儒泳后来考上北京师范大学生物系,与浙江宁波高中师范教生物的戴希天老师有很大的关系。戴老师的课教得扎实、深入浅出,能够激发学生兴趣。不仅如此,高中师范的音乐教师李平之也是影响孙儒泳一生的人。李老师是宁波市音乐教育界的老前辈之一,是个堪称"业精为师,德高为范"的楷模式人物。三年师范教育,他不仅教了学生音乐乐理、简谱、五线谱,还教学生如何演奏各种乐器,尤其是风琴和钢琴。此外,还教学生歌咏技巧及如何作曲、如何指挥等。李老师的教导让孙儒泳对音乐产生了浓厚的兴趣,他一生对音乐的爱好都是从这里开始的。

此外,高中师范的体育老师对孙儒泳也颇有影响,这位体育老师每天早上带领学生集体跑步,培养了学生良好的跑步习惯。孙儒泳在经历了这一番跑步训练之后,体质大为增强,为日后长期参加野外工作打下了良好的身体底子。

1945年7月，孙儒泳从浙江宁波高中师范毕业，经李平之老师介绍，打算去奉化的一个中学教书。8月15日，日本人投降，抗日战争终于结束，兴奋的孙儒泳本来以为自己终于可以学以致用、报效祖国了。没有想到，东迁接收沦陷区的国民党政府却出台相关的政策，不承认沦陷区颁发的文凭。孙儒泳也一下子变成了"伪毕业生"，失去了从教的资格，只好赋闲在家。宁波沦陷的时候一直饱受失学的困扰，抗战胜利了却依然要经历失业的烦恼，孙儒泳十分苦闷。

转眼到了1945年年底，孙儒泳收到一个消息，说省城杭州要举办一个沦陷区知识青年学习班，举办者是国民党第三战区。看到一线希望的孙儒泳立即手持文凭，和二十多名有着相同命运的知识青年，坐着一辆破旧卡车一路颠簸从宁波出发去杭州。这个沦陷区知识青年补习班不仅要补习理化知识，还要接受各种审查和盘问。此外，还要参加文化考试，通过甄别考试才予以承认学历。在还没有收到通过甄别的通知时，孙儒泳收到了宁波四明孤儿院马式容老师的任教邀请，面对好不容易得来的工作机会，他立刻乘车返回宁波。

孙儒泳在四明孤儿院教授音乐和国文，因为在师范学校打下了良好的音乐基础，他讲授的唱歌课很受学生欢迎。在四明孤儿院工作还算顺利，但是一心求学的孙儒泳仍然渴望继续深造。不久，孙儒泳收到了李平之老师通报的自己已经通过甄别考试的通知，于是他在信中向恩师表达了自己还想读大学的希望。李老师也再一次对自己的爱徒伸出了援手，1946年9月，在李老师的帮助下，孙儒泳来到上海唐山路小学教书，并继续复习准备考大学。

在唐山路小学任教的一年，是孙儒泳记忆中最忙碌、最紧张的时期。在保证白天教学任务的同时，还要留出精力晚上去夜校补习高中课程。孙儒泳的中学时代是东拼西凑读出来的，初中课程只学了一年多，高中完全没有接触理化知识，由此可以想象补习的难度。但是，功夫不负有心人，上大学的渴望让孙儒泳一点儿也不敢懈怠，一点一滴地积累学习。天道酬勤，到了1947年暑假，他觉得自己的文化程度可以准备报考大学了。然而，报考什么样的大学则是一个困难的抉择。若论个人兴趣，音乐学院肯定是孙儒泳最理想的选择。当时的大学教育是面向精英的教育，学费非常昂贵，完全超出了孙儒泳的家庭可以承受的范围。于是，孙儒泳再一次将希望寄托于师范学校，这也是他唯一可以选择的免费大学。报考生物系，则是出于对自己文化程度的考虑。文科并不是孙儒泳的志向，理化毕竟只是刚刚接触，基础还不牢靠，唯有生物是自己有基础，且相对冷门，录取把握更大的专业。事实证明，孙儒泳的选择是正确的，很快，他就收到了北京师范大学生物系的录取通知书。

第二章
北上京师

1947 年 11 月，孙儒泳进入北京师范大学生物系。

北京师范大学的前身是创办于 1902 年的京师大学堂师范馆。1904 年，师范馆改为优级师范科，后又于 1908 年 5 月改为京师优级师范学堂，这是中国高等师范学校独立设校的开始。

1912 年 5 月，京师优级师范学堂改称北京高等师范学校。1923 年，在国内高等师范学校相继并入或改为普通大学的时候，北京高等师范学校和北京女子高等师范学校先后改为师范大学，并于 1931 年 7 月合并，定名国立北平师范大学。

1937 年 7 月，卢沟桥事变之后，北平师范大学和其他高等院校一并西迁。直至 1946 年春才陆续迁回北平。所以，1947 年孙儒泳报考的北京师范大学还是称为国立北平师范大学。当时的北平师范大学位于和平门外新华街，现在旧址已经不存。

生物系是京师大学堂最早设立的学科之一，起初名为博物类，有动物、植物、生理、卫生、农学矿物等课程。到了 1923 年，生物系才从博物部独立出来单独设系。这也是我国历史上最早设立的生物系之一。

入门师大

说起孙儒泳上大学，其中还有一段插曲。不知道为何，孙儒泳收到录取通知书比其他人晚，当他辗转来北京师范大学报到的时候已经开学好几个星期了。

大学生活与中学完全不同，同学们来自四面八方，彼此之间非常生疏，加上孙儒泳比别的同学入学晚，适应起环境来有些吃力。大学老师的上课风格迥异，有的用英文，有的用中文。课后老师也不和学生交流，全凭学生自己来适应环境。

在入学后的第一节动物学实验课上，老师要求学生在显微镜下观察草履虫，并按照规定绘出草履虫的外观和所见到的内部结构。由于孙儒泳是第一次上这样的课，他并不知道怎么摆弄显微镜，只好自己随意画了一张交上去。结果可想而知，老师毫不客气地批评他画的是"草鞋"。一向学习优异的孙儒泳羞愧难当，以至于很多年之后依然记得当时的情景。这一次的失误也让他痛定思痛，决心努力赶上功课。

虽然孙儒泳的求学路一直都坎坷不断，但是身边一直有帮助他的人，在北京师范大学求学的岁月也是如此。幸运的孙儒泳得到两位同班同学郭学聪、王福麟的主动帮助，在他们的指导下，逐渐适应了学习环境，补上了之前落下的课程。他开始理解了大学生物系的课程和学科特点，掌握了如何绘制生物结构图。

孙儒泳刚上大学的时候，校园里并不平静。当时正值解放战争时期，校园内学生们的政治态度分歧严重。大家的入学动机各不相同，学校里的学习氛围并不浓厚。当时的孙儒泳心思简单，他上大学就是想多学点知识，并不想参与政治纷争，也不想混文凭。幸好那两位帮助他的同学和他志趣相投，他们互相激励、互相帮助。子曰：三人行，必有我师焉。在两位学伴的陪伴下，孙儒泳的成绩有了很大的提高。大三之后，他们三人还分别确定了自己的研究方向。郭学聪攻植物学，王福麟攻切片技术，孙儒泳则选择了动物学，大家取长补短，共同进步。

孙儒泳的大学时光，不仅有良友，还有恩师。生物系有三位老师对他的影响最大。

其中有一位是教授无脊椎动物学的张宗炳[①]教授。张宗炳教授1934年毕业于燕京大学生物系，获得硕士学位。1936年考取仅有的一名生物学庚款赴美留学奖学金，入美国康奈尔大学攻读昆虫生态学并获得博士学位。回国后历任东吴大学、燕京大学教授。抗日战争胜利后，张宗炳教授于1946年随燕京大学迁回北平，并于同年转到北平师范大学任生物系教授。

图2-1 孙儒泳（右一）与同学在国立北平师范学院合影

由于张教授是留美博士，上课采用全英文授课，而英语底子薄的孙儒泳只能听懂两三成。不甘人后的孙儒泳想到了一个笨办法，他买来张教授上课用的原版英文教材，课前课后努力研读，终于在半年之后顺利地通过了课程的考核。经历过这一段"疯狂英语"的锻炼，孙儒泳的英语水平有了很大的提高。不仅如此，还培养了他读英文原版书的习惯，这为他日后广泛阅读英文文献打下了坚实的基础，也为学习别的语言积累了宝贵的经验。

另一位对孙儒泳影响较大的老师是郭毓彬[②]教授。他也是留美学生，曾于1922年到1928年在美国葛林乃尔学院和依林诺斯大学攻读生物学。郭教授教授比较解剖学，他以达尔文的进化论为纲，以纲带目，以目证

[①] 张宗炳（1914-1988），中国近现代著名昆虫毒理学家，教育家。
[②] 郭毓彬（1892-1981），先后任苏州东吴大学、北京师范大学生物系教授、北京师范大学生物系主任、西北师范学院生物系主任。1980年任中华全国体育总会体育文史资料编审委员会委员。

情系生态　孙儒泳传

纲，循循善诱、环环相扣地将比较解剖学清晰地传递给学生，给孙儒泳留下了深刻的印象。

还有一位是大四时候教授动物生理学的汪堃仁[①]教授。汪堃仁1934年毕业于北京师范大学生物系，后出国留学，1949年在美国伊利诺伊大学医学院获硕士学位后，返回北京师范大学生物系任教。动物生理学是一门讲授动物生理功能的学科，理论性比较强，但是汪教授采用层层设疑的方式，引导学生一步步地思索。孙儒泳在这样的课堂上常有豁然开朗的收获，除了认真听课以外，还不忘"啃"原版的教材。多管齐下，经过努力后，"笨鸟先飞"的孙儒泳最终以所有学生中唯一满分的成绩完成了动物生理学的学习。

图 2-2　孙儒泳（后排左一站立者）与大学同学的合影

留 校 任 教

在这些良师益友的帮助下，孙儒泳从最初的落后生一步一步地成为优等生，并提前半年被北京师范大学生物系破格留用为助教。孙儒泳被留用为助教，既是意料之外，也是情理之中。

最初的班级共有 14 个人，但是坚持到毕业的只有 6 个人。其余的人，

---

① 汪堃仁（1912—1993），生理学、细胞生物学家，中国组织化学的开拓者。1980 年当选为中国科学院院士（学部委员）。

18

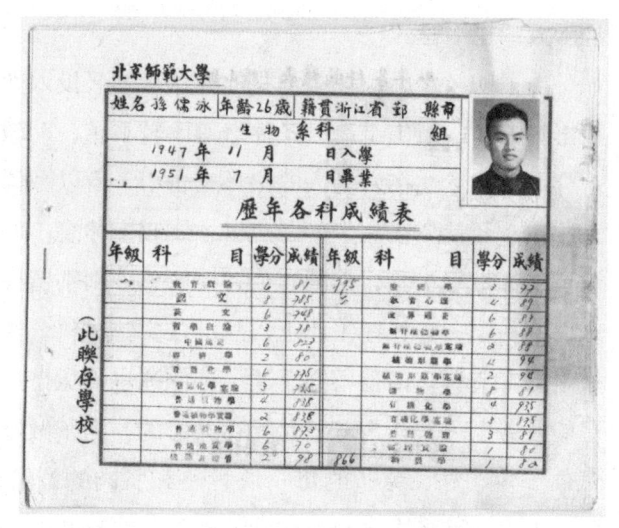

在当时动荡的历史大背景下,各奔前程。有的跟着国民党去了台湾,有的远赴海外,有的到了解放区,也有的参加了南下工作团……①时代的动荡影响着校园里的每一个人,孙儒泳也受到过影响。他虽然一直对政治不感兴趣,但是并不乏正义感。孙儒

图 2-3 孙儒泳本科毕业成绩表

泳在大学期间参加过地下党领导的护校斗争,自发加入请愿活动,要求当局释放被特务抓捕的同学。此外,他还是迎接解放军入城的学生队伍的一员。"我是一只'慢脚牛',思想进步不快;然而真诚,从不知掺假。虽比进步同学要慢一拍,但对看准了的事情做起来脚步倒还坚定。"② 正是因为他的真诚和坚定,孙儒泳也和其他进步同学一样,为中华人民共和国的成立欢欣鼓舞。

1949 年,中华人民共和国成立。然而刚刚成立的中国,内有战争留下的烂摊子,外有美帝国主义的经济封锁,百废待兴,正是需要大量人才投入建设的时候。对各大高校而言,更是缺乏大量的科研和教学人才。机会总是垂青于有准备的人,孙儒泳通过长期的努力,成为少数能够坚持到底、顺利拿到毕业证的学生,而在这急需人才的时候,孙儒泳顺利地留在了北京师范大学生物系,从大学生变成了大学老师。虽然入学时,与其他同学相比,他有一定的差距。但是,在校期间,孙儒泳一直都在埋头认真读书,正如他自己所说,能够坐得住冷板凳是他最大的优点。"坐得住,做事专心是我不变的老习惯,现在七十多岁了依然可以一坐半天不动窝,

---

① 张良鸿:《孙儒泳传》(第一版)。宁波:宁波出版社,2005 年,第 39 页。

② 同①,第 35 页。

周围天塌也不管。"①

当了助教之后,孙儒泳将他的认真劲又投入教学中。虽然已成为了学校里的老师,但由于当时条件普遍比较艰苦,助教的待遇基本上和学生是一样的,依然住在六七人的集体宿舍中,所以孙儒泳一般都在系里的备课室工作,经常熬夜到十一二点钟才回寝室休息。助教的最主要任务是帮助主讲老师带好实验,为同学们答疑解惑。刚刚留校的孙儒泳深知这份工作来之不易,一心扑在工作上。从准备实验材料、实验器具到钻研学术书和教学参考资料,忙得不亦乐乎。孙儒泳也不觉得烦琐的助教工作会耽误自己的业务学习,认为二者是相得益彰的。为了做好助教工作,他甚至牢牢记住了鱼、蛙、兔子的每一块骨骼和肌肉的位置,以备学生的询问。为此,主讲教授多次表扬孙儒泳,他的"较真儿"给系里的老师留下了深刻的印象。

留在北京师范大学做助教,对孙儒泳的生活来说意义重大。这不仅意味着自己可以留在高等学府从事自己喜欢的事业,也意味着从此以后可以为家里减轻负担,尽自己的一份责任。当时父亲已经完全失业了,家里的重担落在了孙儒椿和孙儒泳两兄弟身上。除了日常的开支外,孙儒泳将剩下的工资全部交给家里。在孙儒泳的努力和全家人的坚持下,日子渐渐好起来后,孙儒泳仍然朴素如初。当时妹妹送给他男式旧军人的便服,他也欣然接受,不论上班下班,都穿在身上,一点也看不出是个高级知识分子。照顾家庭、友爱兄妹这一点,孙儒泳一辈子都在这么做。后来孙儒泳留学苏联归来,拿到126元的高工资,但他除了吃饭买书以外,根本不会花钱。他每月寄给父母四十多元,后来为了给姐姐治病,增加到八十多元,自己就拿着余下的三十多元吃饭买书过日子。虽然常年不在家,但是孙家兄弟姐妹情深,孙儒泳一直牵挂着自己的姐妹。大姐因为自由恋爱受到家庭的阻拦精神失常的事,一直让孙儒泳十分痛心。为此他帮助小妹孙文英说服自己的父母,让小妹参军,也帮她创造了自由恋爱的机会。这成全了小妹和一位海军军官的爱情,最终使小妹收获了幸福。

---

① 张良鸿:《孙儒泳传》(第一版)。宁波:宁波出版社,2005年,第40页。

第三章
留苏深造

1949年中华人民共和国成立后，实行"一边倒"的外交政策，与苏联等社会主义国家结成了友好同盟关系。在美苏冷战、社会主义和资本主义两大阵营对抗的国际环境下，中国断绝了和欧美资本主义国家的留学教育往来，转而向苏联学习先进的科学技术。

当时，中国政府采取了各种措施来为国家建设延揽人才，如全面接收建国前的科研机构和高校，自办高等教育，争取海外留学生回国，接收苏联专家来华等，这些措施吸收了大量的科技人才，在一定程度上缓解了人才供不应求的矛盾。但是总体来说，科技人才短缺还是一个影响发展的大问题，于是，派遣学生赴苏联留学就成为尽快弥补人才短缺的战略选择。

行前准备

从1950年到1963年，中国一共向苏联和东欧派出了一万八千余名留学生。留苏工作从1950年开始，到1953年逐渐走上了正轨。1953年5月，教育部下发了选拔留学生的指示，根据教育部统一公布的选拔标准，"由高等学校选送者，报考'研究生'者限于教授、副教授、助教及成绩优良的研究生"。①

此时的北京师范大学生物系也正在响应国家的号召，全面地向苏联学习。当时北京师范大学基本上按照苏联的教学计划来进行教学，取消了学分制，改为学时制。同时，把公共外语由英语改为了俄语。在生物系课程中，增加了米丘林②生物学和人体解剖学，取消了比较解剖学；将植物分类、植物形态合并成为植物学；将无脊椎动物学和脊椎动物学合并为动物学；将组织学和胚胎学合并成组织胚胎学；开设植物生理及微生物学、生物教学法、人体及生物生理学等课程。同时，将动植物标本采集改为野外实习，固定于教学计划中，一年级到海滨，进行无脊椎动物及低等植物实习；二年级上山，进行脊椎动物及高等植物实习。

这期间，北京师范大学生物系不仅在课程设置、教学计划方面向苏联学习，还聘请了苏联专家金娜、杜伯洛维娜和谢孔等来系做专职教授。并在谢孔专家指导下，按当时苏联大学生物系的模式建立生物园，作为生物系教学与科研基地。同时也选送系里的青年教师到苏联留学。这时，当了两年助教的孙儒泳恰好符合选拔条件，他年轻没有家庭负担，业务上勤

图3-1 1953年9月，俄文速成班开学典礼

---

① 李鹏：建国初期留苏运动的历史考察．上海：华东师范大学，2008年博士论文．
② 米丘林（1855-1935，Michurin, Ivan Vladimirovich），全名伊万·弗拉基米洛维奇·米丘林（Ivan Vladimirovich Michurin），是苏联卓越的园艺学家，植物育种学家。

恳努力，并且是共产党员，因此被推荐为候选人。1953年，孙儒泳与同系的王玢、姜在阶和董悌忱一起被推选为留学苏联的候选人。通过学校的考核还只是第一步。1953年8月初，孙儒泳等候选人参加了留苏预备生选拔考试。为了更好地选拔人才，教育部组织了留苏预备生学科考试委员会。当时，理工科组汇聚了钱伟长、华罗庚、周培源等知名学者把关，生物学科由时任北京大学生物系主任张景钺负责选拔。由此可见选拔之严格。

在顺利通过国家的考试后，孙儒泳被派到北京俄语学院留苏预备部进行为期一年的学习。1953年9月到1954年8月，孙儒泳在留苏预备部接受俄语训练和政治考察。俄语学习自然排在首要位置，其次是政治学习。加强锻炼、提高身体素质也是受训的内容之一。面对完全陌生的俄文，孙儒泳只能从零开始学习。要在一年之内具备初步的俄文听说读写能力，对孙儒泳来说是一个全新的挑战。当时的学习氛围非常紧张，每天都有俄文课，或是文法、或是阅读、或是背诵单词。许多学生对于发卷舌音都感到困难，为了解决这个问题，老师要求大家把镜子带到课堂上，对着镜子反复练习。

除此之外，政治理论课也是必不可少的。主要开设两门课，一门是中国革命问题，另一门是马列主义基础。后来还增加了时事政治政策学习和忠诚老实运动。忠诚老实运动是一次全面的政治审查，决定着一个学生最终能否出国。所幸的是，孙儒泳出自一个普通的家庭，本人也一直专心钻研学习，没有政治问题，因此他顺利地通过了俄语测试和政治审查。

当时为了让留学生安心在外学习，国家不仅在日常饮食上尽力照顾，还在临行之前统一配备服装，每人发放两大箱五年用的衣物。这些里里外外的衣服，都是由北京服装店的裁缝来给每个人量体裁衣，这些都让孙儒泳深切地感受到了作为中国的一名留学生是一件多么幸福的事情。

经过在北京留苏预备部的培训和学习，1954年8月，孙儒泳终于踏上了开往莫斯科的列车。同行者共有1375名，其中研究生只有149人，孙儒泳是其中之一。

留苏岁月

苏联的学位学衔制度和西方国家不同，自成体系，其科学学位分为副博士和博士两种。苏联研究生学期一般为三年，毕业后授予副博士学位，可以担任副教授一级的职务。只有获得了副博士学位或教授学衔，并具有研究成果，才可以申请授予博士学位。20世纪50年代中国政府没有正式向苏联派遣过博士生，只有个别情况下，苏联导师认为在校学生确有培养前途，才会举荐并经有关部门批准做博士生。所有留苏学生中只有六个人获得过正式的苏联博士学位。[①] 留苏的学生中大部分获得的是苏联的副博士学位[②]，孙儒泳也是如此。

来到莫斯科后，孙儒泳进入了莫斯科大学土壤系，师从尼古拉·巴甫洛维奇·纳乌莫夫教授攻读副博士学位，学制四年。莫斯科大学是苏联规模最大、历史最悠久的综合性高等学校，全名为国立莫斯科罗蒙诺索夫大学，1755年由教育家M.B.罗蒙诺索夫倡议创办。孙儒泳的导师纳乌莫夫是苏联著名的生态学家，时任莫斯科大学土壤系主任，也是苏联鼠疫自然疫源地研究方面的权威。纳乌莫夫当时五十多岁，正处于科学研究的黄金时期，他治学严谨、崇尚真理。他的专长是小啮齿类生态学，孙儒泳自然也选择了老师的专长作为专业方向。除了导师之外，孙儒泳还有一个小导师，名叫舍洛夫，他是有名的恰舒尼可沃生物站的主任。他的专长是鼠类生态学，具体指导孙儒泳进行生理生态学实验。

攻读副博士学位，最关键的就是确定选题。通常来说，论文题目要在入学后的半年到一年之内选定。对孙儒泳来说，这是第一次独立进行研究工作，因此他十分重视同导师的沟通。纳乌莫夫教授虽然已经带过不少学生，但是还是第一次带中国留学生，格外重视对孙儒泳的指导。在导师纳乌莫夫和小导师舍洛夫的指导和帮助下，孙儒泳最终选定了"莫斯科省两

---

① 李鹏：建国初期留苏运动的历史考察。上海：华东师范大学，2008年博士论文。
② 中国承认苏联学制的副博士为博士。

种田鼠种群（或叫个体群）某些生态—生理特征的地理变异"这个论文题目[①]，论文目的是证明地理上相隔不是很远的两个种群之间，在生理生态特征上可能出现的地理变异（或叫地理差异）。地理变异的长期积累就有可能促成新物种的出现。当然这只是一种假设———一种地理物种形成假设。[②] 自然界中物种形成的方式是多种多样的，经过长期的地理隔离而造成生殖隔离是比较常见的一种方式。孙儒泳学位论文中的假设，如果得到了确证，那就是地理物种形成过程中的早期表现，具有重要的科学价值。如果田鼠身上表现出来生理生态特征的地理变异，就说明同样的情况也会存在于其他动物身上，在某种程度上来说，也是具有普遍意义的。

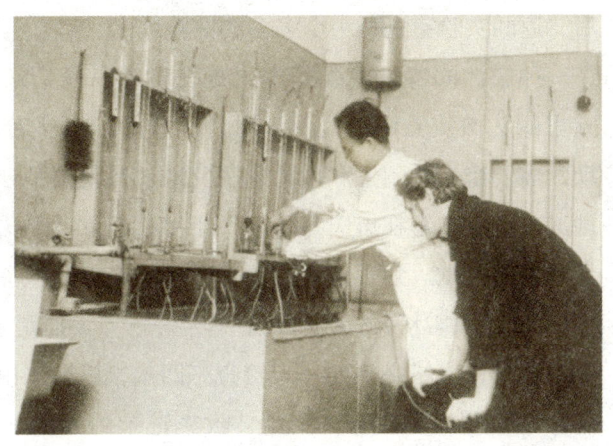

图 3-2 孙儒泳（左）在莫斯科大学实验室做实验

为了论证假设，孙儒泳选择田鼠的能量代谢为研究重点，也就是以不同温度下的耗氧量为指标来测定莫斯科郊野捕来的田鼠个体耗氧量的变化情况。实验对象是莫斯科省南北相隔 110 千米的两个地方的野生鼠，需要平行地测定野生鼠在不同温度条件下的个体耗氧量。也就是说，同样的实验要在春夏秋冬四个季节重复做。不仅如此，为了使获得的数据更加准确，第二年的四个季节依然要重复做一次。相同的实验，反复做八个季节。于是，孙儒泳每个季节都要在野外工作一个多月的时间，主要的工作内容就是捕捉田鼠并调查莫斯科郊外的田鼠数量。在收集到需要的数据之

[①] Geographic variation of some eco-physiological characteristics of microtusarvalis and clethrionomusglariolus in Moscow region. (in Russian). Thesis of Moscow State University 部分译文见《北京师范大学学报》（自然科学版），1959，1962。

[②] 孙儒泳：孙儒泳先生自述（三）留学莫斯科大学。《北京师范大学校报》，2009 年 1 月 10 日。

第三章 留苏深造   25

后，返回实验室进行一个多月的实验。

孙儒泳的留学生涯基本上是在背着鼠笼、鼠夹去野外捕鼠和在实验室里闷头做实验中度过的。野外工作，异常辛苦，加之一直是重复的劳动，需要极大的耐力和毅力才能完成。其他季节还好，莫斯科的冬天天寒地冻，气温常常在摄氏零下三四十度，在如此恶劣的气候条件下，野外工作也不能停歇。为了捕到田鼠，孙儒泳在二三尺深的雪地里挖雪洞、放鼠笼，冻得手脚冰凉。夏天虽比冬天好一点，但是烈日之下根本无处藏身。更难的是，鼠笼必须要一天检查三四次，以防田鼠死掉。回到学校后，孙儒泳不仅要反复实验，测定、收集记录到的数据，并且要亲自给田鼠喂食、清扫鼠笼。科学数据容不得马虎，一旦出现了误差，就要推倒重来。所以，孙儒泳格外谨慎，一切都亲力亲为，不敢交给别人。

本来刚开始孙儒泳只打算做一年四个季节的对比实验，但是当他向莫斯科大学生物系动物教研组做汇报的时候却遭遇了质疑。孙儒泳在报告中强调：秋季和春季的实验结果表明，莫斯科北部种群的耗氧量高于南部种群，但是冬季和夏季却没有区别，两种田鼠得出了同样的结果。这个结论没有说服教研组的所有老师。有的老师认为，仅仅相距110千米的两个种群间是不可能出现变异或者分化的，实验结果的区别有可能是取样的误差所造成的，或者是由个体变异决定的。比如说取样样本的个体大小、性别不平均，并不具有普遍意义。虽然这次汇报没有获得肯定，却为孙儒泳拓宽了思路。他决定，一方面，再做一年的实验，以增加实验结果的可信度；另一方面，按照不同的性别、大小和季节进行更加详细的分组比对，以检验差别的显著性。

在这种反对意见的激励下，孙儒泳又坚持进行了一年的野外实验，积累了大量的宝贵数据。

有了充足的数据，接下来就是统计分析工作。当时做统计分析只能借助于算盘和手摇计算机，速度很慢，孙儒泳分析整理数据整整花了半年的时间。为了让论文更加有深度，还需要阅读大量的文献。四年的学习时间可以说是非常紧张、充实的。加之孙儒泳是用非母语写作，难度就更大了。他反复与导师纳乌莫夫交流，纳乌莫夫教授也对这位中国留学生十分青睐。在留学的最后一年，纳乌莫夫经常带着孙儒泳参加学术会议，并把他介绍给苏联生物学界的同人。正是由于在1957年的鼠疫防治国际学术会议上，纳乌莫夫教授将孙儒泳介绍给前来参会的鼠疫研究专家陈文贵，才有了后来他参加中国医学科学院流行病研究所的森林脑炎自然疫源地调查的经历。

除此之外，留学期间的孙儒泳也在导师的推荐下得到了两次野外考察的机会。

一次是在1957年7月前往哈萨克斯坦的阿拉木图鼠疫研究所进行科研考察。阿拉木图鼠疫研究所负责天山高山旱獭鼠疫源地和荒漠大沙鼠鼠疫疫源地两种类型的监察、研究和鼠疫防治。这两个疫源地也是纳乌莫夫教授长期研究工作过的地方。纳乌莫夫曾经发现这里的大沙鼠种群有两种栖息类型：片状分布和带状分布。出现在典型沙漠中的大沙鼠，洞群像棋盘一样成片状分布，在片状分布的栖息地，鼠密度很高。所以，一旦出现鼠间鼠疫，就会很快流行和蔓延开来，造成鼠的大量死亡。随着宿主大沙鼠的死亡，该地方的鼠间鼠疫也将随之逐渐熄灭。相反，沿山沟或旧河道栖息的大沙鼠，其分布呈带状，并且在一些不适宜栖息的地段是没有大沙鼠的，即洞群是断断续续的带状分布。当鼠疫在某一个地段鼠间流行时，由于洞群是间断的，所以鼠疫菌不至于迅速扩散和蔓延。但是，其他地段的鼠有可能沿山沟或旧河道迁移而来，进入已经没有宿主的洞群，使种群保持继续。因此，片状分布的种群数量不稳定，变化幅度很大，鼠疫不易持久保存；而带状分布的种群数

图3-3 1957年，孙儒泳（右）与阿拉木图鼠疫研究所工作人员在天山北侧考察鼠疫疫源地

量相当稳定，鼠疫可能持久保持。纳乌莫夫的理论认为，这就是鼠疫保存在自然界中的基础疫源地。他在高山旱獭鼠疫疫源地也发现了类似的两种种群分布类型。根据这些流行规律，鼠疫疫源地的灭鼠工作也应该把重点放在基础疫源地上。控制鼠间鼠疫的流行，依此规律所作出的决策，既有效又经济。这项工作是纳乌莫夫成名的最重要工作。因此，对于这次访问阿拉木图鼠疫防治研究所的机会，孙儒泳格外珍惜。

孙儒泳随着研究所派出的科考队，先后到天山西北侧埃比柯帕略特山区和阿拉木图西的克孜勒库姆沙漠进行考察。鼠疫是一种可怕的烈性传染病，所以鼠疫科考队员执行严格的防疫规范，特别是从事血液检测工作的实验室人员。孙儒泳虽然不用从事血液检测，但必须预先打好防疫针。孙儒泳的工作是调查鼠洞群数量及其分布状况，特别要区分出有鼠栖居的洞群和无鼠栖居的废弃洞群；要捕捉活鼠，估计居住率（即平均每洞群鼠数）；还要调查传染媒介——跳蚤的数量。具体调查的方法是用杆端捆有棉花的跳蚤探测器伸入洞内，计数洞内蚤数；也要估计被捕获鼠体上的蚤数。只有通过洞、鼠、蚤和鼠疫菌、血清中特异性抗体的定量分析，才能确定有无鼠间鼠疫流行，特别是流行强度。后者是估计波及人可能性的预测依据之一。至于更宏观的结论还要更加全面的研究，诸如鼠疫菌毒力的变化、传播途径、接触频繁程度、气候因素、人的生活习惯和行为，等等。

这次考察让孙儒泳大开眼界，收获了很多实地的经验，也提高了动手做实验的能力。

另一次考察是1958年7月，孙儒泳和师兄钱国桢[①]得知莫斯科师范学院生物系教授巴尼科夫[②]率领的科考小组将要去苏联里海西北部的阿斯特拉罕地区考察高鼻羚羊的分布和数量。渴望熟悉大型兽类野外研究方法和规范的二人，主动向导师纳乌莫夫申请参加考察，并得到了导师的同意和

---

① 钱国桢（1918-1985），江苏江阴人。1942年毕业于同济大学生物学系。中华人民共和国成立后任华东师范大学生物学系教授、副系主任、博士生导师，国务院学位委员会第一届、第二届理学评议组成员，中国生态学会第一届常务理事、理事长。

② 巴尼科夫是研究蒙古兽类的专家，他的著作《蒙古兽类》（1954年由苏联科学出版社出版）在我国很有影响。

支持。

外出考察，生活条件艰苦是肯定的，但是一路走一路看的心情却十分惬意。为了力求简便，考察组只装备了一辆大卡车，装着帐篷和一些简单的炊具，走到哪里就住到哪里，以求节省时间。高鼻羚羊是极其重要的经济兽类。皮、毛、肉可以用来制革、制衣、食用，更珍贵的是羚羊角，它是中医药里极其名贵的药材，许多中成药都以它做主要成分。由于只有雄性才有美丽的羚角，所以资源消耗很大。从 1923 年起，苏联开始保护高鼻羚羊。孙儒泳参加的这次考察调查结果显示，高鼻羚羊数已经大概恢复到二十余万只。

除了学习之外，孙儒泳在莫斯科大学也享受到了较优越的生活条件。除了学校里的各项设施完备外，苏联还有一个疗养制度。"当时的苏联宪法规定每个苏联公民都有休养的权利，中国留学生在苏联和当地居民一样享有免费休假待遇。"[1] 纳乌莫夫教授考虑到孙儒泳长年在野外工作实验，十分辛苦，于是主动向学校申请送孙儒泳去黑海边的索契疗养院休养。这对孙儒泳来说可是难得的放松机会。

1957 年 11 月 7 日是十月革命四十周年纪念日，毛泽东参加了在莫斯科的纪念活动。活动结束后，前去莫斯科大学看望了在那里的留学生。孙儒泳和其他留学生一起在莫斯科大学的大礼堂聆听了那段著名的讲话，"世界是你们的，也是我们的，但归根结底是你们的。你们青年人朝气蓬勃，正在兴旺时期，好像早晨八九点钟的太阳，希望寄托在你们身上……世界是属于你们的，中国的前途是属于你们的。"

孙儒泳后来回忆说，"历史事实就是如此。尽管国家以后的发展并非如我们当初想象得那样顺利，甚至还很有些多灾多难，但当时当地确实是群情激奋、热血沸腾。这种对祖国深情而崇高的爱，我以为永远不会过时，我在几十年教学生涯中也常用毛主席激励我们的话来激励我的学生们。人生代代无穷已，祖国母亲永远是每一代每一个中国人的根本"。[2]

1958 年 9 月，令人紧张的论文答辩到来了，但是这没有难倒孙儒泳。

---

[1] 李鹏：建国初期留苏运动的历史考察。上海：华东师范大学，2008 年博士论文。
[2] 张良鸿：《孙儒泳传》（第一版）。宁波：宁波出版社，2005 年，第 66 页。

几年的学习他一直在努力钻研，毫不放松。最终，这份努力获得了回报。孙儒泳的论文《莫斯科省两种田鼠气体代谢的地理变异研究》被莫斯科大学生物土壤系四十多名教授组成的答辩委员会全票通过，并被评选为优秀论文。苏联的副博士论文答辩十分严格。论文答辩要在三个月前在苏联的大报上登出答辩通告，与此同时还要向苏联各学术机构的有关学者发出论文摘要。[①] 这个过程是非常严肃而认真的，论文摘要必须要精装打印。答辩之前，答辩委员会也要审查返回的评论意见。由此可见，孙儒泳的论文能够得到与会专家的一致好评是多么难得。

　　留学苏联是孙儒泳学术成长中颇为关键的一步。在这里，他受到了系统的生态学训练，开阔了学术视野，接触到了当时世界上最先进的理论知识体系，所写的副博士论文获得了苏联专家学者的认可，也为他日后在生态学领域的耕耘打下了坚实的基础。

[①] 李鹏：建国初期留苏运动的历史考察。上海：华东师范大学，2008年博士论文。

第四章
学成归国

　　1958年孙儒泳通过论文答辩后，学位证书迟迟没有下发。导师纳乌莫夫教授建议孙儒泳留下来工作一段时间，等副博士论文在科学期刊上发表后再回国。但是，孙儒泳已经赴苏四年，对祖国和家的想念让他不想再耽搁下去。11月初，学位证书刚刚颁发，他便踏上了归国回家的路途。

　　20世纪50年代毕业回国的留苏学生一般都要集中先在俄专学习，等待工作分配。在回国之前，中国兽类学老前辈寿振黄[①]教授曾向孙儒泳发出过邀请，希望他进入中国科学院动物研究所工作。这对孙儒泳来说是个非常好的机会，因为中国科学院拥有全国最优越的科研条件。孙儒泳也想过去新疆，因为那里搞鼠疫研究条件最好。回国报到的时候，孙儒泳向教育部提出过申请。当时北京师范大学非常希望孙儒泳能够回到母校，引领北京师范大学的科研进步。孙儒泳想到北京师范大学对自己的多年培养，加之共产党员理应服从组织分配的心理，他最后决定回到母校工作。

---

　　① 寿振黄（1899-1964年），鱼类学家、鸟类学家、兽类学家。中国脊椎动物学研究的开拓者之一。1927年，发表了中国鱼类的第一篇论文（与人合作）和中国鸟类的第一篇论文。20世纪50年代初，开拓中国的兽类学研究，填补了空白。毕生为中国脊椎动物学的创建、发展和人才培养做出了重要贡献。

考察流行病疫源地

在当时的历史背景下，每一个留学生都深知自己身上所背负的国家富强和民族振兴重任。因此，建设祖国的使命感和责任感特别强烈。回到北京师范大学以后，孙儒泳就开始思考如何将自己的所学和国家的需要更好地结合在一起。以当时的科研条件，继续搞动物生态生理理论研究不切实际，也无法为国家建设做出"立竿见影"的贡献。于是，他结合自己在苏联参加鼠疫自然疫源地研究的经历，学以致用，决定用自己的所学为鼠疫疫源地研究添砖加瓦。

早在留学期间参加国际鼠疫研讨会的时候，孙儒泳就了解了中国医学科学院流行病研究所的工作。1958年年底，他到北京郊区的小汤山找到流行病研究所，主动请缨参加他们的工作。当时流行病研究所接到卫生部的要求，举办一期"自然疫源地学说和研究方法"的学习班。孙儒泳的到来正好解决了人才缺乏的问题，流行病研究所的同人也热情欢迎他的加入。

1959年4月上旬，流行病研究所组织了"柴河林区森林脑炎自然疫源地"的野外调查工作，孙儒泳带领北京师范大学生物系的一名助教和两个大四学生参加了他们的队伍。

由于孙儒泳在苏联参加过类似的野外工作，所以被调查队委任为鼠类调查组组长，其他两组为病原体组和媒介昆虫组。他们的固定工作点在黑龙江省牡丹江专区柴河林区的大青沟林场。行程一般上午在驻地讨论工作计划、野外工作中的问题，下午再一起去调查地点采样和观察。

调查方法主要用夹日法[①]进行相对数量调查，并辅以圆桶陷阱法，"夹子铁制，踏板式，食饵用花生米"。[②] 夹子按直线放，每线50夹（后改用

[①] 一种调查方法，夹日法也称夹线法，是用夹子进行一昼夜的捕获的方法，夹日为计算数目的单位。

[②] 孙儒泳，方喜叶，高泽林，张玉书，林枸：柴河林区小啮齿类的生态学Ⅰ．生态区系和数量的季节消长．《动物学报》，1962年第1期。

25 夹），夹间距 5 米，持续两昼夜。放夹时，并不严格地保持夹距，而以每隔 5 米处作一中心点，在其周围一米范围内选择鼠洞穴或隐蔽条件较好的地方（如树根下、倒木下、石块旁）。每日早晨检查，两昼夜一换路线。4 月至 6 月三个月放在经常的路线上，以便结果反映一定地点上鼠类数量的季节消长。7 月至 8 月则在同一生境、不同路线上进行调查，以防止同一线上的过捕现象。

鼠类调查组的其他成员没有经过类似的训练，所以由孙儒泳负责向大家教授操作规范。鼠类调查组的任务是研究小啮齿类的种类组成、生境分布、种群的季节消长和繁殖变化。每天每人分头到各种林型的地块放置鼠夹二三百只，第二天和第三天早晨去收鼠夹并记录各线的捕获率。把上夹的老鼠，用鼠袋一鼠一袋地装起来带回实验室。先给媒介昆虫组收集体外寄生虫；然后让病原体组采血培养，以检测是否有森林脑炎病毒；最后再转回本组，鉴定鼠种名称、称重、测量、解剖和观察生殖状态等。这样的工作每半个月做一轮，在老鼠数量高峰月份，常常一天就要解剖二三百只。采集样本只是工作的一部分，为了及时有效地记录调查结果，孙儒泳要求组员每个月都必须把调查到的资料集中起来进行研究。野外工作一结束，就可以分析出调查结果，得出一个初步的结论。科考结束以后，孙儒泳等人依据调查所得到的数据和资料，整理出了论文《柴河林区小啮齿类的生态学Ⅰ.生态区系和数量的季节消长》，详细地阐述了森林小啮齿类的生态区系和数量分布。

在结束了大青沟的工作后，为进一步探讨山区垂直分布的规律，也为进一步说明大青沟林场的工作结果与整个长白山山地张广才岭北部小啮齿类分布规律的相互关系，孙儒泳和调查队又另外选取两个工作点进行调查研究，即新房子的晨光林场和二道河子。

在这两个地方作了小啮齿类的区系、种类组成和生态分布调查，以阐明张广才岭北部小啮齿类的分布规律。虽然受限于当时的工作条件，调查队所做的工作还是初步的，但由于当年的鼠类数量很高并且赶上一年中的数量高峰季节，所以取得了事半功倍的效果，调查结果大致上反映了垂直分布的基本规律。调查结果表明：海拔最高的位于混交林带的新房子的鼠类相对数量最高，捕鼠率达到53.2%，往大青沟五段减低到41.8%，大青沟为26.6%，而到海拔最低的阔叶林带的二道河子，只有15.5%。而且，从夹日法调查各种鼠的分捕率可以看出，不仅鼠类组成中各种鼠的比率随着海拔有规律地改变，而且每一种鼠在不同工作点的实际数量和密度也有同样的垂直分布变化。这些变化不仅与气候植被等自然地理因素的垂直变化有关，而且与人类的经济活动（农业、居民点等）的程度有关。由此形成了柴河林区小啮齿类生态学研究的第二篇文章《柴河林区小啮齿类的生态学Ⅱ. 垂直分布》[①]。

哺乳类中啮齿目占大部分，啮齿目中小啮齿类又占大部分，并且数量庞大。因此，小啮齿类是生态学理论研究中的重要内容，孙儒泳等人对柴河林区小啮齿类的生态学研究具有基础性的开拓意义。

1959年对中国人民而言，是一段非常艰苦的时期，这是三年困难时期的开始。由于粮食减产，全国出现严重的饥荒，老百姓都在勒紧裤腰带过日子，但还是造成不少人死亡。老百姓的肚子填不饱，野外考察组的生活水平更为低下。调查队驻扎的黑龙江林口县大青沟，本来就是个贫困村，加上灾荒年月日子就更不好过。考察组队员基本上以玉米高粱为食，还不能敞开了吃。这对在苏联过惯了"好日子"的孙儒泳来说确实是一个不小的落差，但是这丝毫没有影响他的科研热情。只要是对国家建设有意义，只要是能让他有用武之地，孙儒泳都干劲十足。除了日常的调查工作之外，他还抽空为队里的年轻人教授鼠类生态学。在黑龙江大森林的科考活动本来是计划进行到12月份，这样野外工作就可以包括整个秋天和冬天。可是，一场运动不期而至，中国医学科学院流行病研究所和北京师范大学都发来了急召科考人员回京的命令。

---

① 孙儒泳，方喜叶，高泽林，张玉书，林杓：柴河林区小啮齿类的生态学Ⅱ. 垂直分布。《动物学报》，1962年第2期。

劳动改造

1959年7月的柴河依然是一派平和的景象，孙儒泳的世界里只有他关心的科学研究。而此时，庐山上的那一场政治局扩大会议却将开始改变他的命运。

庐山会议之后，全国展开了"反右倾运动"。孙儒泳从苏联回国之后，由于国家要求提高对苏联留学生的工资待遇，学校给他定的工资是126元，相当于行政十四、十五级干部的待遇。因为他的待遇高，又是正式党员，所以参加了学校十七级以上的党内干部会议。在这次会议上，"不识时务"的孙儒泳吃了大亏。在苏联留学四年，刚刚回国就赶到黑龙江参加野外调查，他对当时国内的形势懵懂不知。回国从满洲里入关之后，他看到的就是荒芜的田地和到处熄火的大炼钢铁的小高炉。"我一路回来的时候，就是1958年底，大跃进基本上还没有说不搞，但是已经下去了，一路从东北经过看工厂不冒烟，跟人打听才知道下马了，其他也没有几个什么'大跃进'。所以给我脑子就产生一个印象，这'大跃进'有点说大话的嫌疑。"[1]对于彭德怀上万言书的举动，单纯的他认为这是党员应尽的义务，向党交心也是自己一直以来都践行的。"按照党章规定，党员在党的会议上可以自由发言，彭德怀同志写信给毛泽东反映情况，这是党员应尽的义务，也是党员的权利，并无过错，而且反映的也是实际情况，怎么就反党了呢？"[2]

此番言论一出，孙儒泳立刻就被划为了"右倾"，成为北京师范大学的活典型，成了党内大会小会批评的活靶子。平时不经意间发表的言论也被好事者拿出来指责，孙儒泳真是百口莫辩。因为彭德怀到访过苏联，有人要他交代同彭德怀的关系。耿直的孙儒泳怎么也想不通，"我能跟彭德怀联系上，我还会这样子吗？不可能的事儿。"[3]从留苏的天之骄子到受批判

---

[1] 孙儒泳访谈，2012年5月28日，北京。资料存于采集工程数据库。
[2] 同[1]。
[3] 同[1]。

的对象，前后不过一年的时间，这巨大的落差让他感到压抑、苦闷。这是他人生中第一次遭遇的打击，也是第一次领教到了政治运动的厉害。

最终孙儒泳被定性为"严重右倾"，不仅政治上抬不起头，业务上也被剥夺了工作的权利。此时，孙儒泳又刚刚经历了一次短暂而失败的婚姻，感情和事业都在同一时期滑到了低谷，真可谓是祸不单行。

生活和事业的打击双双袭来，让孙儒泳一时间迷失了方向，关键时候还是科学的思维方法让他找到了生活的勇气。经过长期观察和反思，孙儒泳得出了一个结论，彭老总的万言书没有错，自己的所见所闻也没有错。他后来回忆，"当时摆在我自己面前有三条可供选择的路。第一条是'宁为玉碎，不为瓦全'而走上绝路。我以为这种同志人格不低，有骨气。由于知识分子人格尊严受践踏，我也不是完全没有出现过类似思想。只是我终于明白走这条路不值得，于事无补，不仅对不起党和祖国，也对不起父母师长的培养之恩。第二条是灰心丧气，随波逐流。这条路显然不合我的志向和性格。第三条路就是在逆境中奋斗，适应时代环境，调整自己言行。生物学家是应该最懂得适应环境的，这是达尔文归纳出来的'适者生存'的真理。"[①]

怎么适应环境呢？孙儒泳给自己定下了方向，"我今后，政治讨论会我不发言了，没办法的时候，人家怎么说我也就跟着说几句，我再不关心政治了，实际上，我就一心搞业务，我觉得要报答党，报答国家，业务上也可以，就是一心扎到业务上，百分之百。"[②] 下定了"曲线救国"的决心之后，孙儒泳就有了主心骨，在接下来的政治运动中也能够顽强地坚持下来。

1960年春天，孙儒泳被下放到北京郊区顺义县的白沟村劳动。此时的孙儒泳已经调整好心态。再说他从来也不是娇生惯养的文弱书生，小的时候经常劳动，背过米、种过菜，干起活儿来有板有眼。当时的年纪正是身强力壮的时候，由于表现突出，他还被委任为大队长。在当时的困难条件下，粮食极度短缺，本来每天就吃不饱，但还是要在高强度之下劳动。

---

① 孙儒泳：孙儒泳先生自述（六）蹉跎岁月。《北京师范大学校报》，2009年3月10日。
② 孙儒泳访谈，2012年5月28日，北京。资料存于采集工程数据库。

几个月后,包括孙儒泳在内的很多人都因为肝功能超标身体开始水肿,他们也"因祸得福",因为健康问题被学校召回住进了校医院。康复之后,孙儒泳终于得到许可回到了北京师范大学生物系。

重返讲台

转眼到了1961年,政治紧张形势有所缓解,学校的教学、科研工作也开始逐步恢复正常。生物系又开始起用孙儒泳,让他发挥专长,教授动物生态学的课程。能够重返课堂,教授自己的专长,对孙儒泳来说,真是喜出望外。然而现实的困难确实也是实实在在的,这对他来说既是机遇,也是重大的挑战。动物生态学是全国都未曾开过的新课程,因此根本就没有任何可资借鉴的经验,一切都要白手起家。虽然1937年,费鸿年[①]曾经编过一本《动物生态学纲要》,但这只是一份纲要,无法当作教材使用,加上年代久远,已经不适合使用。外国的教材,当时可以接触到的只有两本苏联的教材:一本是孙儒泳的导师纳乌莫夫的《动物生态学》,由于中译本的翻译水平不高,连孙儒泳这样的专业学者都必须借助原文对照才可以看明白,并不适用于普通学生的学习。另一本则是苏联专家在华讲学的学术报告集,同样也不适合当作教材用。当时也有英文教材,但是因为大学普遍教授的外语是俄语,学生根本没有使用英文教材的语言基础。再一点,生态学是地区差异非常明显的学科,各国的教材也都有"因地制宜"

---

① 费鸿年(1900—1993)中国生物学教育家、水产科学家,浙江省海宁县人。1916年赴日本留学,1921—1923年在日本东京帝国大学深造。中华人民共和国成立后,历任农业部参事、水产部副总工程师、南海水产研究所研究员兼副所长等职。先后当选为中国水产学会秘书长、副理事长、名誉理事长,中国鱼类学会名誉理事长,中国生态学会顾问和《水产学报》副主编。他研究领域广泛,所撰《动物生态学》(1937年)和《鲶鱼呼吸生理之研究》(1934年)分别是中国生态学的第一本专著和中国鱼类生理学的第一篇论文。其他著作如《鱼类学》(1935年,与陈兼善合著)、《动物学纲要》(1933年)、《海洋学纲要》(1935年)等,均为中国上述诸学科的早期著作。他是中国运用数学模型研究水产资源数量变动规律的主要开拓者和带头人之一,主要论文有《南海北部底层鱼类群聚的研究Ⅰ,北部湾拖网渔轮渔获物组成的变化》(1965年)。

的特点，所以对于中国的动物生态学，是不能照搬西方理论的。鉴于以上种种的困难和考虑，孙儒泳最终决定自己动手，写出适合中国学生学习的动物生态学教材。孙儒泳决定，"第一年先讲课，发试用讲义；第二年再在下一届讲一遍，同时修改讲义，正式定稿，并争取校际交流"。[①]

孙儒泳已经经受过了"反右倾"的"洗礼"，一心一意搞学问的信念就更坚定了。"即使你搞运动，我抽着空到图书馆去看书，看这些东西，而且做笔记，做卡片，已经养成一个习惯了，到捡起来的时候我就可以有条件教书，再改进，仔细做下来就是1962年以后，1962年把'大跃进'的事情搞完了，学校里恢复，教书开课，给我教学任务，我才写教材，所以这个书从1962年开始，连续教了两年多，基本稿子就出来，经过一个修改，初步稿子，但是到1987年才出来，运动太多了，因为1962年过了以后，到1964年又搞运动，下去'四清'，到1966年，回来的时候又'文化大革命'了。"[②] 当孙儒泳说的这本书动物生态学教材问世的时候，已经是距此25年后。

1961年到1963年，紧张的政治气氛有所放松，科学研究又受到了重视，知识分子迎来了运动中的短暂春天。1962年，国家在制定全国中长期科学技术研究发展规划时，北京师范大学生物系主任汪堃仁[③]教授也参与了规划的制定工作。孙儒泳在得知高校实验室也可以申请计划的消息后，立刻写了一份《大家鼠属气体代谢和水代谢生态生理特征比较》的研究课题报告。[④] 这份报告获得了汪堃仁教授的支持，不仅如此，汪教授还从自己的课题经费中拨出一部分，资助孙儒泳搞这个课题。原本心灰意冷的孙儒泳受到汪堃仁老师的鼓励后，开始全身心地投入科研中。当时的经费有限，各方面条件并不如意，孙儒泳千方百计地创造条件进行试验。他多次去京郊山区和畜牧场扑活鼠，带回来后又为鼠建窝、喂食、扫粪便。自己

[①] 张良鸿：孙儒泳传。宁波：宁波出版社，2005年，第93页。

[②] 孙儒泳访谈，2012年6月12日，北京。资料存于采集工程数据库。

[③] 汪堃仁：生理学家、细胞生物学家、教育家。中国组织化学的开拓者。在消化生理、组织化学、细胞生物学等方面均有深入研究，从事教育工作近60年，对促进中国大学和中学生物学教育事业的发展做出了很大贡献。1980年当选为中国科学院院士（学部委员）。

[④] 张良鸿：《孙儒泳传》。宁波：宁波出版社，2005年，第103页。

选买和装置仪器，在实验室测定活鼠在不同温度下的耗氧量和肺皮蒸发失水量。为了控制温度，他自己推着三轮车到街上去拉冰块。以上种种，可见当时的实验条件之差，同时也能说明，孙儒泳为了科研工作，任何工作都不惜屈身去做。

关于这个课题，孙儒泳主要选取了褐家鼠和社鼠的水代谢特征进行比较。水代谢包括得水和失水两个互相对立的过程。保持细胞内外一定的含水量是生命互动的基础。而肺皮蒸发失水是失水的重要途径，节约肺皮蒸发失水是荒漠啮齿类适应干热环境的重要手段。实验从1964年的2月初持续到4月初。通过对实验结果的比较，发现同种内个体间肺皮蒸发的失水量与体重呈负相关，个体越小，肺皮蒸发失水量越高。而不同种褐家鼠和社鼠在节水上的差别，是与它们各自栖息地的差别相适应的。虽然说褐家鼠和社鼠在栖息条件上的差别与极干热而缺水的荒漠地区相比是微小的，但它们在水代谢的生理特征上的差别还是明显的。这样的研究结果表明："进一步对水代谢机制的比较研究在阐明物种形成过程中，微细差别的产生和发展，将是有意义的。"[1]

除了想尽办法创造实验条件以外，孙儒泳深知科研工作必须要与时俱进。虽然已经获得副博士学位，但是他知道，如果不坚持学习，很快就会被时代抛弃。于是，他经常去北京协和医学院图书馆看书，读新文献。此外，还系统地学习了成人业余学习班讲授的"生物统计课"，运用所学的协方差分析[2]解决了实验结果的数据处理问题，使论文水平有了明显的提高。

动乱中的坚守

"四清"运动在北京师范大学也掀起了不小的波澜，孙儒泳又一次受

---

[1] 奚家星，孙儒泳：褐家鼠和社鼠肺皮蒸发失水量的初步比较.《动物学报》，1973年3月。
[2] 协方差是关于如何调节协变量对因变量的影响效应，从而更加有效地分析实验处理效应的一种统计技术，也是对实验进行统计控制的一种综合方差分析和回归分析的方法。

到波及。虽然他已经不再参与政治，但是有的人认为应该对孙儒泳加强教育。1965年下半年，孙儒泳被下派到山西省武乡县涌泉公社白沟村参加农村"四清"运动。孙儒泳虽然第二次被下放，但是这一次情形有所不同。下乡劳动、吃苦受累对孙儒泳来说不是什么难事，难的是这一次要搞农村的阶级斗争。白沟村只是一个二三十户人家的小村庄，干部群众生活都非常困难，运动也搞不出动静来，只是了解情况，接待群众来访。不久后，工作组就接到了回撤的命令，"四清"运动偃旗息鼓。但是，另外一场声势浩大的"文化大革命"却轰轰烈烈地开始了。

1966年，"文化大革命"爆发。孙儒泳虽然没有受到批判，但是也要参加学习，他被勒令不准离开学校，不准跟随革命群众外出串联。后来，生物系根据军宣队指示办起了土霉素工厂，孙儒泳被分配去工厂劳动。

土霉素工厂的劳动简单又重复，这对一个学者来说实在是过于乏味。为了挨过那段时光，也为了在大大小小的批斗会上找点事儿做，孙儒泳决定悄悄学日语。为了避人耳目，他制作了许多日语的小纸条，上面抄满日语单词和句子，趁着没人注意就掏出来看一眼，别人批什么斗什么，一概充耳不闻。"当然闹笑话的时候也有，或主持人点名让我表态，我就瞠目结舌，不知所云；或别人已退场，我还端坐如仪……"① "文化大革命"期间，孙儒泳就是靠着这些零散的外语学习来度过无事可做的日子。通过几年的努力，他不仅可以借助字典读日语版科技文献，而且还在教育系张天麟教授的指导下基本掌握了德语。

尽管如此，长期没有工作的孙儒泳还是感到十分苦闷。"文化大革命"十年，所有的科学研究都停滞了，恢复科研工作几无可能。孙儒泳只好另辟蹊径。他听说中国医学科学院流行病研究所正在进行灭鼠拔源的工作，就拜托中国医学科学院的朋友方喜叶，申请准许他参加"灭鼠拔源"工作。

鼠疫的传染率很高，很多中国医学科学院的同志不愿意参加，而且调查的重点基本上都是在边疆地区，环境恶劣。如今孙儒泳竟然主动提出参

---

① 孙儒泳：孙儒泳先生自述（七）坎坷前行.《北京师范大学校报》，2009年3月20日。

加工作，再加上之前有过一起调查"柴河林区森林脑炎自然疫源地"的合作经验，中国医学科学院流行病研究所欣然同意了孙儒泳的加盟请求。获得了中国医学科学院的同意，还要征得驻北京师范大学生物系工宣队的许可，孙儒泳才可以外出参加工作。这时已经到了"文化大革命"的后期，学校的两派红卫兵内斗升级，无暇顾及校内有问题的人，孙儒泳被破例放行。于是，从1973年开始连续四年，每年从5月到10月，孙儒泳坚持到边疆参加鼠疫拔源和流行规律的研究工作。"1973年去了吉林省通辽县（现属内蒙古）灭鼠拔源；1974年去了吉林西北与内蒙古交界处的白城子市，参加全国鼠疫防治中心鼠疫病原体研究；1975年到内蒙古锡林浩特盟卫生防疫站调研鼠疫防治；1976年又到内蒙古鄂可多旗灭鼠拔源。"[①]

这些地方虽然条件艰苦，但是所从事的工作极有科研价值，可以获得所需要的第一手资料。生活艰苦，但孙儒泳却乐此不疲，能有机会让他搞科研已经心满意足。由于所到之处地处偏远、人烟稀少，很多地方甚至不通车，所以经常要背着调查工具翻山越岭。在考察地，不仅要面临严寒酷暑，还要经受蚊虫叮咬，甚至还可能遇到野兽出没。有时候甚至要在一天之内经受四季的温度变化。即便这样，孙儒泳还是愿意过这样虽然艰辛但却充实的日子。多年的野外工作，孙儒泳收集了大量的科研数据。为了能够及时地整理这些数据，从野外回来以后，孙儒泳向学校申请继续在中国科学院流行病研究所工作，借此也回避了"运动"，得以有充分的时间从事自己喜欢的工作。灭鼠拔源是一项群众性运动，孙儒泳的专业方向也不是搞病原体，因此严格来说，那几年的调查并没有取得什么科研成绩，也没有发表相关的论文（由于保密需要，不能发表论文）。但是，经过对鼠疫的调查研究，他基本掌握了鼠疫的流行规律和防治对策，并且对东北、华北各地的鼠类生态也增加了许多感性认识。对导师纳乌莫夫的自然疫源地理论也有了更加深入的了解。

尽管参加了四年的"灭鼠拔源"工作，孙儒泳对这项工作却有不同的看法。他认为这有悖于科学原理。他曾经说过，"要消灭一种害虫、害兽是十分困难的。历史的事实告诉我们：比如消灭苍蝇、蚊子、臭虫、老鼠

[①] 张良鸿:《孙儒泳传》。宁波：宁波出版社，2005年，第123页。

四害，几乎动员了全国民众都来参与，也没有能够消灭；农业害虫长期防治经验也同样表明，要彻底消灭一种害虫几乎是不可能和没有必要的。正确做法是应该把目标定在综合防治和把害虫控制在农业允许的经济阈值上；相反，一些濒危动物，由于人类活动，不小心就灭亡了；可见，物种种群的动态和物种的死亡或新生，有其自身的规律，不以人们的意志为转移。如果采取正面进攻、人工杀灭的方法，往往会使种群繁殖更多和恢复更快。防治鼠疫最紧要最好的办法是进行鼠疫疫源地调查，进行鼠间鼠疫流行病预报，以及切断疫菌与人接触的渠道和加强人间鼠疫的防治工作……"[①] 当然，这些观点是"文化大革命"之后才可以公开表达的。事实上，这种大规模的"灭鼠拔源"工作后来无声无息地停止了。

[①] 张良鸿：《孙儒泳传》。宁波：宁波出版社，2005年，第126页。

第五章
师长高风

"生态学"这个名词的提出，已有百余年的历史。其发展成为一门独立、系统的科学，是在 20 世纪 50 年代。进入 20 世纪 70 年代后期，生态学成为前沿学科之一。一方面，由于经济社会的发展，粮食、人口、能源和环境保护等有直接联系，生态学被认为是解决这些问题的理论依据。另一方面，计算机、超微量物质分析方法的发展、应用为生态学的发展提供了条件。

"文化大革命"结束后，孙儒泳重返北京师范大学生物系，继续从事教学、培养人才工作。在教学中，他陆续翻译、编著了一系列教材，为我国生态学人才培养做出了重要的贡献。

热心生态学教育

我国的生态学教育可以追溯至 1923 年我国第一部生态学教材——费鸿年先生的《动物生态学纲要》，以及 1937 年李继侗先生在清华大学生物系开设的"植物生态学"课程。1977 年恢复高考制度时，内蒙古大学招收了我国第一批生态学专业本科生。随后，设置生态学专业的高校数量逐渐增加，相继建成了生态学硕士、博士研究生培养点，生态学专业人才培养层次逐渐形成。

北京师范大学生物系的前身是1904年的京师大学堂博物系，北京师范大学的生态学科可以追溯到1923年的动物学教研室。为了进一步推动生态学科的发展并加强研究队伍建设，1987年北京师范大学建立了生态学研究室。同年，被国家教委（教育部）确定为重点学科，成为北京师范大学七个重点学科之一，也是全国生态学科中的三个重点学科之一。

本科教育是现代高等教育的重要基础，是大学教育的主体组成部分。北京师范大学通过加强专业建设、加强教学基本建设等来提高本科教育的水平和质量。为了加强本科生的教育教学水平，提升教育质量，一批专家、教授坚持给本科生授课。孙儒泳就是其中之一，他一直重视本科教学。

1951年开始，孙儒泳任《脊椎动物学》《无脊椎动物学》《脊椎动物生态学》和《比较解剖学》助教。1959年起，孙儒泳担任本科生《动物生态学》《脊椎动物学》《动物分类学》主讲教师与《生态学实验》主讲教师。通过介绍动物体的各种生理功能及其与周围生态环境适应的关系，使学生了解动物在不同环境下生活时所面临的种种生理问题及其适应对策。此外，还为生物科学与生物技术专业本科生讲授《基础生态学》课程中"应用生态学"部分内容。

通过多年的教学，孙儒泳十分注重汇集国内外生态学教学与研究的动态，并结合北京师范大学的研究特色，积累了丰富的生态学教学经验。据他的学生回忆，孙儒泳非常重视教学，"每次上课前他总是认真备课，反复推敲，因此他讲课逻辑性强，融会贯通，深入浅出，概念条理清晰。学生反映'听孙老师的课是一种享受，心里特舒服'"[1]。

孙儒泳也十分注重培养新教师，帮助新教师成长。牛翠娟[2]教授回忆

---

[1] 刘定震：《辛勤耕耘勇攀高峰——记孙儒泳院士》。未刊稿，刘定震藏。
[2] 1992年7月-1994年7月，牛翠娟进入北京师范大学生命科学学院博士后工作站工作，现为北京师范大学生命科学学院教授，从事潮间带笠贝自然种群生物能量学方面的研究。1995年起，担任本科生《普通生态学》和研究生《水生生物学》课程的主讲教师。

图 5-1　1985 年 12 月 26 日，北京师范大学生物系动物组教师聚会（前排左三为孙儒泳）

了刚刚从教的经历，"我刚开始不太会从事教学工作。孙先生从最初怎么讲课，怎么写教案，包括发音都给予了很多指导。孙先生随时关注国外教材，有好的教材马上引进，组织我们去翻译。让我参与教材的编写。跟孙先生这些年一直都在做教材的事。当时孙先生承担了教改的项目，派我去参加相关研讨会，给我学习的机会，继续培养深造。孙先生注重培养我们第二梯队，来继续他的研究"[1]。通过培养"第二梯队"，形成教学团队，对北京师范大学生态学学科建设和人才培养都起到了重要作用。

孙儒泳非常重视生态学实验课程的建设。动物生态学为中华人民共和国成立后国内新开的课程。不仅缺乏教材，也不具备相应的实验条件。孙儒泳的学生，北京师范大学生命科学学院刘定震教授说，"他从苏联留学回来后，就开始翻译、编写动物生态学实验教材，同时筹建实验室，白手起家，组织助教和讲师设计制造温度选择仪、自发活动记录仪，等等"[2]。为此，1960—1964 年，孙儒泳带领助教新建了动物生态学实验室，编写实验指导（讲义）（共 8 个实验），初步建立了可以做动物生态学实验的实验室。1980—1982 年，他带领讲师、助教增加新实验，编出新实验指导（新增加

---

[1]　牛翠娟访谈，2013 年 8 月 8 日，北京。资料存于采集工程数据库。
[2]　刘定震：《辛勤耕耘勇攀高峰——记孙儒泳院士》。未刊稿，刘定震藏。

图5-2 1983年5月2日，孙儒泳在北京师范大学生态学研究室

五个实验），自制和购置设备，实验室自行设计并制造（由两名学生负责，天津42中工厂协助制造）能记录运动、出入巢、饮水、摄食四种活动的实验仪器。通过实验室的建设，在生态学实验中使学生巩固和扩展课堂知识，培养学生的实验操作技能以及独立思考、发现和解决问题的能力，了解生态学实验研究的主要方法，培养学生严谨的科学态度、团结协作的精神以及创造性的思维能力。

北京师范大学生命科学学院张正旺教授本科阶段就读于北京师范大学生物系，据他回忆，"我是1984年上大学以后，实际上跟孙先生接触最早是大二的时候有野外实习，著名专家教授都去参加指导，那时候孙（儒泳）先生、郑（光美）先生，还有姜在阶先生，一批老专家都到野外实习的地方，小龙门，去参与实习。所以那是第一次跟孙先生接触。孙先生那次带我们实习的时候也给我们讲了野生动物调查的一些基本方法，如标志重捕法，和一些基本原理，所以从这开始跟孙先生就认识了"[①]。通过孙儒泳的带动，北京师范大学生物系成为全国最先开设实验生态学课程的两所高校之一。

1996年起，孙儒泳主持《基础生态学》课程的建设工作。《基础生态学》是北京师范大学生命科学学院生物科学与生物技术专业的专业基础课。通过基础生态学的讲授，目的在于"使学生能够全面掌握生态学的基础理论和研究方法，了解当前生态学研究的发展动态与热点问题，培养学

---

① 张正旺访谈，2013年10月18日，北京。资料存于采集工程数据库。

生勇于探求生物与环境之间相互关系奥秘的兴趣"[1]。经过几年的努力,到2001年,《基础生态学》成为北京师范大学生命科学学院生物科学专业和生物技术专业本科生的必修课。

在孙儒泳的带领下,基础生态学的教学取得了可喜的成绩。2004年,"立足基础,紧跟前沿,建设生态学理论与应用并重的教学体系"获得北京市高等教育教学成果二等奖(娄安如、牛翠娟、孙儒泳、李庆芬、黄晨西)。2004年,"立足基础,紧跟前沿,建设生态学理论与应用并重的教学体系"获得北京师范大学教育教学成果一等奖(娄安如、牛翠娟、孙儒泳、李庆芬、黄晨西)。

"基础生态学"2005年被评为国家级精品课程,孙儒泳讲授了"二十一世纪生态学面临的挑战",详细介绍了当前世界上所面临的几个重要的生态学问题,如全球变暖、臭氧层的破坏、酸雨、生物多样性的丧失、环境污染等。在评选国家级精品课程的过程中,"基础生态学"得到了四位同行专家的推荐,下文摘录了四位同行专家的意见。[2]

北京师范大学生命科学学院郑光美院士:

北京师范大学生态学学科在1987年就成为国家教育部第一批重点学科,2001年再次成为教育部第二批重点学科。孙儒泳院士在近半个世纪的教学与科研过程中,不仅创建了北京师范大学的生态学专业,而且对全国的生态学教学改革起到了巨大地推动作用,至今仍在为本科生讲授生态学课程。孙儒泳领衔出版的《基础生态学》《普通生态学》《动物生态学原理》等教材成为国内高校与科研机关广泛使用的教材与参考书。其中《基础生态学》自2002年7月出版以来,印数已达7.2万册。《普通生态学》自出版以来,印数已达10万册。《动

---

[1] 《基础生态学》课程介绍,北京师范大学生命科学网站,网址:http://course.bnu.edu.cn/course/ecology/,时间:2013年10月2日。

[2] 《基础生态学》教学效果介绍,北京师范大学生命科学网站,网址:http://course.bnu.edu.cn/course/ecology/,时间:2013年10月2日。

物生态学原理》获1992年第二届高校教材全国优秀奖和1992年全国教学图书展一等奖。该书累计出版5万册。同时孙儒泳院士先后领衔翻译了7部国外优秀的生态学教材。这充分体现了孙儒泳院士为我国生态学事业发展的敬业精神。孙儒泳院士不仅自己身体力行，而且还培养了一支实力雄厚的、团结合作的生态学教学研究队伍。其教学小组职称结构与年龄结构合理，专业水平高，在完成繁重的科研任务的同时，能够将精力投入本科生与研究生的教学中，做到了以科研促教学，以实际科研实例帮助学生理解生态学理论，取得了良好的教学效果，深受学生们欢迎。

我认为孙儒泳先生领导的教学小组，完全具有将基础生态学课程建设成为国家级精品课程的能力。特此极力推荐。

北京师范大学生命科学学院徐汝梅教授：

北京师范大学生态学学科是国家级的重点学科，拥有生物多样性与生态工程教育部重点实验室。同时我校在全国也是最早开展生态学教学与科研的少数几个重点高等学校之一，具有雄厚的基础和实力，在全国具有重要的影响。孙儒泳院士在长达近50年的教学与科研过程中，不仅自己身先士卒，而且还培养了一支实力雄厚的生态学教学研究队伍。在基础生态学课程的建设过程中，以孙先生领导的生态学教学小组提出的"以教材建设为龙头，以基础生态学理论课教学为重点，以基础生态学实验与野外生态学实习为辅的教学模式"的理念中，让学生们充分掌握了生态学的基础理论与研究方法，了解了生态学研究发展的前沿动态，激发出了学生们对生态学学习的兴趣。在全国高校的生态学教学改革中起到了良好的示范作用。仅孙儒泳先生编写与合编的生态学教材就有7部，翻译国外优秀生态学教材7部。尤其是孙儒泳院士领衔编写的《普通生态学》《基础生态学》《动物生态学原理》等一系列教材被全国高校和科研院所普遍采用，其内容生动活泼、深入浅出，在强调基础知识的同时又具有很强的现代性，已经成为无可替代的权威生态学教科书或教学参考书。孙儒泳先生领导的教学小组，其教学梯队职称结构与年龄结构合理，整体素质很高，教学效果很好，对培养学生理论认知能力、科研能力、动手能力以及创新能力做出了重要的贡献。他们完全具有能力把这门课程建设成为国家级精品课程。特此极力推荐申报国家精品课程。

北京大学城市与环境学系方精云院士：

北京师范大学是我国最早开展生态学教学与科研的重点高等院校之一，具有雄厚的基础和实力，在全国具有广泛影响。由孙儒泳院士领导的生态学教学小组，在课程规划、教材建设、理论与实验教学等方面都进行了有益的尝试，为全国高校的生态学教学起到了良好的示范作用，为我国生态学人才的培养做出了巨大的贡献。值得特别指出的是，孙儒泳先生领衔编写的《普通生态学》《基础生态学》《动物生态学原理》等一系列教材广为传颂，被全国高校和科研院所普遍采用，深受广大师生的好评。我和另外两位老师主讲北京大学生态学本科专业的《生态学》课程（本科必修课，共7个学分），就使用孙先生的《基础生态学》作为主要教学参考书。我们感觉到该教材内容全面、重点突出，在强调生态学基础知识的同时，又吸收了国内外生态学研究的最新进展，并恰如其分地引用了国内的一些实例，克服了国外引进教材的"只见树木，不见森林"的不足。另外，该教材深入浅出、生动活泼、图文并茂。因此，我认为该教材无疑已经成为国内无可替代的权威生态学教科书或教学参考书。孙儒泳先生领导的教学小组，老中青相结合，教师队伍结构合理，整体素质很高，理论教学和野外观察、室内实验并重，他们完全具有了建设国家级精品课程的条件。鉴于上述理由，本人极力推荐申报国家精品课程。

兰州大学生命科学学院王刚教授：

在孙儒泳院士领导下，北京师范大学已经成为全国首屈一指的生态学教学与科研重镇，一直是国家的重点学科，设有"生物多样性与生态工程"教育部重点实验室，近年来又得到"211"和"985"工程的重点建设，在软硬件的各个方面都具有很强的实力。孙儒泳先生组织编写了一系列反映国际最新学术动态、适合于我国国情的生态学教材，翻译出版了多部国外的生态学教科书，为我国的生态学教学和学科发展做出了巨大贡献。孙儒泳先生编写的《动物生态学原理》从80年代起就一直作为兰州大学生态学专业的主要生态学教材，《普通生态学》以及后来的《基础生态学》则一直作为非生态学专业的首选教科书被多年采用。在多年的生态学教学过程中，我和我的同事均发现孙儒泳先生编写的课本特别注重给学生打下扎实的生态学基础，注重培养学生理论联系实际的能力，知识性和趣味性的有机结合使许多学生对生态学产生了浓厚的兴趣。

北京师范大学具有一支包括院士和长江学者在内的高水平生态学教学队伍，课程建设在全国同类课程中具有示范作用，可以作为国家精品课程向全国辐射以发挥更大的效益。

基于上述理由，我在此极力推荐孙儒泳先生负责的生态学课程申报国家级精品课程。

此外，2004—2005年，孙儒泳还坚持在北京师范大学"生命科学教授讲坛"上为全校本科生讲授有关生态学的讲座。

重视教材建设

课程建设离不开教材建设。我国最早的生态学教材是费鸿年编著的《动物生态学纲要》（1923年）。中华人民共和国成立后很长一段时间内，国内使用的多是翻译国外的教材，主要是苏联纳乌莫夫的《动物生态学》（1958年）和库加金的《动物生态学》（1959年）。随着生态学研究的迅速发展，上述教材逐渐不能满足教学实践的需要。孙儒泳从20世纪60年代开始，在北京师范大学生物系讲授动物生态学课程期间，编著了《动物生态学讲义》供教学使用。此后，孙儒泳撰写和参与撰写的专著、译著、高校教材等共16种。其中生态学教材7部，翻译国外优秀生态学教材7部。

"文化大革命"结束后，教科文卫事业逐渐恢复正常。1977年10月，在成都召开了高等院校生物学教材会议，孙儒泳作为北京师范大学代表参会。会上制定了《动物生态学》教材大纲，并决定由钱国桢、黄文几、林浩然和孙儒泳四人合作编写。这部高等学校试用教材分上下册，分别于1981年12月和1982年1月由人民教育出版社正式出版。全书共四篇十一章，从个体、种群、群落和生态系统四个方面介绍了近代生态学的基本原理。孙儒泳回忆说："我在《动物生态学》一书编写中约承担了一半工作量，负责编写了种群生态学、生态系统、应用生态学和附录四个部分。"[1]

中华人民共和国成立以后，我国的动物生态学研究集中在：对蝗虫、黏虫等重要经济昆虫的种群动态和迁移；重要水产资源的测报；哺乳动物数量的消长和测报；等等。在《动物生态学》出版之前，这些研究成果没有加以系统研究过，高等院校也缺少这样一本动物生态学的教科书。本书的出版填补了这一空白。马世骏[2]先生在序中这样说道，"总结是进一步提高的前奏，这本书是在教学和科研方面都有多年经验的同志们的集体写作，收集国内外资料，涉及现代生态学的各个领域，内容丰富，对于从事动物生态学工作的同志定可从中获得启发，并可看出我国哪些工作已在进行和取得成果，哪些工作还须加快步伐赶上去，以适应我国现代化建设的

---

[1] 孙儒泳：孙儒泳先生自述（八）重执教鞭.《北京师范大学校报》，2009年3月30日。
[2] 马世骏（1915—1991），山东省兖州人。历任中国科学院环境科学委员会主任、动物研究所研究员、生态学研究中心筹备组组长，中国科学院生物学部委员（后称院士）。为我国生态学特别是昆虫生态学的理论研究做出了贡献。

需要。"①

继《动物生态学》之后,《动物生态学实验指导》也由北京师范大学和华东师范大学合作编写,于1983年由高等教育出版社正式出版。20世纪60年代初,我国一些高等院校生物系就开设了动物生态学课程,并开始进行实验教学。使用的教材大多是《陆生脊椎动物生态学实验研究法》《动物生态学实验》《陆生脊椎动物生态学实验》这三本译著,内容多注重个体生态和生理生态学的实验。"文化大革命"后,各院校恢复了动物生态学课程,并提出了实验教学的任务。国外也相继出版了一些生态学实验手册,如《普通生态学实验手册》《普通生态学野外和实验室研究方法》《生态学野外和实验室实习》等。实验的内容也从个体生态、生理生态向种群、群落和生态系统研究拓展。《动物生态学实验指导》以北京师范大学和华东师范大学生物系的实验讲义为基础,参考国外有关文献资料编写。除了实验1—实验9属于个体生态或生理生态学的实验外,还涉及了生态系统次级生产力、种群生态学、群落和生态系统的研究。本书的编写首先注重选入实验的可行性,"不追求复杂的仪器设备"。目的在于通过每个实验,"不仅要掌握一些生态学研究方法,而且尽可能对生态学原理有所验证,以便使学生把理论知识和实际操作更紧密地结合起来"②。

1983年10—11月,国家教育部组织"中国生态学教育考察团"赴比利时、法国考察,孙儒泳任副团长。这次考察给了孙儒泳很大触动,下决心要写出一套中国人自己的动物生态学的教材。中华人民共和国成立后,我国高等院校生物学专业的师生多使用苏联纳乌莫夫教授的动物生态学教材,直到《动物生态学原理》第一版于1987年1月出版,填补了我国没有自己的动物生态学教材的空白。这本教材是孙儒泳通过二十余年的教学实践,比较翻译的多本权威国外生态学教材,并结合我国动物生态学研究和教学的实践而编写的。本书主要介绍了各种环境因素与动物的相互关系

---

① 华东师范大学、北京师范大学、复旦大学、中山大学合编:《动物生态学(上册)》。北京:人民教育出版社,1981年。
② 北京师范大学、华东师范大学:《动物生态学实验指导》。北京:高等教育出版社,1983年,前言第2页。

的基本原理，全书分环境分析（个体生态学）、种群生态学、群落和生态系统、应用生态学四篇十三章，从个体、种群、群落和生态系统等不同水平上，对近代动物生态学基本原理进行探讨。此外，还叙述了资源管理、有害动物防治和人口控制这三个应用生态学的问题，最后介绍了系统生态学。

《动物生态学原理》一经出版，即引起了强烈的反响，成为许多高校及科研机构的选用教材。兰州大学生命科学学院王刚教授回忆说："孙儒泳先生编写的《动物生态学原理》从80年代起就一直作为兰州大学生态学专业的主要生态学教材"，"在多年的生态学教学过程中，我和我的同事均发现孙儒泳先生编写的课本特别注重给学生打下扎实的生态学基础，注重培养学生理论联系实际的能力，知识性和趣味性的有机结合使许多学生对生态学产生了浓厚的兴趣。"[1] 华南师范大学生命科学学院王安利院长这样评价，教材有利于"使学生清晰了解动物生态学的发展史和概念，生理、种群、应用生态。对于这个学科的整体的脉络、研究成果和整体的研究趋势有很好的把握"[2]。港台地区也将本书列为推荐公众阅读的十本大陆图书之一。

《动物生态学原理》第一版出版后，先后重印四次。一方面，随着生态学的日益发展，作者及出版社都感到有必要对教材进行相应的修订。另一方面，孙儒泳曾于教材第一版出版后组织研究生座谈，发动大家评议此书，指出优缺点。当时提出的主要缺点有："第一篇环境分析中和第二篇自然种群数量动态一章中，描述性内容过多、过繁，全书图标数量过大，有许多是作为基础生态学教材所不必要的。"[3] 针对这些意见，第二版进行了相应的改动。

首先，根据当时生态学的发展动态进行相应的内容增补。群落生态学是当时近十年发展较快的领域。对群落生态学这一章做了较大的修改，增

---

[1] 《基础生态学》教学效果介绍，北京师范大学生命科学网站。http://course.bnu.edu.cn/course/ecology/。

[2] 王安利访谈，2013年1月11日，广州。资料存于采集工程数据库。

[3] 孙儒泳：《动物生态学原理》（第二版）。北京：北京师范大学出版社，1992年，前言。

补了新原理和小节,如决定群落结构形成因素(捕食、竞争、干扰、空间异质性对群落形成意义,中度干扰说、平衡和非平衡说等)、群落演替的新理论,并改写了群落结构一节。对生态系统研究一章进行扩充,增加了分解者亚系统、食物网理论和全球生态学,加强了初级生产、次级生产、能流和稳定性理论,并进行了重写。种群生态学一篇中增加了种群遗传与进化一章(尤其是介绍自然选择与生态因素关系);行为生态学和种群内相互关系一章新增了最优化理论和进化稳定对策,利它行为与亲属选择等;种群间相互作用一章增加了互利共生、寄生等节,在竞争问题上新增了 Tilman 模型(它是资源竞争和群落形成问题上的重要进展);群落调节一章从更新观点上分清了调节与限制,并增加了非密度制约性和密度制约性模型。

其次,对内容及图表的精炼。内容方面,对第一篇环境分析大量压缩了过多过繁的内容;第四篇应用生态学,因人口生态学的一般性基础知识已经普及,故删去了生态学与人口问题一节。图表方面,删掉了一部分图表,并分大小两种字号进行排印。"小号字代表次要的、或具体模型的公式推导和方法,供学生浏览以扩大知识面。"[1]

进入 21 世纪后,随着科学技术的迅猛发展,在高度发达的物质文明之后,却是对环境的肆意破坏,导致全球生态环境的不断恶化。为了提高公众生态意识并为生态学研究人员提供参考资料,孙儒泳编著的《动物生态学原理》第三版在 2001 年 9 月公开出版。考虑到本书的前两版已经为国内大部分高校采用作为教材,所以保留了这个书名,但也增补和扩充了生态学理论和应用。第三版仍以介绍动物生态学基本原理为主,在绪论中界定了生态学的定义及研究对象、范围以及发展简史,而后按照生态学的研究层次展开介绍有机体(个体)、种群、种间相互作用、群落、生态系统、大尺度生态学等,最后介绍了应用生态学。[2]

相比第一版和第二版,第三版主要的变化有:

第一,在内容上的增补与调整。"其中一个主要表现是在讲述基础理

---

[1] 孙儒泳:《动物生态学原理》(第二版)。北京:北京师范大学出版社,1992 年,前言。
[2] 孙儒泳:《动物生态学原理》(第三版)。北京:北京师范大学出版社,2001 年。

论知识的同时，非常重视与人类社会需要的密切结合，这也是现代生态学的一个重要特点。如有益生物种群的产量中不仅介绍了各种收获量理论，而且加进了配额控制、收获努力调节等管理及其实例"。另外，新增加第十一章"大尺度生态学"（包括景观生态学和全球生态学两部分）。对于增加这一章节的原因，孙儒泳在编写说明中这样写道："这一章对于现代生态学的基础教科书是很重要的，也是我在重新学习的基础上写成的。"[①] 第十二章"应用生态学"中新增加了生物多样性保护、生态系统服务和生态系统管理等三节。"同时对原来的两节也做了不少的增补。如有益生物种群的产量中不仅介绍了各种收获量理论，而且加进了配额控制、收获努力调节等管理及其实例；对有害生物防治加进了基因防治。此外，无论是有益还是有害生物，作为生态系统成员都为生态系统服务做出贡献，这是对单纯利用和防治的观点增加了一个新的重要思考，这一个思想就包括在第三节生态系统服务之中。"在第四章、第五章种群生态学部分，作者主要做了增补。如"单体生物与构件生物的区别及其种群动态和模型特点；空间尺度和种群的空间结构；空间异质性和集合种群。"[②]

第二，更加注重知识的更新。作为一门日新月异的学科，生态学知识的更新速度很快，针对这个方面，第三版注意了知识的更新。如第四章、第五章自然种群数量变动部分增加了不少最近研究的成果，"包括一些近几年在 NATURE、SCIENCE 和 PNAS 等报道的。这里也看到，近来对于自然种群长期记录资料的分析和研究、野生动物种群的实验研究，包括对应用驱除寄生物、天敌和其他人工干扰等手段以及相应模型研究的重视；并介绍了种群调节理论的新进展；等等。"第十章生态系统部分对全球初级生产力的估计，采用了美国权威杂志《科学》报道的最新数据，"因为他们是根据遥感这种新技术测定的，并有九年（陆地）或六年（海洋）的资料估计的，尽管对遥感测定的结果一般应该有地面资料的验证。"[③] 此外，在海洋生产力方面，介绍了新生产力和病毒的重要作用；沿食物链的上行和

---

① 孙儒泳：《动物生态学原理》（第三版）。北京：北京师范大学出版社，2001 年。

② 同①。

③ 同①。

下行控制；等等。

第三，权威学者增补最新学术动态。在一些章节的修改与增补上，邀请了一些对该章节内容有较高研究造诣的著名学者参与编写，如第七章行为生态学由房继明教授重写。第二章、第三章，即有机体与环境部分，由中国科学院动物研究所王德华研究员增补。新增加的内容有：持续代谢率、对于常温动物冬眠起源的新认识、个体大小的生态学意义、全球气候变化对于物种分布区和数量的影响。第六章、第八章，即生态遗传学与种间相互作用，由北京师范大学生命科学学院生态研究所张大勇教授增补。新增加的内容有：衰老的进化、似然竞争、斑块环境中的种间竞争与共存、捕食策略与功能反应、微寄生物传染病模型。"他们都是各自研究领域中的杰出代表，邀请他们作为编者，不仅保证了资料的完整性和准确性，而且可以反映这一领域的最新进展。"[1]

第四，在附录中增加了网址，包括各章网址、主要生态学期刊网址、重要生态学教科书网址、与生态学有关的单位网址四部分。除此以外，文前插入了一些彩色插图，主要选取了我国代表性的生物群落、主要珍稀濒危动物、动物行为和生活等方面的彩图。

对于第三版的修订工作，该书的责任编辑姜涛对此总结道："第一版和第二版的书，包括容量、版式设计可能还是比较传统一些，第三版我就跟孙先生接触过很多，包括国外教材一些先进的设计方式，包括编写体例做了一些大的修订，所以在这方面我觉得第三版可能比第一版、第二版有一个比较大的进步、发展。从内容方面，更多的关注一些，比如说应用方面，原来可能理论化更重一些，第三版里面应用方面编写的东西更多，包括跟社会发展阶段一些结合，这个也非常非常多，我觉得第三版在这个方面做了很多。另外随着生态学的发展，或者人类社会的发展，对生态学本身的重视越来越高，所以在第三版里面关于宏观生态学、生态系统，关于大尺度生态学科方面涉及很多，这个方面为什么这么设计，原来的生态可能更多的谈，比如说包括个体生态，包括动物本身个体生态，动物本身适

---

[1] 姜涛:《〈动物生态学原理〉（第三版）：孙儒泳重新编梳生态学》，《中国教育报》，2001年12月6日，第8版。

图 5-3 1992 年 8 月 11 日，全国第五届高校动物学教学教材学术研讨会开幕式
（后排左四为孙儒泳）

应环境也好或者跟环境发生关系也好，是个体的生态，现在更多是把生态学跟整个宏观联合在一块，有什么好处，可能更多跟社会发展结合起来，了解到生态学跟社会相关性，另外更多可以提高大伙的生态意识，比如环境污染等，更多把它放在宏观环境里边，因为它是一个动态平衡，维持平衡来考虑，在这个层面更进了一步，这是内容方面一些比较大的变化。"[1]

在《动物生态学原理》前两版引起了较好反响的基础上，第三版结合生态学研究的新进展，"为专业读者提供参考资料的同时，也能够为提高人们的生态意识，为有关部门进行与生态学有关的决策提供帮助"。[2]

此外，孙儒泳还积极参加有关教材编纂的学术会议。1992 年 8 月 10 日—15 日，"全国高校动物教学、教材学术研讨会"在乌鲁木齐市新疆师范大学举行，出席代表 74 人。

会上，介绍了国家教委关于深化高校理科教育的意见，介绍了当时动

---

① 姜涛访谈，2013 年 10 月 18 日，北京。资料存于采集工程数据库。
② 同①。

第五章　师长高风　57

图 5-4　1992 年 8 月 11 日，孙儒泳（右二）访问新疆维吾尔自治区地方病防治研究所

物教学改革的动向和存在的问题。孙儒泳在会上做了主题发言，与会代表就动物教学改革和教材建设进行了讨论，交流了经验。会后，孙儒泳与其他与会代表一起参观了养鱼场、野马养殖中心和新疆维吾尔自治区地方病防治研究所。①

1996 年起，孙儒泳主持北京师范大学《基础生态学》课程的建设工作。作为课程建设的重要内容，教材的编写就提上议事日程。在教育部"面向 21 世纪的生态学教育改革研究"课题（1998—2000 年）的支持下，孙儒泳决定根据迅速发展的生态学研究，编写一本新的教材，并起名为《基础生态学》，以替代原来的《普通生态学》。

2002 年，《基础生态学》第一版由高等教育出版社出版，全书分为五大部分："有机体与环境""种群生态学""群落生态学""生态系统生态学""应用生态学"。有机体与环境对生物与环境、能量环境、物质环境做了分析；种群生态学则重点考察了种群及其基本特征、生物种及其变异

---

① 黄元："全国高校动物教学、教材学术研讨会"在乌鲁木齐市举行，《生物学通报》，1992 年第 12 期。

与进化、生活史对策、种内与种间关系;群落生态学分为群落的组成与结构、群落的动态、群落的分类与排序三章;生态系统生态学分生态系统的一般特征、生态系统中的能量流动、生态系统中的物质循环、地球上生态系统的主要类型及其分布四章;应用生态学对全球变暖与环境污染、人口与资源问题、农业生态学、生物多样性与保育、生物系统服务、收获理论和有害生物防治进行了论述。每一章节有一个小结,帮助学生系统理解教材内容,课后附有思考题及推荐阅读文献,帮助学生巩固及拓展学习内容。

孙儒泳编写了本书的绪论、第11章、第12章、第13章、第15章的第4节和第5节。他在前言中说到本书的一些编写情况:"本书内容力求反映当代生态学发展水平,编写中参考了20世纪90年代以来(包括2000年和2001年)出版的新教材和某些专著:例如有机体层次中把生态因子按能量环境和物理环境分别探讨,种群层次加进集合种群和空间异质性、行为生态学;群落层次增加了我国学者的研究成果;生态系统层次中,在全球初级生产力和炭、氮等物质循环方面都增补了近年来的研究成果。应用生态学部分的篇幅比以前的《普通生态学》有明显的增加,全球生态学、生物多样性保护和生态系统服务三节更是明显,这些都是与人类社会的持续发展问题密切相关的。"[1]

2007年,《基础生态学》进行了再版修订。《基础生态学(第2版)》强调对生态学基础理论的理解与把握,内容简明扼要,图表丰富。内容"按照传统生态学的发展顺序,依次分为有机体与环境、种群生态学、群落生态学、生态系统生态学、应用生态学和分子生态学与景观生态学几大部分。每一部分在强调基础的同时,力求反映现代生态学研究的一些最新进展,并以窗口形式介绍一些相关知识。"[2]各章由正文、小结、思考题及推荐进一步阅读的文献构成,在每一部分的开始都有概括性的内容介绍。书的最后附有重要名词的中英文索引及介绍相关知识的各种专业网站的网址。本书既方便学生在课程学习过程中的学习,也方便任课教师查阅相关教学资料。

通过几个时期对生态学教材的建设,孙儒泳独著、主编的教材获得

---

[1] 孙儒泳等:《基础生态学》。北京:高等教育出版社,2002年,前言。

[2] 同[1]。

图5-5 孙儒泳编著的《动物生态学原理》获1992年第二届高校教材全国优秀奖

了很大的社会反响，这从教材获得的部分奖项及发行数字可以窥知全貌。他独著的《动物生态学原理》（第一版，1987年）获1992年第二届高校教材全国优秀奖和1992年全国教学图书展一等奖。

《动物生态学原理》2001年第三次出版，目前累计出版5万册。《基础生态学》自2002年出版以来，印数达10万册以上。《普通生态学》自1993年出版以来，印数也已达10万册。

培育人才

1977年10月，国务院批转教育部《关于高等学校招收研究生的意见》，研究生教育得以恢复。中共十一届三中全会以后，我国研究生教育的发展获得了大好契机。1978年，我国恢复研究生教育。同年，孙儒泳晋升副教授和硕士生导师，开始培养研究生的工作。

孙儒泳最初招收的两个硕士研究生是景绍亮和董全。通过孙儒泳本人的回忆，我们可以大致了解他培养研究生的方法及特点。孙儒泳的硕士生景绍亮是中国医学科学院流行病研究所鼠疫组的工作人员。二人在之前的工作中早有接触。孙儒泳根据景绍亮之前的研究内容，为其选择的研究对象是内蒙古干旱、半干旱地区的优势种，沙鼠鼠疫疫源地的保存宿主——长爪沙鼠[①]。

对啮齿类小哺乳动物的研究是孙儒泳留学苏联以来的研究重点。他的

---

① 亦称长爪沙土鼠，蒙古沙鼠或黑爪蒙古沙土鼠（内蒙古一带）、黄耗子（河北坝上地区）、沙耗子等。在动物分类学上属于哺乳纲，啮齿目、仓鼠科，沙鼠亚科，沙鼠属。分布在内蒙古自治区及其毗邻的省区。

副博士毕业论文《棕背□和普通田鼠某些生理生态特征的地理变异》就是以 8 个季节的实验资料，证明地理上相距仅 110 千米的两个种群间存在着静止代谢率的地理变异，它平行地出现于两种小啮齿类，生活在草甸中的普通田鼠（*Microtus arvalis*）和森林中的欧鼠（*Clethrionomys glareolus*），从而为兽类提供了地理物种形成假说的生理生态学证据；同时，提出了地理变异季节相的新概念。在攻读副博士学位期间，他重点研究了长爪沙鼠（*Meriones nguiculatus*）代谢率随环境温度的变化，发现静止代谢率与平均每日代谢率的变化率不同，提出以 20℃下 ADMR 为主要参数的 weiner 日能量收支（DEB）模型应予以修正。并提出恒温动物的恒温能力的一个新指数，在应用上优于 Ricklef 指数。他发现晚成性根田鼠的体温调节能力的胎后发育呈"S"形，可划分为三个时期。

孙儒泳基于以往的研究以及景绍亮的学术兴趣，将其研究重点定为两个方面，一是主要研究长爪沙鼠的体温调节的个体发育，即如何从出生后变温状态逐步发育成恒温状态的过程；二是对同一批鼠的静止代谢率和每日平均代谢率进行对比。

景绍亮在导师孙儒泳的指导下顺利开展了研究工作，相关科研论文发表在德国的《生态学》。其所做的研究也得到包括导师在内的专家学者的肯定，正如孙儒泳回忆道："后来生物系先后邀请加拿大的 C. Krebs 教授和美国科罗拉多州立大学的 B. A. Wander 教授来北京师范大学讲学，两位教授都亲口向我赞扬这篇论文，说它是篇很有创见的好论文。"[①] 景绍亮获得硕士学位后回到中国医科院工作，不久后赴美，至今仍在美国任职。

1978 年西宁生态系统工作会议之后，相继在吉林、内蒙古、广东、青海设立了森林、草原、草甸、生态系统生态定位站。此时的孙儒泳除了对啮齿类小哺乳动物的研究，还参加了中国科学院西北高原生物研究所的青海高寒草甸生态系统研究。孙儒泳培养的第一批硕士生董全就是做的草甸种群生态学研究，研究对象是藏系绵羊。据孙儒泳回忆，"董全在 3100 米高山草甸上安营扎寨，调查绵羊种群结构，分析绵羊出栏的最优方案。"[②]

[①] 孙儒泳：《孙儒泳先生自述（九）乐为人师》，《北京师范大学校报》，2009 年 4 月 10 日，第 4 版。
[②] 同[①]。

因为董全喜好数学，基础扎实，根据这个特点，孙儒泳与他共同制订了课题计划，基本思路是："配置合理的畜群结构是管理畜牧生产最重要工作之一；研究者根据实际调查的藏羊种群结构现状，以系统分析和线性规划方法，通过计算机模拟，提出藏羊最优种群结构及出栏方案。牧民如果按照这种新方案和现有羊只生产能力，出栏率可以提高到种群的52.7%。"董全的研究涉及经济学，对牧区经济发展能起到直接的指导作用，这让作为导师的孙儒泳"十分欣慰"。

北京师范大学于1984年经国家教委（教育部）批准，设立了生态学博士学科点。1986—1989年，孙儒泳培养的第一位博士研究生谢小军进行了南方鲇的能量收支的研究工作。1989年11月，谢小军通过博士论文答辩，被授予博士学位。谢小军答辩委员会的成员有马世骏、王永潮、郑光美、姜在阶四位教授，曹文宣、李思忠研究员和姚鸿震高级工程师等。他们对谢小军的博士论文给予了高度评价，指出："论文是我国首篇对鱼类能量生态学方面进行的系统研究，填补了我国在该领域的空白。该论文数据翔实可靠，实验工作量大，阅读文献充分，资料丰富，并有创新，是一篇学术水平较高的博士论文。他的研究工作不但有一定的理论意义，而且有应用前景，特别是对人工养殖南方鲇有重要参考价值"。[①]

从1978年到1997年，孙儒泳共培养了12名硕士生、21名博士研究生。表5-1和表5-2是孙儒泳指导的研究生以及毕业论文题目。

表5-1 孙儒泳培养的硕士研究生

	序号	姓名	在学时间	毕业论文题目
硕士研究生	1	景绍亮	1978—1981	长爪沙鼠气体代谢和体温调节的胎后发育
	2	董全	1978—1981	藏系绵羊种群结构和出栏最优方案
	3	贾西西	1982—1985	根田鼠能量每日需求和气体代谢研究
	4	蔡兵	1984—1987	长爪沙鼠昼夜活动节律
	5	房继明	1985—1988	布氏田鼠种群动态和空间分布格局
	6	刘志龙	1986—1989	布氏田鼠繁殖生态和水代谢研究

---

① 生物系卢智俊谢小军通过博士论文答辩．《师大周报》，1989年11月10日，第2版。

续表

	序号	姓名	在学时间	毕业论文题目
硕士研究生	7	谢小明	1988—1991	布氏田鼠的行为研究
	8	李宁	1988—1991	布氏田鼠冷暴露的适应性产热
	9	杨振才	1989—1992	鲇鱼的呼吸代谢的研究
	10	王政昆	1990—1993	中缅树鼩和倭蜂猴的静止代谢率和非颤抖性产热研究
	11	张廷军	1991—1994	中华鳖能量生态学的初步研究
	12	张录强	1994—1997	黑琴鸡能量生态学初步研究

表 5-2 孙儒泳培养的博士研究生

	序号	姓名	在学时间	毕业论文题目
博士研究生	1	谢小军	1986—1989	南方鲇的能量收支的研究
	2	房继明	1988—1992	野生雄性小家鼠的行为（中英联合培养）
	3	李子巍	1989—1993	高原鼠兔季节性繁殖的神经内分泌调控
	4	王德华	1990—1993	高寒地区小哺乳动物对环境的生理适应
	5	袁重桂	1991—1994	小凉山山系大熊猫与竹子生态系统研究及其与其他山系的比较
	6	王政昆	1993—1996	我国热带亚热带小型兽类适应性产热及对策的比较研究
	7	刘定震	1993—1996	圈养大熊猫行为生态学研究
	8	王安利	1994—1997	中国对虾病毒性流行病防治技术研究
	9	杨振才	1994—1997	中华鳖生态学的研究
	10	刘敬泽	1994—1997	长角血蜱发育和生殖行为的激素调控
	11	赵亚军	1994—1997	根田鼠社会行为策略及其适应度
	12	刘小团	1995—1998	长爪田鼠和达乌尔黄鼠冷适应性产热机理的比较研究
	13	黄乘明	1995—1998	白头叶猴对栖息地的选择利用与觅食生物学
	14	张立	1996—1999	布氏田鼠嗅觉通信的行为学研究
	15	张录强	1997—2000	红腹锦鸡人工繁育营养生态学研究
	16	周显青	1997—2000	维生素 C 和维生素 E 对中华鳖幼鳖免疫和应激能力的影响

第五章 师长高风

续表

	序号	姓名	在学时间	毕业论文题目
博士研究生	17	王煜	1998—2001	布氏田鼠冷暴露中褐色脂肪组织的增补及解偶联蛋白基因表达
	18	王维娜	1999—2002	环境因子对日本沼虾生长及生理生化影响研究
	19	柳劲松	2001—2004	北方地区五种小型哺乳动物的适应性产热研究
	20	田红	2001—2004	圈养大熊猫的化学通信与亲缘辨别
	21	尹峰	2004—2007	野生动物价值及其在生态系统中的作用

此外，孙儒泳还指导了石琼、牛翠娟、邰发道、吴诗宝4位博士后的研究工作，指导了多名来访的高校教师。表5-3是指导的部分进修教师情况。

表5-3 孙儒泳指导的部分进修教师

	时间	姓名	单位及职务	指导内容
进修教师	1960—1963	方喜叶	中国医学科学院微生物流行病研究所医士	学习动物生态学等课程
	1961—1963	陈鸿熙	南充师范学院助教	动物生态学教学
	1962—1963	方荣盛	陕西师范大学助教	动物生态学教学
	1980—1981	李济才	中山大学助教	动物生态学教学
	1981.2—9	陈鸿熙	南充师范学院讲师	动物生态学教学
	1982.2—1984	刘纪有	内蒙古鼠防研究所主管医师，研究室主任	动物生态学教学和总结科研工作
	1982.9—1984	柳殿钧	河北大学讲师	动物生态学教学工作
	1982.9—1984	王定乾	甘肃师范大学讲师	动物生态学教学工作

从上述表格可以看到，孙儒泳培养学生的研究方向主要集中在种群与行为生态学、生理生态学与分子生态学两个方向。种群与行为生态学方面的研究注重"以系统科学为指导，以种群时空动态及其调节机理为核心，

在理论上探讨种群调控的行为机理,从不同水平,即社群、个体、神经生物学、内分泌学,乃至分子生物学研究动物的领域行为、社群通信、双亲行为、配偶选择、婚配制度等行为对环境的适应性。"[1] 生理生态学与分子生态学则注重"探讨动物如何适应环境的,应用细胞和分子生物学的手段与技术,从细胞、分子水平等方面研究调控机理,以及环境如温度、光因子等又是如何影响动物机体的。并对兽类进行生境分布、季节消长、垂直分布和繁殖生态等方面研究。"[2]

从其学生刘定震的回忆中可以看出孙儒泳对学生的辅导的认真及细致。孙儒泳"热情而耐心地指导每一位研究生,对他们严格要求,并充分地培养他们独立思考和独立工作的能力。他极认真地指导研究生论文的选题、实验设计和总结写作。在确定论文题目时,他注意到发挥每个研究生的特长、充分调动他们的积极性,并经反复讨论才确定。对在实验中和总结写作中出现的问题,他都详细地批改,并和学生进行细致的分析讨论,使学生学到了分析问题和解决问题的能力,同时也领略了渊博的知识。因此,学生喜欢登门拜访请教问题。"[3]

王安利也回忆,"1994年和孙先生做博士研究,在科研方面,他的特点是从总体思路上给予指点,特别是把握研究方向。然后,他很支持学生优势方向的发展。他过去重点做鼠类,他不是让我做他的研究方向,而是坚持让我做我熟悉的领域,对虾病毒性流行病的防治这个方向。这样容易让学生在个性发展方向做得更好,培养的学生都是在大生态这个学科里面,只是在不同的方向。"[4]

1995年,孙儒泳就"改进教学 培养高层次人才",对当时北京师范大学研究生人才培养的现状和建议提出了自己的意见。[5]

---

[1] 《北京师范大学研究生培养方案》,北京师范大学生命科学学院网站,网址:http://cls.bnu.edu.cn/tabid/145/InfoID/809/frtid/135/Default.aspx,2013年10月1日。
[2] 同[1]。
[3] 刘定震:《辛勤耕耘勇攀高峰——记孙儒泳院士》。未刊稿,刘定震藏。
[4] 王安利访谈,2013年1月11日,广州。资料存于采集工程数据库。
[5] 孙儒泳:改进教学培养高层次人才。《师大周报》,1995年2月27日,第4版。

自我校研究生院成立十年来，研究生教育工作得到了巨大发展，研究生在我校的教学、科研和行政工作中发挥了重要作用。就以我生物系生态学专业点而言，十年中新批准了 3 名博士生导师、3 名硕士生导师、一名中国科学院院士。有 8 名博士生获博士学位，在读 14 名。1984 年批准为博士点，1988 年批准为国家级重点学科。完成和执行中科研项目 39 项，获奖 14 项，这些研究工作，绝大部分是在导师指导下，由研究生具体执行和完成的。

研究生教育是高层次的教育，尤其是理科，培养从事于基础理论研究和教学的高层次人才，其培养方式有别于大学本科生，各单位和导师的具体培养方法也各有不同特点，现就本人工作谈一点体会与大家讨论。

1. 学用结合、全方位培养。研究生学习是青年科学技术人才培养的最后阶段，培养内容除掌握本专业基础理论，包括学位课程和选修课程，掌握外语以外，还要通过承担教学任务和完成科研课题，培养独立进行研究工作的能力。完成研究课题应尽可能地包括选题、立项、建立实验或野外工作条件；组织实施，即进行野外调查和实验，大多是重复而艰苦的劳动；然后进行数据分析，包括应用计算机、数理统计方法；再通过大量查阅有关文献，进行深入分析、思考、比较，从中得到结论和创造性见解；最后写成正式学位论文，包括中、英文摘要，其中还有照相、图表、幻灯等的应用。总之，这是内容丰富、学用结合，全方位的培养，正如有许多已获学位的研究生所言，是对大学本科所学的知识和技能的一次全面的总检阅。此外，如果有条件，还应让他们参加校、系部分管理工作。

2. 发挥主观能动性，培养独立工作能力。毕业后的研究生将成为各单位未来的教学、科研和管理工作的重要力量，甚至可以说是骨干力量。因此，我认为培养研究生不应由老师或技术人员都给安排好各种条件，让学生只是穿上白大褂做做实验，而要尽量发挥研究生主观能动性，亲自动手、亲自管理，即把培养研究生独立工作能力作为基本要求。例如我专业是进行动物生理生态研究的，我们要求研究生去野外捕捉动物，同时观察其生态行为，回校后还要要求他们饲养管理好自己的实验动物。我常说，你养不好鱼、鼠，你如何进行鱼鼠的生理生态研究，又如何使自己收集的数据分析合理、结论不脱离实际和可靠。尤其是直接从本科毕业生考入的研究生，更应该强调这种独立工作能力的培养。

3. 因材施教，灵活运用培养计划。这一点对博士生的培养，尤应强调。硕士生培养，对基础理论有一基本要求，有每人必修的学位课程，即使如此，在选修课中仍要因材施教，灵活运用培养计划。博士生一般已经过硕士阶段培养，或在任职中进行某方向研究；同时，现代生态学是内容很宽的，有水生、陆生动物生态，野外生态、实验生态、行为生态等，一个博士生，甚至一个生态学家，很难有掌握各分支领域的"全能"的，基于上面两个原因，更需要根据各博士生的基础、兴趣和工作条件，安排不同的考试科目，设计不同的研究课题。当然，这些研究方向应是我生态学专业点有专长的，但也允许自带课题和经费来报考的博士生。不同博士生完成不同研究方向课题，还有利于进行研究生间学术交流，扩大知识面和独立分析处理研究结果的能力，也有利于我们专业整体的发展。

4. 扩大学术交流，培养高质量人才。学术交流是研究生培养的重要方面之一，要创造各种条件进行各种层次的学术交流。小至本专业组师生的日常学术研讨，大至参加国内学术会议，甚至派往国外，进行联合培养，使之扩大眼界，放眼世界，面向世界学科前沿、尽早跻身于国际学术界。

考察孙儒泳培养研究生的方式和特点，其主要体现在五个方面：

第一，量体裁衣。正如孙儒泳所说："过去我虽培训辅导过进修教师，工作性质有点像带研究生，但毕竟有所区别：培训教师主要是示范和讨论，不像带研究生，要量体裁衣因人而异地指方向、定课题、提要求、列文献，还要授课补缺、实验示范和指导论文写作。"[①] 基于这样的方针，孙

---

① 孙儒泳：孙儒泳先生自述（九）乐为人师。《北京师范大学校报》，2009年4月10日，第4版。

儒泳根据每个学生不同的特点以及入学前所做的工作内容,结合学生的兴趣和意愿共同制定了研究方向。比如,硕士生景绍亮入学前在中国医学院流行病研究所鼠疫组工作,因此,其毕业论文选题定为《长爪沙鼠气体代谢和体温调节的胎后发育》;黄乘明入学前多年研究白头叶猴,入学后与导师共同制定毕业论文的研究为《白头叶猴对栖息地的选择利用与觅食生物学》,黄乘明回忆做论文时:"别人的话是被老师留在旁边,孙老师说,让我赶快回去,在身边做不了什么东西,经常赶我回去。"[1] 孙先生培养的第一位博士后牛翠娟在日本北海道大学获得水产学博士学位回国,她回忆了跟随孙先生从事博士后工作时的选题过程,"孙先生给我建议,能不能考虑把我和他的双方优势结合一下来选择以后的研究方向。我就考虑从动物的进化过程角度来研究。当时社会上中华鳖养殖很热,这方面研究还没人做。跟孙先生说了一下我的想法,孙先生很支持,就决定研究中华鳖。孙先生只要觉得有可行性,就很支持学生的课题,不会强制学生写什么课题。当时孙先生的实验室不太适合做中华鳖的研究,孙先生联络相关人员,提供了相关实验条件,花费很大的精力,争取到了一个专门做中华鳖研究的实验室。"[2]

第二,培养学生的创新精神。孙儒泳认为,"老师的作用只是指导和引路,能不能成为好的研究人员,关键在研究生自己。研究生学位获得者,理应在自己研究课题的领域方面超过自己的导师,这样才能有科学的发展和创新。实际上,研究生在自己课题研究方面,文献应该要比老师看得多,新的思想也应该先于老师由研究生自己提出来,这才能称作为创新性。"[3] 所以,他常常鼓励学生一定要敢于超过老师。据他的学生黄乘明[4]回忆,当与孙先生讨论论文的时候,"孙先生很谦虚地说对灵长类不熟,得靠自己做。能给我的一些都是宏观的指导,还要自己去琢磨,看书。"[5]

---

[1] 黄乘明访谈,2013年9月9日,北京。资料存于采集工程数据库。
[2] 牛翠娟访谈,2013年8月8日,北京。存地同[1]。
[3] 同[2]。
[4] 1995-1998年跟随孙儒泳攻读博士研究生,现为国家动物博物馆副馆长。
[5] 黄乘明访谈,2013年9月9日,北京。资料存于采集工程数据库。

第三，培养学生良好的科研习惯。其一，孙儒泳注重引导学生关注学术前沿。王德华回忆刚刚跟随孙儒泳攻读博士学位时，"印象比较深的有一次他在美国的一个期刊上，生理生态比较好的一个期刊 *Physiology and Ecology* 有一期新的文章，他马上就复印给我寄过去了，并且自己还有一些批语。所以他对学术的敏感程度，对新文献的把握程度都很强，一直比较关注新领域的新进展。"① 其二，培养学生勤于思考和总结的习惯。刘定震回忆，导师孙儒泳强调"在野外做研究的时候每天要勤于思考问题，除了做实际体力工作以外，每天要勤于思考，对自然界现象观察到任何一个问题不要轻易放过去，哪怕当时找不到答案，你把它写在每天工作日志上，这就是孙先生给我提醒，一定要写工作日志，而且每天要写遇到的问题，每天有工作日志，每周有工作总结，每月有工作总结"。②

第四，与科研院所合作培养研究生。1978年起，孙儒泳与中科院西北高原生物研究所协作搞研究。协作是多方面的，协作合带研究生便是其中一种形式。孙儒泳的第三个硕士研究生贾西西就是委托中科院西北高原生物研究所的李庆芬教授指导的。贾西西本科毕业于北京师范大学生物系，1982年考取了孙儒泳的硕士研究生。1983年年初，贾西西跟随孙儒泳赴青海到海拔3200米的海北站，研究根田鼠静止代谢率和每日平均代谢率。后来，在西北高原生物研究所李庆芬教授的指导下，贾西西在《动物学报》上发表了两篇很有质量的论文。

第五，从国家需求出发指导学生进行科研工作。科学研究的选题服务于国家需要，源于老一辈科学家的爱国情怀和责任感。孙儒泳的博士生王安利回忆了做博士论文期间接受孙儒泳指导的具体情况。"那个时候我们就始终围绕着国家的需求做研究，比如我做博士论文的时候，正好是对虾的病毒性流行病，当时国家损失了100个亿。我们坚定地按照控制流行病的方向去考虑问题，而不是按照研究病害的常规做法。常规的做法是找病源，找药，但是我们当时认为这样的做法有二次污染。肯定是靠药物来控制，不能解决根本问题。污染了水和土壤。用生态学的方式来控制就没有

---

① 王德华访谈，2013年9月9日，北京。资料存于采集工程数据库。
② 刘定震访谈，2013年10月30日，北京。存地同①。

二次污染。就是因为这样，我们后来才有了在国际上领先的对虾健康优质养殖技术，不仅健康安全，还要比国家要求的早十年实现了优质。"①

生态学教育领军人

1983年，孙儒泳被提升为教授，1984年，被批准为生态学专业博士生导师，1988年，成为国家教委批准高等学校重点学科（生态学）第一学术带头人。

这里为读者列出孙儒泳评选教授时四位专家的推荐意见，通过这些推荐意见，我们可以了解孙儒泳在参评教授前在生态教育领域所做的贡献。

马士骏研究员、夏武平研究员为孙儒泳提升教授做的推荐是②：

（孙儒泳）对于小啮齿类生态学进行了许多扎实的基础研究，如生态区系组成垂直分布，数量季节消长和生理生态特征等。其中，以耗氧量为指标对体温调节等研究尤为深入。

从所编写的教材及有关资料中，可看出作者近年对种群生态学及系统生态学亦具有较好的理论基础。

孙儒泳同志留学苏联专攻动物生态学，回国后20多年来一直从事动物生态学的科研与教学，在小啮齿类生态学研究中已证明他具备扎实的普通生态学基础，有主持和设计有关专业科研的能力，今年努力专研理论生态学，并通过阅读俄、英、日等文献，使他不仅进一步开阔了生态学基础，提高了教学质量，亦丰富了他的学术思想，基本上达到了教授水平，建议提升为教授。

马世骏
中国科学院动物研究所研究员

---

① 王安利访谈，2013年1月11日，广州。资料存于采集工程数据库。
② 《提升教授呈报表》，北京师范大学档案馆藏。

看过著作目录，其中不少过去阅读过，我认为该同志的著作可以从三个方面进行评价。一是生理生态方面的著作在国内具有开创的性质；二是以野外观察为主的生态研究，在国内具有较高水平，国际上亦有影响；三是改进生物统计方法应用于生态研究中，也有一定水平。

另外译作、讲义贡献亦不少，似应在科研组织工作上进一步提高，可以提升为教授。

夏武平
西北高原生物研究所研究员

北京师范大学生物系汪堃仁教授的推荐意见是：

孙儒泳同志热爱党、热爱社会主义，坚持四项基本原则，坚决拥护三中全会以来的方针、政策，积极参加学会及社会上学术活动，任中国生态学会副秘书长，中国动物学会常务理事，北京师范大学、中国科学院动物研究所学术委员等职，在我国生态学方面有一定影响。

他多年从事教学工作及指导研究生、进修教师，教学质量优良，在动物生态学教材建设、普及生态学知识方面，取得一定成绩，国内有较大影响。

在科学研究方面，近几年又进行了许多扎实的基础研究，特别在生理生态方面尤为突出，研究论文无论在理论上及实际应用方面都有较大意义，水平较高，在国内外有一定影响。

外语水平较高，掌握俄、英、日三门外语。

经系评审组，无记名投票，通过同意孙儒泳同志提升为教授。

汪堃仁

北京师范大学生物系主任吴国利教授的推荐意见是：

孙儒泳同志自提升为副教授以来，曾为本系及科学院研究生院等单位讲授了动物生态学、生态生理学等课程，教学效果较好。科研工作发表论文七篇，其中两篇获奖。出版教材及译著多种。近些年培养研究生、进修教授多名。1983年年底又批准为博士生指导教授。最近又受教育部委托编制生态学及环境生物学15年科技发展规划并任组长。

从上述几方面衡量，根据教育部各种教师职责的规定已符合教授条件。我们同意提升孙儒泳同志为教授。

生物系主任　吴国利

北京师范大学生命科学学院张正旺教授本科期间就读于北京师范大学生物系，他回忆了80年代以孙儒泳教授为代表的一批老教授为北京师范大学生态学学科发展所做的贡献，"80年代的时候，以孙先生为首一批老师就开始建立我们北京师范大学的生态学学科，这个学科当时在国内是非常有影响的，因为我们有一批非常优秀的老师，所以北京师范大学生态学科发展跟孙先生是密不可分的，孙先生为建立这个学科，为发展这个学科做了很重要的贡献。经过孙先生还有其他老师的共同努力，1988年，北京师范大学生态学学科，被评为国家一级重点学科。从有硕士学位点和博士学位点，这都是全国第一批的。教育部曾经对学科进行了两次评估，这两次评估北京师范大学的生态学都是在全国排名第一。"[①]

[①] 张正旺访谈，2013年10月18日，北京。资料存于采集工程数据库。

第六章
潜心科研

1978年3月18日，中共中央在北京人民大会堂召开全国科学大会，约有六千人参加了开幕式，中共中央副主席、国务院副总理邓小平做了重要讲话，号召全体科学工作者"树雄心，立大志，向科学技术现代化进军"。方毅副总理做了有关发展科学技术的规划和措施的报告，大会宣读了中国科学院院长郭沫若的书面讲话《科学的春天——在全国科学大会闭幕式上的讲话》。

这次大会是中国共产党在粉碎"四人帮"之后，国家百废待兴的形势下召开的一次重要会议，也是中国科技发展史上一次具有里程碑意义的盛会。邓小平在这次大会的讲话中明确指出，"现代化的关键是科学技术现代化"，"知识分子是工人阶级的一部分"，重申了"科学技术是生产力"这一马克思主义基本观点。从而澄清了长期束缚科学技术发展的重大理论是非问题，打开了"文化大革命"以来长期禁锢知识分子的桎梏，迎来了科学的春天。

在这样的时代背景下，孙儒泳的研究工作得以深入。生理生态学是生理学与生态学的交叉学科，它研究生物的生理功能与环境的关系，是研究动物的生命活动及其规律性的科学。生理适应使生物在不良或极端环境中得以生存，提高存活力。生理活动是动物生命中不可缺少的，包括支持、保护、运动、营养、呼吸、体内运输、排泄、生殖、适应性以及协调内活动，使其与外部环境相适应的整合作用。从最简单到最复杂的所有动物都离不开这些活动并具有为这些活动提供能量的代谢过程。各种动物通过不同的进化途径来完成这些基本的生命活动。

如果说在改革开放前，孙儒泳的研究工作主要在阐明我国鼠类的生理生态特征的种间差异、种内季节变化、年龄变异、地理变异等；那么，改革开放后，孙儒泳的研究工作则着重在哺乳类生理生态特征和能量生态的机理方面，其具有更加普遍的意义，研究课题不断拓宽、加深。改革开放后，孙儒泳陆续承担了多个国家级科研项目，详见表 6-1。

表 6-1 孙儒泳承担的科研项目列表

序号	项目名称	来源	经费	时间	承担角色
1	机械化养鱼综合技术研究（罗非鱼雄性化和最适生长温度、耗氧量研究）	北京市项目	3万	1977—1982	子课题主持人
2	重要小型兽类某些生理生态和行为研究	国家教委重点基金	6万	1984—1986	主持人
3	小动物活动和耗氧联合自动测定仪研制	国家自然科学基金	3万	1984—1986	主持人
4	农牧区鼠害综合防治研究	国家攻关项目	5.12万	1986—1990	参加
5	晚成鼠胎后发育期的整体恒温和线粒体产热的变化	国家自然科学基金	2万	1988—1989	主持人
6	某些重要淡水鱼的生态能量学研究	国家教委重点基金	4万	1988—1990	主持人
7	水库对投饵网箱养鱼负荷力的研究	北京市项目	6万	1989—1991	总题顾问、子课题主持人
8	低温驯化对大鼠甲状腺功能的影响	中国科学院高寒草甸生态系统开放定位站基金	2万	1989—1991	参加
9	小哺乳动物温度适应的细胞产热	国家自然科学基金	2万	1990—1992	参加
10	高原鼠兔季节性繁殖行为的神经内分泌调控	国家教委重点基金	4.5万	1991—1993	主持人

续表

序 号	项目名称	来源	经费	时间	承担角色
11	不同地带的兽类细胞适应性产热机理比较研究	国家自然科学基金	6万	1993—1995	参加
12	温度、光照对中华鳖摄食、消化和能量代谢的影响	国家自然科学基金	6万	1994—1995	参加
13	中华鳖能量代谢的研究	国家教委重点基金	3.4万	1994—1995	主持人
14	高寒草甸小哺乳动物对冷适应的产热研究	中国科学院高寒草甸生态系统开放定位站基金	2万	1994—1995	参加
15	亚热带和北温带小兽的适应性产热的分子生物学研究	国家教委重点基金	4.5万	1996—1998	主持人
16	小哺乳动物低温适应性产热的分子生物学研究	国家自然科学基金	10万	1997—1999	参加
17	大熊猫性外激素化学成分鉴定及其对性行为的影响	国家教委重点基金	6万	1999.1—2001.12	主持人
18	光周期与温度诱导小兽适应性产热的调节机理	国家自然科学基金	15万	2000.1—2002.12	参加
19	中国关键地区生物多样性保育的研究	国家自然科学基金九五重大项目			

具体而言，新时期孙儒泳的科研工作主要集中在以下方面："能量收支"研究、"晚成鼠体温调节胎后发育"研究、"行为生态"研究，以及鱼类生理生态学研究等。

"能量收支"研究

孙儒泳带领硕士生大弟子景绍亮，根据每日平均代谢率（ADMR）与静止代谢率（RMR）关系的研究，提出之前以20℃下每日平均代谢率（ADMR）为主要参数作能量收支预测模型的理论应被修正。所得出的研

究成果在德国 *Oecologia* 杂志发表。[①] 在此基础上，孙儒泳深入研究了根田鼠的每日代谢率及每日能量需要。

1983年5—10月，孙儒泳带领硕士研究生贾西西结合中国科学院西北高原生物研究所的"高寒草甸生态系统的结构功能和生物生产力的研究"工作，对海北定位站地区的小型啮齿动物——根田鼠的能量代谢进行了研究。两人合作的论文《根田鼠平均每日代谢率及每日能量需要的估计》对这一工作进行了总结，对根田鼠平均每日代谢率进行了考察，并对每日能量需要进行了估计。[②]

哺乳动物是生态系统中的初级消费者或次级消费者。"从能流角度上看，它对于生态系统的作用，取决于其个体的能量需要和种群密度。对于动物的能量需要，可用其代谢率进行估算。常用的代谢率指标有：基础代谢率（BMR）、静止代谢率（RMR）、平均每日代谢率（ADMR）。这三者中，以ADMR最接近于动物自然状态下维持消耗的能量代谢值，用它估算动物的每日能量需要是最准确的。"因此，孙儒泳与贾西西用测定根田鼠的平均每日代谢率来估计其每日能量需要。

实验动物为根田鼠（*Microtus oeconomus* Pallas）成鼠，捕自青海省海北州门源马场风匣口高寒草甸生态系统定位站（海拔3200米）的金露梅灌丛中。实验用根田鼠在室内饲养3—7天，然后再进行实验。实验方法为："用Kalabuknov-Skvortsov的封闭式流体压力呼吸器，在10℃、15℃、20℃、25℃、30℃的环境温度下，对动物进行24小时耗氧量的连续测定。呼吸室容积为15升，内备有充足的食物（胡萝卜）和少量巢材。实验动物单个放在呼吸室内，每2小时记录一次耗氧量和气压。自然光照。水浴控制环境温度。"[③]

王祖望回忆孙儒泳当时在西北高原做实验的情况："当时工作条件非常艰苦。孙儒泳有高山反应，到西宁还可以挺住，到高山草甸区的时候

[①] Sun Ruyong, Jing Shaoliang: Relation between average daily metabolic rate and resting metabolic rate of the Mongolian gerbil（Meriones unguiculatus）, *Oecologia*, Berlin, 1984, 65: 122-124.

[②] 贾西西，孙儒泳：根田鼠平均每日代谢率及每日能量需要的估计.《兽类学报》，1986年第2期.

[③] 同②.

就不行了，晚上睡不着觉，头疼，高山反应，我们就劝他别去了。让他的研究生替他去，他就回西宁了，做一些其他工作。当时的实验条件非常差，不像现在。我记得我们做零下制冷的条件，野外没有，我们把河

图 6-1　孙儒泳（右二）在青海海北高寒草甸生态系统研究站

里的冰敲碎挑到实验室，放到器材里，然后看温度，到零度了马上做实验。温度过了马上停止实验。当时实验室还没建立起来，我们就住在马圈。"①

青海高原气候寒冷，只有冷季、暖季之分，季节性不明显。孙儒泳、贾西西采用返青期、生长盛期、枯黄期三个物候期进行比较，每个物候期的实验动物均在当季从野外捕获。经实验，得出如下结论：

（1）根田鼠的平均每日代谢率值，随环境温度的升高而降低，并存在季节变化。在环境温度为 25℃以下时，其平均每日代谢率水平低于静止代谢率。在 25℃以上时，平均每日代谢率水平高于静止代谢率。

（2）用平均每日代谢率估算根田鼠每日能量需要为：草返青期 0.513 千卡/克·日；草生长盛期 0.527 千卡/克·日，草枯黄期 0.611 千卡/克·日。

（3）若按夏季同化率为 67.2% 计算，则夏季通过根田鼠种群的能流（按干草量计算）为 0.187 克（干草）/克（体重）·日。

本文是国内鼠类能量学领域第一篇对根田鼠每日能量需要进行研究的论文，具有开创性的意义。

---

① 王祖望访谈，2013 年 9 月 9 日，北京。资料存于采集工程数据库。

"晚成鼠体温调节胎后发育"研究

恒温动物体温调节发育的研究具有重要的理论和实践价值。在孙儒泳进行长爪沙鼠体温调节的发育的研究前，只有 McManus（1971年）的一篇关于长爪沙鼠体温调节的发育研究的报道发表。研究恒温动物体温调节发育的途径主要有两个：测量动物在冷暴露后的体温，观察总的体温调节的发育；测量动物对低温的代谢反应，观察产热能力，即化学体温调节的发育。孙儒泳、景绍亮同时采用两种途径，以期进一步研究长爪沙鼠体温调节的发育。

他们进行实验的方法是："按实验温度10℃、15℃、20℃、25℃、30℃和35℃将动物分成6组，每组鼠数一般为15—30只。自1—1日龄和21—31日龄隔日测量一次，1—21日龄逐日进行测量。测量时自巢中取出乳鼠、立即测量体温，然后装入铁丝笼秤重，放入呼吸室测静止代谢率，测量时间是30分钟，每隔6分钟记录一次耗氧量。代谢率测量结束后立即取出动物测量体温。待动物恢复正常后，仔细观察并记录动物的形态体征和行为。共测量乳鼠28窝、157只、1655只次。"[1]

通过研究，孙儒泳、景绍亮发现长爪沙鼠的体温呈"S"形发育曲线："长爪沙鼠出生后，恒温能力逐日增长，但增长速度是不均匀的，以11—19日龄增长较快。化学体温调节于1日龄时已经出现，13—17日龄期间迅速发育，大约于20日龄发育完成。化学体温调节的发育是体温调节发育的主要内容。总的体温调节大约于31日龄发育完善。"[2]

此外，孙儒泳首次将体温调节胎后发育过程数学模型化[3]，据此预测其胎后变化。

在进行晚成鼠体温调节胎后发育研究的过程中，孙儒泳发表的另一篇

---

[1] 景绍亮，孙儒泳：长爪沙鼠体温调节发育的研究。《生态学报》，1982年第2期。

[2] 同[1]。

[3] Cai Bing, Sun Ruyong, Studies of the Mathematical model of Postnatal Development of Thermoregulation, *Journal of Thermal Biology*, 1987, 12（3）: 267–272.

论文又提出具有普遍意义的恒温能力指数，明显优于 Ricklef 指数[1]。这些工作均发表于 Journal of Thermal Biology，引起国内外许多学者的兴趣和关注。孙儒泳也于 1989 年被生理生态学领域国际领先刊物 Physiological and Biochemical Zoology 聘为编委，开始审外国学者稿件。

1988—1989 年，孙儒泳承担了国家自然科学基金研究项目《晚成鼠胎后发育期的整体恒温和线粒体产热的变化》（项目批准号 39670112）的科研工作。项目完成情况良好，发表论文 3 篇，其中 SCI 收录期刊 2 篇。后续研究为光周期与温度诱导小兽适应性产热的调节机理，孙儒泳为参加者。

《晚成鼠胎后发育期的整体恒温和线粒体产热的变化》课题从个体和细胞水平上研究了生活在不同地带的四类小兽对低温环境适应的产热规律及机理、甲状腺及光周期对产热的影响。北温带动物对寒带的适应性对策主要靠增加兼性产热：非颤抖性产热增加、褐色脂肪组织的呼吸酶和脂代谢酶活力增加、线粒体蛋白及非偶联蛋白数量增加；亚热带动物对寒冷的适应特征以专性产热增加为主，即基础代谢增加、肝线粒体呼吸和呼吸酶活力增加，兼性产热的增加比热带动物大，比温带动物小；东洋界高山动物在冷适应中，专性及兼性产热均大幅度增加，但后者增加更强。切除甲状腺的动物不能在低温中生存，主要是降低了褐色脂肪组织的产热功能；短光照可直接诱导动物产热增加，并与低温有协同作用。其作用可能与褪黑激素有关。[2]

"行为生态"研究

这一时期，孙儒泳对布氏田鼠婚配制度和繁殖行为，由直接观察深入到实验研究，而对高原鼠兔繁殖的季节性研究追溯至神经内分泌机制，如应用

---

[1] Sun Ruyong, Zeng Jinxiang: Postnatal Development of Thermoregulation in the Root Vole (Microtus oeconomus) and the Quantative Index of Homeothermy Ability, Journal of Thermal Biology, 1987, 12 (4): 267-272.

[2] 《国家自然科学基金资助项目责任书》。存于北京师范大学档案馆。

高效液相色谱对松果体中褪黑激素的测定，包括其昼夜节律和季节节律，不同光照周期的影响等。此外，在与英国联合培养博士生中，进行了对野生小家鼠的行为发育、化学通讯、亲缘识别等行为生态学前沿方面的研究。

布氏田鼠是鼠疫的重要疫源动物，对其种群生态学进行研究一直是重点。但是，此前的研究未将其区分为越冬鼠和当年鼠进行研究。1987年4—10月和1988年3—9月，刘志龙、孙儒泳在内蒙古锡林郭勒盟正镶白旗红光牧场进行野外保本采样，每半月取样一百只左右。"雌性标本观察乳头无毛区的情况，阴道口开闭和阴道栓情况，子宫状态（细白、肥厚、是否具胚胎、纵肌明显否等），胚胎数并测量其大小及观察发育情况，以大致确定其距出生的时间、黄体数、吸收胚数、子宫斑形态等。雄性标本则观察睾丸是否下降，镜检附睾是否有成熟精子，测量睾丸重量及大小（长、宽、高），储精囊肥大状况和重量及长度。去除腹腔的所有脏器，称量胴体重。"[①] 根据该鼠的胴体重分布和繁殖状况将其分为三个生理年龄组，即越冬鼠、性成熟的当年成鼠和性未成熟的当年幼鼠。

通过对胴体重的分析，刘志龙、孙儒泳讨论生理年龄和时间年龄、种群的生理年龄结构的动态、生理年龄结构与种群动态三个问题。生理年龄和时间年龄方面，他们将划分的年龄称为生理年龄，而将以往方法划分出的年龄组称为时间年龄。[②] 因为划分年龄组和研究年龄结构变化的最重要的目的是分析和预报种群动态，所以，是否真正的性成熟和参加到种群的繁殖行列应该是最重要的标准。他们应用生理年龄划分为越冬鼠、性成熟的当年成鼠和性未成熟的当年幼鼠三组，分析1987—1988年两年的结果，得出初步的季节动态规律[③]：

---

① 刘志龙，孙儒泳：布氏田鼠种群生理年龄结构的研究。《兽类学报》，1993年第1期。

② 以往应用体长、体重，甚至头骨、牙齿的方法划分年龄组，这样，胴体重仅8—15克的田鼠会划分为幼鼠组，但实际上，它们在春季达到性成熟，已经怀孕或附睾具有成熟精子，从而使幼体组出现大量的真正成鼠（生理上的性成熟），并参加到种群繁殖的行列。相反，秋季大量胴体重达20克左右的田鼠，其生殖器官尚处于幼鼠状态，如果按以往的方法划分年龄组，将其归于成年鼠。由此可见，按以往体重、体长等形态指标划分的年龄组，与其生理学上性成熟程度和参加种群繁殖行列之间出现了明显矛盾。造成这种矛盾现象的原因正是小啮齿类生长、发育和性成熟速度的季节性差异。

③ 同①。

①从早春种群开始繁殖到 5 月下旬当年鼠出现，种群 100% 由越冬鼠组成，均为成鼠；②随越冬鼠第一胎幼鼠出生，种群中当年（新生）幼鼠比例迅速增加；③当年幼鼠在春季迅速发育成熟，参加到种群繁殖行列，使种群中当年成鼠比例增加；④随着越冬鼠的第一、二胎幼仔出现和当年生幼鼠性成熟后参加繁殖，越冬鼠在种群中比例迅速下降，到 7—8 月降到 10% 以下；⑤夏末秋季出生的当年幼鼠，个体大小有所增加，生殖器官不发育成熟而准备越冬，次年春季迅速性成熟而参加种群繁殖；⑥从秋后经过冬季而越冬的田鼠，主要是夏末秋季出生的当年幼鼠，至于冬季是否有雪下繁殖，我们未能进行冬捕而不明确。

对布氏田鼠婚配制度和繁殖行为的研究表明，生理年龄划分对于分析啮齿类种群结构和预测预报具有重要的意义。

对高原鼠兔繁殖的季节性研究追溯至神经内分泌机制。[①] 当时，对高原鼠兔季节性繁殖中的神经内分泌调控机制进行研究，尚属填补空白的工作，且可为将该动物培养驯化成新型的实验动物提供理论依据。这一问题的研究成果体现在孙儒泳参与的三篇文章中：《高原鼠兔季节性繁殖中的神经内分泌调控 Ⅰ. 在性休止期不同光制的影响》《高原鼠兔季节性繁殖中的神经内分泌调控 Ⅱ. 在生殖恢复期不同光照的影响》《高原鼠兔松果腺褪黑激素含量昼夜节律的研究》，应用高效液相色谱对松果体中褪黑激素的测定，包括其昼夜节律和季节节律、不同光照周期的影响等。

李子巍、孙儒泳、杜继曾三人研究了处于性休止期的雄性高原鼠兔在不同光周期饲养后体重和性腺重量的变化，同时对其血浆睾酮水平和松果腺褪黑激素含量的变化进行了分析：①无论在长日照、自然光照或是短日照条件下，高原鼠兔的体重无明显差异（$P>0.05$）；②长日照组鼠

[①] 可参考李子巍，杜继曾，孙儒泳：高原鼠兔季节性繁殖中的神经内分泌调控 Ⅰ. 在性休止期不同光制的影响。《动物学报》，1994 年第 4 期。李子巍，杜继曾，孙儒泳：高原鼠兔季节性繁殖中的神经内分泌调控 Ⅱ. 不同光制对生殖恢复期的影响。《动物学报》，1994 年第 2 期。李子巍，孙儒泳，杜继曾：高原鼠兔松果腺褪黑激素含量昼夜节律的研究。《兽类学报》，1994 年第 3 期。

兔的睾丸、附睾、输精管和精囊腺远重于自然光照组（$P<0.001$）和短日照组（$P<0.001$）；③长日照组鼠兔血浆睾酮的含量明显高于自然光照组（$P<0.001$）和短日照组（$P<0.001$）；④长日照组鼠兔松果腺褪黑激素含量远低于自然光照组（$P<0.001$）和短日照组（$P<0.001$）。对高原鼠兔松果腺褪黑激素含量的昼夜节律研究表明，其松果腺对光周期具有敏感性。为了进一步搞清该动物神经内分泌－生殖轴对光周期的敏感性及其特性，探讨光周期在高原鼠兔季节性繁殖中的作用与调控机制，特在其性休止期进行实验，研究不同光制对它们生殖内分泌功能的影响。研究结果表明，高原鼠兔是长日照动物。[1]

李子巍、孙儒泳、杜继曾三人将野外捕获的成年雄性高原鼠兔分三组进行不同光制的饲养，以检验光周期对其神经内分泌－生殖轴功能的影响：①长光照组睾丸及附属性腺的重量和血浆睾酮水平均明显高于自然光组（$P<0.05$）和短光照组（$P<0.01$）；②长光照组的松果腺重量[（$1.5±0.1$）毫克，$n=15$]和褪黑激素含量[（$89.7±5.8$）微毫克／松果腺]均显著低于其他两组；③自然光组和短光照组性腺的显著萌发表明，在高原鼠兔季节性繁殖的年周期中，其神经内分泌－生殖轴对春分前短光照的抑制作用具有不应期。[2]

三人研究了自然光照条件下，高原鼠兔松果腺褪黑激素含量呈现明显的昼夜节律的情况（$P<0.001$），夜间组含量均值与白天组含量均值差异显著性比较。在实验中，对18只鼠兔（体重122—164克）松果腺的采样时间分别为2:00，9:00，12:00，18:00，22:00和24:00。白天MLT含量波动为56—64微微克／松果腺，夜间波动为113—170微微克／松果腺。夜间MLT含量高峰值出现在24:00。在10月份的实验中，对60只鼠兔（体重102—153克）松果腺的采样时间分别为3:00，6:00，9:00，12:00，15:00，18:00，21:00和24:00。白天MLT含量波动为77—119微微克／松果腺，

---

[1] 李子巍，杜继曾，孙儒泳：高原鼠兔季节性繁殖中的神经内分泌调控Ⅰ，在性休止期不同光制的影响。《动物学报》，1994年第4期。

[2] 李子巍，杜继曾，孙儒泳：高原鼠兔季节性繁殖中的神经内分泌调控Ⅱ，不同光制对生殖恢复期的影响。《动物学报》，1994年第2期。

夜间波动为139—505微微克/松果腺。夜间MLT含量高峰值出现在3:00。将2月和10月高原鼠兔松果腺MLT含量进行差异显著性比较，10月组显著高于2月组（P<0.05）。结果表明，该动物的松果腺本身对光周期具有敏感性，它能够感知环境光周期的变化，成功地完成神经内分泌的转换。[1]

此外，孙儒泳团队还进行了应用同位素标记水测定自由生活田鼠水代谢研究，是当时国内从未开展、国际上也研究不多的，研究成果发表于 *Physiological Zoology* 杂志。[2]

鱼类生理生态学研究

孙儒泳对鱼类生理生态学的研究集中于两个方面：一是国产甲基睾丸酮对罗非鱼雄性化及鱼苗生长的影响；二是温度对罗非鱼生长的影响，最适生长温度和耗氧量研究。

鱼类生长周期短、饲料消耗率低、肉质细嫩鲜美、蛋白质含量高，是深受人民欢迎的食品。但20世纪70年代末80年代初，北京市全年生产的商品鱼仅一千多万斤，远远不能满足人们的需求，当时市场上销售的水产品90%以上是从沿海各地调购进来的海水鱼类，由于各种因素，不仅质量低，数量也满足不了需求。而且经购、销、调、存等环节，"每调进一斤海水鱼亏损0.58元左右，淡水鱼一斤亏损0.248元，每年国家补贴亏损费高达五六千万元之多"[3]。为了改变这种情况，只有大力发展北京市的淡水养鱼业，主要办法就是提高单位面积产量，并扩大养鱼水面。

---

[1] 李子巍，孙儒泳，杜继曾：高原鼠兔松果腺褪黑激素含量昼夜节律的研究。《兽类学报》，1994年第3期。

[2] Liu Zhilong, Liu Zhongmin, Sun Ruyong: Seasonal Water Turnover Rates of Free-Living Brandt's Voles Microtus brandti, *Physiological Zoology*, 1992, 1: 215-225.

[3] 北京市水产总公司：《北京市郊区池塘养鱼高产技术大面积综合试验》设计任务申请书，1984年4月3日。存于孙儒泳办公室。

1977年上半年，北京市政府为了解决市民吃鱼难的问题，提出了"工厂化养鱼"的设想，要求中国科学院和首都高校攻关解决。在北京市科技局和农林局的领导和组织下，《工厂化养鱼》课题分六七个子项目，北京师范大学生物系也参与其中。尽管孙儒泳原是从事啮齿类生态生理专业研究的，且当时又正在中国医学科学院流行病研究所奔忙，北京师范大学生物系还是决定立即召孙儒泳回校，参与这个课题的科研攻关。

罗非鱼雄性化和罗非鱼耗氧量研究

回到北京师范大学生物系，孙儒泳立即组织动物教研组教师讨论课题和子项目，经过一番讨论，最后决定集中于罗非鱼雄性化和罗非鱼耗氧量的研究。罗非鱼是一种非洲热带淡水鱼，鱼的外形类似中国的鲫鱼，只是多了几条浅黑色的体纹。它是世界水产业重点科研培养的淡水养殖鱼类，且被誉为未来动物性蛋白质的主要来源之一。正是基于下列特点，孙儒泳带领的科研小组将其列为研究对象：一方面，罗非鱼吃食好，对饲料要求不高，生长快速；另一方面，还有一个特点是雌雄体型相差悬殊——雌性体型小、性成熟早，雄性体型大、性成熟迟。从经济角度考查，最佳选择是单养雄罗非鱼。如何做到这一点呢？就要让雌鱼变性成雄鱼。有了这样的科研目标，孙儒泳带领的科研小组有了初步的科研设想，那就是采取什么科技手段使雌鱼变性成为雄鱼？经过一番研究、探讨，他们将研究重点放在喂食国产雄性刺激素促使雌罗非鱼雄性化上。

世界上用性激素促使鱼类性别转化是日本学者率先进行的，日本学者早在1953年就已经开始进行这项科研了。在中国，北京师范大学生物系是最早开创这一领域研究的，但也比日本迟了24年。罗非鱼是热带淡水鱼，如果大规模养殖只能寻找合适的温泉地区，所以京郊小汤山几乎是唯一的选择，实验和饲养工作都在昌平县水产养殖场里进行。1978年4—11月，孙儒泳带领科研团队在北京市昌平县水产养殖场进行"人工诱导罗非鱼雄性化的生产上应用"实验。他带领的科研小组先后进行了三批试验，实验目的是重复验证他们在1977年所得的结果。

在1977年的实验中，孙儒泳带领的科研团队从四种性激素中筛选出以国产甲基睾丸酮（20—60微克/每克饵料）处理9—11毫米罗非鱼苗25—40天，获得82%—91%的雄鱼。1978年五六月间，又以进口的甲基睾丸酮（荷兰Organon，172802）（30微克/每克饵料）做小规模的盆养实验。实验幼鱼是取自莫桑比克罗非鱼雌鱼口腔内所含的，尚带有少许卵黄的鱼苗（体长8—9毫米）。处理结果见表6-2。[①]

表6-2 进口甲基睾丸酮对莫桑比克罗非鱼性比的影响

实验组	实验开始日期	药物处理天数	检查鱼数	雄鱼的百分比（%）
对照	6月10日		98	54.1
进口MT30	6月11日	6	99	63.0
		12	87	63.0
		18	99	73.7
		24	80	82.5
进口MT30	6月20日	18	90	78.9
		24	98	97.9
		30	31	96.8

与对照组相比较，可见以每克饵料中含有30微克甲基睾丸酮所处理的罗非鱼幼鱼，处理期达到18天，可获得75%左右的雄鱼；处理期24—30天的，可获得82.5%—97.9%雄鱼。因此，孙儒泳得出这样的结论："考虑到在水泥鱼池内大规模处理鱼苗时的条件比较复杂，以及雄鱼百分比有随着处理时间的延长而增高的事实，采用4—6周左右的处理期较为稳妥"[②]。

基于1977年和1978年的实验，孙儒泳选取了长江水产研究所实验组所培育的鱼苗，筛选出10毫米左右的鱼苗13万尾，供雄性化研究应用。实验室在4月29日及6月8日分两批进行。选择分塘饲养的、性成熟的莫桑比克罗非鱼，按雌鱼与雄鱼的比例为1∶1、3∶1、7∶1投放于小型水泥

---

① 孙儒泳：《人工诱导罗非鱼雄性化的生产性实验结果简报》。存于孙儒泳办公室。

② 同①。

池内。每日早晚向池内灌注 42℃温泉水，使池内水温基本上保持在 22—30℃。莫桑比克罗非鱼在水泥池内繁殖的情况见表 6-3。①

表 6-3 莫桑比克罗非鱼鱼苗培育实验

投放日期	投放尾数	首见成批鱼苗日期	捕捞鱼苗数									
			5月						6月			
			1—5	6—10	11—15	16—20	21—25	26—31	1—5	6—10	11—15	16—20	21—25
4月29日 6月8日	雌20 雄18	5月11日 6月20日	0	47	1561	152	152	1355	200	3331	0	1482	
6月8日	雌30 雄10	6月19日								0	0	2710	1814
6月8日	雌40 雄6	6月20日								0	0	2541	174
气温（晨6:00测）℃			6—9	12—17	11—17.5	13—15	12—18	15—18	14—18	15—22	20—21.5	18—20.5	19—23
水温（全日变动范围）℃			21—31	20—31	24—29	22—31	26—28	23—28	22—29	23—31	24—29	24—33	27—31

从表中可以看到，雌鱼与雄鱼比例为 1∶1 和 3∶1 所繁殖的幼鱼数量在早期并没有悬殊差异。孙儒泳将实验重点放在不同放养密度条件下不同药物处理期的效果上。

1. 高密度放养下药物处理

7 月 8 日筛选出鱼苗 13 万尾，将 1 万尾作为对照，其余 12 万尾放养于小型水泥池内。放养密度约为每立方米水体中 6000 尾。以进口甲基睾丸酮药饵处理 40 天，获得高达 93% 的雄性百分比。见表 6-4。

---

① 根据孙儒泳的《人工诱导罗非鱼雄性化的生产性实验结果简报》(存于孙儒泳办公室) 整理。

表 6-4　高密度放养（12万尾）的处理结果

组别	药物处理天数	抽样检查鱼数	检查时间	雄鱼的百分比（%）
对照		100	78.25/9	64.0
		100	27/9	52.0
处理	40	100	7/9	93.0
		100	29/9	92.92
		146	9/10	85.6
		124	22/10	91.1

上表显示了孙儒泳做出的最佳实验效果，即在上述放养密度及处理条件下，获得了较高百分比的雄鱼。这证明药饵诱使罗非鱼雄性化在生产上是可以实现的。但是，幼鱼实验放养鱼苗密度较高，加以鱼病危害，使处理鱼苗的成活率降低。实验开始后一个月，孙儒泳清理鱼池统计存活数量，发现存活数量仅有放养数的 1/3。但对照池中幼鱼所放鱼苗较少，死亡率极低。

2. 低密度放养下药物处理

根据高密度放养获得的结果，孙儒泳随即开展了低密度放养下药物处理的实验。8月5日，以平均体长为10毫米的鱼苗放养于四个小型水泥池内，每池放养3000尾，约合每立方米水体中放养200尾。分别以国产和进口甲基睾丸酮药饵（30微克/每克饵料及50微克/每克饵料）处理21—56天，所得结果见表6-5。[①]

表 6-5　低密度放养（3000尾）的处理结果

组　别	药物处理天数	抽样检查鱼数	雄鱼的百分比（%）
国产 MT30	21	188	84.0
	28	81	75.3
	35	149	80.5
	42	152	90.8
	49	133	75.2
	56	123	79.6
		103	83.5

---

① 根据孙儒泳的《人工诱导罗非鱼雄性化的生产性实验结果简报》（存于孙儒泳办公室）整理。

续表

组　别	药物处理天数	抽样检查鱼数	雄鱼的百分比（%）
进口 MT30	21	116	65.3
	28	104	83.7
	35	129	74.4
	42	154	75.3
	49	118	79.3
	56	133	76.4
		103	83.0
国产 MT50	21	62	69.0
	28	75	68.0
	35	142	78.9
	42	78	80.7
	49	116	75.8
	56	110	76.4
		94	85.0
进口 MT50	21	117	63.2
	23	146	65.0
	35	103	62.1
	42	131	80.7
	49	116	68.0
	56	87	81.6
		99	73.7
对照		164	51.8

　　孙儒泳通过实验证明了国产药物的药效与进口药物不相上下，且50微克的药效并不比30微克显著。从雄性百分比看，本组比高密度放养处理组的结果偏低10%左右，孙儒泳分析，"这并不是由于所处理的鱼苗中超过12毫米的比例高而引起的，也不是处理期短造成的。估计主要是和摄入体内的药量偏低有关"[①]。

　　通过对高密度及低密度放养条件下药物处理实验结果的分析，孙儒泳进一步得出结论：北京地区5—7月间，当水温调节至22—30℃情况下，能使预先经分塘养育的莫桑比克罗非鱼在投入水泥池后11—13日内产生鱼苗。这种定期投放和集苗方法，能为生产规模的雄性化处理提供合规格

---

① 孙儒泳：《人工诱导罗非鱼雄性化的生产性实验结果简报》，存于孙儒泳办公室。

的鱼苗。实验表明,在北京地区的小型水泥鱼池内,以国产或进口的甲基睾丸酮处理幼鱼(每克饵料中含有甲基睾丸酮30微克),能够获得可供生产上应用的、具有较高雄性百分比的幼鱼。

同年,孙儒泳将实验过程及结果集结成文,发表在《北京师范大学学报(自然科学版)》上,文中统计了实验具体细节:"共29组,总计测量和解剖了2280尾",经过几个月反复对比实验和统计分析,最终获得了罗非鱼雄性化研究试验的成功——"在应用国产甲基睾丸酮促使罗非鱼雌鱼雄性化上,基本获得成功,使雄鱼百分比达到91%"。并从研究结果得出了最优处理方案,即"用甲基睾丸酮,处理8—11毫米的鱼苗,口服剂量以30—50微克/克食物,处理日期以20天以上为宜。"[①]

温度对罗非鱼生长的影响

罗非鱼是热带鱼类,种类繁多,第二次世界大战后成为重要的养殖对象。20世纪80年代初,罗非鱼虽然引入我国的时间不长,但已经发展为重要的养殖对象。对罗非鱼适合的温度进行研究,有助于控制工厂化养鱼的水温控制,节约能耗。

从1978年12月到1979年9月,孙儒泳带领团队工作人员共进行四期试验。前两期实验在北京师范大学实验室中进行,用未经处理的深井水饲养,后两期实验在昌平水产养殖场中进行,用水与该养殖场工厂化养鱼用水相同,即河水与地下热水相混合并经一系列池塘以后的水。实验用鱼取自昌平水产养殖场,为国内水产养殖界通称为"大黑"的罗非鱼。

第一期试验进行三周,从1978年12月28日到1979年1月17日,"分22℃、26℃、30℃、34℃四组,温度误差±0.5℃,自然光,用塑料盆饲养,水体约30升,每组养8—12克鱼10尾"。第二期试验(1979年1月25日—1979年2月18日)的实验条件与第一期的基本相同。与第一期实验不同的是,第二期的实验分六组进行,实验水温为26℃、28℃、30℃、

---

① 孙儒泳,刘凌云,张玉书,郑光美,唐素英,郑一勇:国产甲基睾丸酮对罗非鱼雄性化和生长影响的研究.《北京师范大学学报(自然科学版)》,1978年第4期。

32℃、34℃、36℃。两次实验的结果说明鱼的增重率、特殊增重率和日增重率的数值十分接近。第二期的结果说明，28℃组比30℃组生长更快，增重百分比达31.57%，是所有实验组中最高的。①

第三期试验在工厂化养鱼车间进行，耗时30天。具体实验条件为："用五个体积为240升、流水、自动控温的金属水箱饲养。流速约每分钟2升，每小时120升，大约两小时交换一次。饲养体重10—13克仔鱼30尾。实验温度为26℃、28℃、30℃、32℃四组。由于体积大，控温较困难，温度误差为±1℃，主要是32℃高温难控，有时降低1.5℃。为比较鱼密度对于生长的影响，另设28℃密度加倍（60尾）组。"② 第四期的实验条件与第三期基本相同，所得的实验结果也证明了实验的可重复性。

通过四期的实验，孙儒泳团队共观察了370尾鱼，结果表明③：

（1）在22—36℃的水温范围内，平均体重8—12克的罗非鱼的生长最适温度为28—30℃。在22—28℃范围内，生长率随水温上升而增加；在32—36℃范围内，生长率随水温上升而减少，36℃是接近于停止生长的高温。

（2）冬季测定的最适生长温度稍低（28℃），夏季测定的稍高（30—32℃）。

（3）从22—32℃，日摄食量和同化量随水温上升而增高；从32—36℃，随水温上升而下降。由于维持消耗随水温上升而增高，于是生长率与温度的关系呈倒钟形。

（4）根据上述试验结果，建议用28—30℃水温养殖此等规格罗非鱼，尤其是28℃，既能加快生长，又能节约热源，特别是在冬季。

（5）其他条件相同（有余食），高密度组生长率较低密度组低。但如果鱼体尚小（相对于环境容纳量而言），高密度对生长率延缓的效应不明显，高密度组甚至能获得更大的总生产量（绝对量）。随着

---

① 孙儒泳，张玉书：温度对罗非鱼生长的影响。《生态学报》，1982年第2期。
② 同①。
③ 同①。

鱼体长大，高密度的延缓生长效应日益明显，最终将使鱼池总生产量降低。

如果进一步定量地描述这种较复杂过程，找出高密度饲养由增加总生产量转为降低的转折点，无论从理论和实践上均有重大意义，而根据这种定量关系，确定分池（分级饲养）时间和方案，将是提高养殖业产量的一条途径。

1982年，孙儒泳参加在澳大利亚举办的国际太平洋生物地理学学术会议，会上，孙儒泳宣读了根据该实验所做的论文《温度对罗非鱼生长的影响》。报告后反应热烈，索取论文者达二十余家单位。

《罗非鱼雄性化和最适生长温度、耗氧量研究》与北京市水产局主持的项目的其他子项目成果一起，由北京水产局以"机械化养鱼综合技术研究"为题上报，获得了1983年北京市科技成果二等奖（第11名次）。此外，由孙儒泳

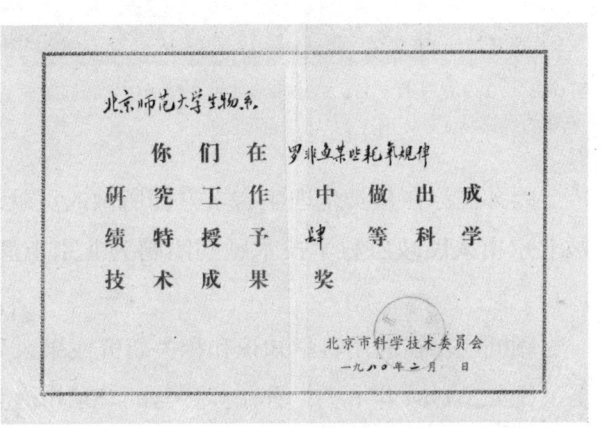

图6-2 1980年，孙儒泳主持的"罗非鱼某些耗氧规律"研究获北京市科学技术成果四等奖

和张玉书两人进行的"罗非鱼某些耗氧规律研究"，其研究成果也获得了1980年北京市科学技术成果四等奖。

在研究罗非鱼雄性化和最适生长温度与耗氧量期间，孙儒泳的两篇论文在国际上发表，取得较好的反响。其中温度对罗非鱼生长影响的论文在1982年澳大利亚国际太平洋生物地理学学术会议上报告。1983年，孙儒泳被聘为北京市政府渔业顾问，1987年被北京市科委聘为网箱养鱼专题的咨询组长。1992年，他带领研究生进行密度、规格、箱型对水库小网箱养鲤实验，获得亩产平均17万千克高产的成果。

第六章 潜心科研

图6-3 1989年9月7日，北京市渔业生产科学技术顾问团成员在房山十渡考察（左三为孙儒泳）

因孙儒泳在鱼类生理生态学方面所做的贡献，1983年3月20日，他被北京市人民政府科学技术顾问团聘为北京市渔业生产科学技术顾问团成员。

顾问团旨在利用科学知识和相关研究成果，为北京市渔业生产实践服务。比如，1984年6月，孙儒泳参与的北京市渔业生产科学技术顾问团针对当年全市下塘鱼苗三亿尾，培育出7000万尾大规格鱼种的生产任务，提出了如下建议[①]。

（1）抓住关键季节，进行打针催产。"草鱼、鲂鱼、白鲢、花鲢均争取在六月二十日前结束，南调鱼苗六月上旬下塘完毕"。

（2）鱼苗运输和下塘要精心操作。因鱼苗浮出后，体长7—8毫米，取食能力弱，对外界环境变化及敌害抵抗能力差。因此，顾问团建议，"在运输中，装载密度不要太大，每个帆布篓不超过25万，塑料袋充氧运输每袋以6万—10万为宜。下塘时，容器里的水温和池塘

---

① 北京市渔业科技顾问团：《提高鱼苗成活率的五点建议》，1984年6月。存于孙儒泳办公室。

的水温相差不超过3℃，池水不宜过深或过浅，以二尺半左右为宜"。

（3）鱼苗下塘前一周要用药物清除野杂鱼、蛙卵、水生昆虫及有害致病细菌。顾问团对此做出了具体的指导，"下塘前五天亩施基肥三五百斤，以适度的半肥水下塘为好。若水中有大量红虫繁殖，可用90%晶体敌百虫按全池0.2%浓度泼洒，可杀死红虫而对鱼苗无害。"

（4）以适度稀释为好。顾问团提出了"老池密，新池稀，早苗密，晚苗稀"的原则，每亩放10万—15万尾，每个鱼池只放一个品种，亩放密度超过25万尾，成活率低，出池个体小，分塘时间反而推迟，晚下塘的鱼苗每亩可控制放6万—10万尾。

（5）精心喂养，根据水色变化追肥。具体建议为，每万尾鱼苗每日按二两黄豆磨浆全池泼洒二至四次，后期每万尾可增至三两。随着鱼苗长大，可分期注水2—3次，每次加水十多公分。

专家顾问团的建议为确保北京市养鱼生产的发展及鱼类商品的供应作出了指导。

其他关于鱼类生理生态学的研究

1986—1989年，孙儒泳带领博士生大弟子谢小军开展南方鲇能量收支的研究，被评为国内鱼类能量学首次系统研究，共发表论文7篇，其中两篇分别刊于美国 *Physiological Ecology*[①] 和英国 *Journal of Fish Biology*。[②] 这一时期，孙儒泳带领博士生开展的南方鲇的研究主要包括南方鲇幼鱼鱼体的含能量及化学组成、南方鲇的最大摄食率及其与体重和温度的关系、南方鲇的日总代谢和特殊动力作用的能量消耗、南方鲇的排粪量及消化率

---

① Xie Xiaojun, Sun Ruyong: The Bioenergetics of Silurus meridionalis.I.Resting metabolic rate and its relation to body weight and temperature, *Physiological Zoology*, 1990, 6: 1181-1195.

② Xie, X. and Sun, R: The bioenergetics of the southern catfish growth rate as a function of body weight and temperature. *Journal of Fish Biology*, 1992, 40: 719-730.

图 6-4　1987 年 12 月 13 日，孙儒泳在西南师大生物系谢小军的实验室观察实验

图 6-5　1987 年 12 月 31 日，孙儒泳（左）与博士生大弟子谢小军在西南师范大学门前合影

同日粮水平、体重和温度的关系、鱼类的特殊动力作用的研究进展等。

1992 年，孙儒泳带领硕士生进行密度、规格、箱型对水库小网箱养鲤实验，获得平均 226 千克/立方米（最高 260 千克/立方米，折合亩产约 17 万千克）高产。研究中还测定了溶氧的变化，以探索高产机理。

以上列举了孙儒泳在工厂化养鱼项目后在鱼类生理生态学领域所做的工作。此外，孙儒泳还多次为水产养殖人员讲授鱼类生理生态学的专业知识，使科学研究的成果能够转化到生产实践中。

1990 年 11 月，孙儒泳为北京水产科技中心、北京市水产科学研究所、北京水产学会主办的池塘养鱼生态理论培训班讲学，主讲"鱼类能量学与养殖业"。

鱼类能量学是鱼类生理生态学的一个研究方向，重点是探讨鱼类获取能量以及将所获得能量在个体或种群中分配与利用的规律性。生物能量学把有机体视为一个能量转换系统。孙儒泳在培训中首先讲授了能量转换系统对能量的分配与利用过程和各能量组分间的关系，并进一步将总能量代谢分为特殊动力作用、标准代谢、活动代谢等几个组分。在对鱼类能量学

图 6-6　1990 年 12 月 26 日，池塘养鱼生态理论高级研讨班合影（第二排左五为孙儒泳）

的基本概念及系统进行区分后，他对鱼类能量学与养殖业的关系作了探讨。鱼类养殖的目的，就生物能量学而言可归结为三点：生长最快、消耗最少、存活最多。而当时的鱼类能量学研究基本上是理论性研究，但对于养殖池规模的、在饲养条件中成长的鱼的生物能量学研究，这方面工作不多。孙儒泳作这个讲座的目的在于介绍这方面的重要意义。"当然，要把这种潜在的价值变成现实或付之实现，还要依靠研究生物能量学的实验科学家与鱼类养殖业实践家之间进行紧密的协作，彼此取长补短，携手共同为提高养殖业的经济效益和鱼类能量学发展做出贡献。"①

鱼类养殖强调的重点是以最短的养殖期、最小的饲料量，获得最大鱼肉产量。为了达到这样的目的，要求有最优的营养成分，也要求最优的喂食制度，这些都要求最大的摄食量、吸收率和生产效率。孙儒泳对这三个项目的测定做出了推理和原理解释。对排泄能的丢失，孙儒泳讲述了测定方法，也对活动代谢能和胁迫因素、特殊动力作用和摄食代谢能做了分析。讲座的最后，孙儒泳对鱼类养殖工作中测量鱼的生长及能量收支做了

---

① 《池塘养鱼生态理论》，内部资料。存于孙儒泳办公室。

重点介绍。

孙儒泳通过这次讲座，主要讨论了鱼类能量学研究对于养殖实践的意义，其讲座的基本内容参考了 Knighe 写的《Energeties and Fish Farming》一文，但为结合我国养殖业的实际，进行了较大的加工，补充了新的内容，并加入我国相关的研究成就。

能量收支研究、晚成鼠体温调节胎后发育研究、行为生态研究、从亚细胞水平研究低温适应和胎后产热研究、鱼类生理生态学研究五个方面的研究工作是使北京师范大学生态学博士点成为脊椎动物生理生态学（主要是能量生态学）研究前沿的基础。汇同鸟类、昆虫生态学等研究，1988年，北京师范大学生态学被评为国家教委的重点学科。

不断拓展研究领域

当代动物科学的发展与其他学科的发展一样，面临着学科间相互渗透并向更深层次发展的趋势。现代动物学不再停留在描述各种动物的不同身体结构及其生物学，而把注意力更多集中在各种动物的功能生物学上，也就是动物的功能解剖学、生理学和行为一致的特点。正是在这样的时代背景下，孙儒泳在不断深化研究生理生态学、种群生态学研究的基础上，将研究领域扩大至行为生态、动物能量生态学、生物多样性等方面。

行为生态学

动物行为是动物个体和动物社群为适应内外环境变化（刺激）所作出的反应。人类祖先虽然在很早就需观察动物的行为以取得衣食资源和逃避敌害的侵袭，但直到 20 世纪 40 年代前后，动物行为学才成为一门独立的学科。研究动物的行为必须回答原因、发展、适应功能和进化历史四个问题。要探讨这些问题，行为学必然与生理学、生态学等学科紧密联系，并因而形成许多新的学科,如行为生态学,主要研究动物行为与其生活环境之间的相互关系,研究生物在一定的栖息地的行为方式、行为机制、行为的生态学意义的科学。

孙儒泳在20世纪90年代初涉足行为生态学领域,主要是受他留学英国的博士生房继明的影响。因为孙儒泳在脊椎动物生理生态领域的深厚基础,所以对行为生态方面也能很快的揳入,并在1993年第一次招收了行为生态专业的博士研究生刘定震。

孙儒泳涉足行为生态学时,刚刚被评选为院士,因为专业方向的不同,为了更好地研究行为生态学的相关问题,并对博士生刘定震进行负责任的指导,孙儒泳总是把刘定震的文章传给在美国进修的博士生房继明审看,回传回来后,根据房继明的意见进一步研究,才确定问题并对刘定震进行具体指导。对于这段历史,刘定震回忆,"论文写作过程中,从前到后,整体的论文从写作到提纲、规划帮了很大的忙,给了很多很多指导,因为房老师不在,我所有的提纲,说是发给房继明老师,实际上要经过孙先生家电脑,肯定孙先生先要看,他看完之后再转给房继明老师,房继明老师在美国密西根,正好12小时时差,他看完以后很快传给我,再修改,那个稿子已经反反复复不知多少遍,那时候弄好一个软盘,送给孙先生,孙先生发给房老师,房老师反馈过来之后,他把意见打出来,他用一个旧信封和用过的A4纸,打到背面,把意见反馈给我,如果我在实验室他就拿给我,如果不在他就放在学生包厢里边,每次都是这样,最后孙先生花了很大心血,因为房老师当时不在国内,有很多事情实际上是孙先生在看论文,不停地批注、修改。"[①]

这一时期,孙儒泳对布氏田鼠婚配制度和繁殖行为,由直接观察深入到实验研究,而对高原鼠兔繁殖的季节性研究追溯至神经内分泌机制,如应用高效液相色谱对松果体中褪黑激素的测定,包括其昼夜节律和季节节律、不同光照周期的影响等,前文已述。

---

① 刘定震访谈,2013年10月30日,北京。资料存于采集工程数据库。

动物能量生态学

动物能量生态学研究动物在不同环境下的能量分配，对于了解如何有效地利用能量，以保证种群的生存和延续具有重要意义，并成为许多生态学理论和概念的基础。无脊椎动物、鱼类、哺乳类的能量生态学方面的研究在20世纪90年代已经比较深入，但作为在动物进化过程中占有关键地位的爬行类动物，对其能量收支方面的研究还很不足，且多集中于蜥蜴，龟鳖类的能量收支研究还是空白。

1992年7月，牛翠娟进入北京师范大学生物系博士后在流动站工作，她选定了"甲鱼幼鱼的能量收支"作为国家博士后科学基金的研究课题，孙儒泳作为合作导师，在指导牛翠娟进行相关研究的过程中，也涉足了鳖类能量生态学的研究工作。

此前，国内对龟鳖类的能量代谢研究比较薄弱，仅华东师范大学曾做过一些实验研究。孙儒泳指导牛翠娟进行的这一课题研究不仅对揭示龟鳖类代谢特征有重要意义，而且可以完善对爬行动物的认识，具有重要的理论价值。该项研究对当时国内正在开展的龟鳖类养殖事业提供有关饲料配比、常规管理及越冬等方面的基础性科学资料有重大实践意义。

生物多样性

生物多样性是指地球上所有的生命形式，包括物种内的变异，生物多样性包括生态系统多样性、物种多样性和遗传多样性。生态系统的多样性是物种多样性得以维持的基础。

国际上十分关注生物多样性的保护问题。1980年《世界自然保护大纲》就这一问题进行了专题论述。1989年世界自然史保护基金会就此问题发表了声明。联合国环境规划署将生物多样性保护列为全球关注的问题之一。1992年在联合国环境与发展会议文件《21世纪议程》中第15章专门讨论了"养护生物多样性"，并制定了"联合国生物多样性公约"。

1992年6月3—14日，在巴西里约热内卢召开的联合国环境和发展大会（VNCED），会上有148个国家签署了《保护生物多样性公约》，中国是第64个在这个公约上签字的国家，说明包括我国在内的世界各国对这个问题的重视。

生物多样性也是20世纪末以来各国政府和科学家关注的一个重要课题。保护生物多样性是摆在全世界人民面前的一项首要任务。要解释现生的多样性及其分布格局是如何在亿万年生物进化中形成的，不但需要各派学说的不断发展，也需要更多的生物新技术。同时，需要继续深化对形态特征的认识和探索进化的机理和过程。研究生物多样性的目的是保护这一多样性，这一工作是动物学家义不容辞的任务。孙儒泳正是从生物多样性保育与人类持续生存的角度出发，多次作《生物多样性保育与人类持续生存》的学术报告，呼吁人们重视生物多样性保育。

1999年5月19日，孙儒泳在北京市科协作《生物多样性保育与人类持续生存》学术报告。报告中，孙儒泳主要谈了三个问题，即生物多样性为什么会成为当前的热门话题，生物多样性研究的现状与趋势和他的看法。

生物多样性保护在当时已经成为政府、公众和科学界的热门话题，孙儒泳认为这主要有两方面原因："人类对生物多样性的价值和生物多样性的损失及其威胁的再认识"。在第一部分，孙儒泳先为大家解析了生物多样性的价值，包括直接使用价值——提供食物、纤维、药物和燃料、建材等；间接使用价值——对环境和生命维持系统的调节功能，如二氧化碳和氧平衡、水土保护、土壤形成、净化环境等；选择价值（潜在价值）——为后代提供选择机会的价值，如抗性基因等；伦理或道德价值——认为每种生物都有自己的生存权利。在解析的同时，孙儒泳引用了1998年《自然》杂志第785998期报道的马里兰大学生态经济研究所所长R. Costanza等的《世界生态系统服务和自然资本的价值》。该文根据已出版的研究报告和少数原始数据，提出全球生态系统提供的服务，按最低估计每年平均为33万亿美元。孙儒泳认为，"虽然这是一个十分粗放的估计，也有学者认为估计太高，但毕竟是一个很有用处的定量数据，尤其是在提供公众对于生物多样性重要性意识和领导作出保护生物多样性的决策方面具有重要价值。"

此外，孙儒泳还讲述了对生物多样性丧失加剧及其威胁的再认识。一般认为，生物多样性包括物种多样性、遗传多样性和生态系统多样性。孙儒泳重点讲述了物种和生态系统的多样性。他对中国生物多样性在世界上的地位作了考察。我国是生物多样性丰富的国家。根据《中国生物多样性国情报告》，主要有：受威胁的物种数高于全球5%—7%，森林面积急剧减少，覆盖率仅为13.92%，为全球平均数的1/2；草地有50%退化，25%严重退化；水体污染达80%以上，淡水生态系统濒于瓦解；遗传多样性，包括农家品种和野生近缘种，都丧失很快。孙儒泳针对这个方面，为大家介绍了我国对生物多样性研究的支持。八五期间重大项目——国家科委：中国生物多样性保护生态学基础研究（钱迎倩教授）；国家自然科学基金委：中国主要濒危植物保护生物学研究（洪德元院士、陈家宽教授）；中国科学院：生物多样性保护与持续利用的生物学研究（钱迎倩教授）；国家教委：长江流域若干关键地区生物多样性保护中若干重大科学问题的研究（陈家宽教授）。九五期间重大项目有国家自然科学基金会：中国关键点地区生物多样性保育的研究（马克平、孙儒泳）。

在对生物多样性之所以会成为当时的热门话题进行讲解，对生物多样性研究的现状与趋势介绍的基础上，孙儒泳重点讲述了对生物多样性研究的几点看法。具体而言，主要有：

（1）研究重点应从濒危物种保育转向生物多样性的生态系统功能。生物多样性的保育工作是在改革开放后才逐渐受到重视的，且重点集中在濒危物种的研究上。孙儒泳从实践和理论两个方面说明了这个问题。从实践层面看，因为生物多样性保育的目的是为了人类的持续生存，而生物多样性的价值不仅体现在濒危物种上，更重要的还是与人类关系更密切的生物种和生态系统中与人类生存关系最密切的生态系统功能上。例如，森林保护、湿地保护、沙漠化防治等。孙儒泳认为，"这并不是说，对濒危物种保护不重要，而是重要性的大小有所不同"，"对于人类而言，生物多样性的价值主要体现在它为人类提供物品和各种生态系统服务。因此，研究重点转向生物多样性的生态系统功能也是自然的、合理的"[①]。从理论而言，生物多样性的生态系统功能是当时争论和研究的热点：物种数目的多少，对于生态系统的功能的关系究竟如何的问题，也就是说，生态系统复杂性与生态系统功能的关系问题。

（2）在研究物种多样性与生态系统功能的关系上，仅仅注意物种数目的"多"是很不全面的。孙儒泳提出，要同时注意物种的质与量两个方面，如生态系统中有优势种、普通种、稀有种；有生产者、消费者、分解者。在生物多样性的生态系统功能研究中（即探讨生物多样性提高能否促进生态系统功能）出现的相互矛盾的结果，可能来源于研究的生态系统类型不同、包含的物种不同。因此，孙儒泳认为，在评估生物多样性的生态系统功能时，也要具体明确指的是哪一种生态系统功能。不仅如此，还要具体指明哪一类生态系统，因为不同类型的自然生态系统的物种多样性是不同的。针对这个问题，孙儒泳提出了一个疑问：是否可以设想"有一个最适的物种多样性"？

（3）生态学中广泛应用的群落生物多样性指数，其内涵包括物种丰富度均匀性（各物种的数量多少的分布均匀情况，即异质性的反面）。这些指数都假定了所有物种在生态系统中的作用是相等的，即是同质的。在环境质量的评价中，人们拟对具有不同作用的成员运用加权的方法以作出整体的评估。生态系统有很多的功能，哪些功能对人类持续生存意义最大，哪些生物种类对此功能最重要，都需要人们继续去研究。

（4）生物多样性中的每个物种是否都需要人类保护的问题。对于生物多样性保育的目的，孙儒泳认为还要从全人类持续生存的利益出发。对于人类来说，物种并不都是有益的。当人们在利用天敌来控制害虫时，还要考虑到，害虫既造成对农作物的危害，同时又是天敌的食物，害虫灭绝，天敌也会随着死灭。在作出有害物种的结论前，人类必须慎重。因为从生态学而言，益与害往往是相对的，随时间、地点具体条件而变化。对于大多数物种而言，益与害是并存的。对于人类有潜在价值和在

[①] 孙儒泳：《生物多样性与人类持续生存》讲义。存于孙儒泳办公室。

未来能够提供服务的物种，人类应该保护；但有时在有限的财力中，决策上应更多地把重点放在已认识到是有用的上面，是可以理解的。孙儒泳提出，一定要考虑长期的利益，充分协调好目前利益与长远利益的辩证关系。

（5）哪些生物物种对生态系统服务功能的变化有最大的影响，当它们被"删除"或被"引进"时，生态系统会发生重大的变化。这里，孙儒泳利用两个实例来说明问题。一是生态系统中，有的物种具有某种独特的功能，如固氮、保持水土、释放微量元素等与人类生存有密切关系的服务功能，对这些物种应予以重视，NSF启动了一个研究计划，1999年以250万美元资助六个野外工作站，进行微生物观察，并打算到2000年资助强度增加2—3倍，主要目的是把研究工作从物种鉴定和DNA测序扩展到测定固氮和其他生物化学过程。这是因为微生物研究最薄弱，却到处都起基本的作用。二是生态学在20世纪60年代提出的关键种概念，同样也应该优先考虑。

（6）生态经济学是生物多样性保护、利用和决策的基础。因为生态系统是有地区特殊性的，生态系统的结构、功能和调节都随条件的变化而有所不同，生态系统中的生物多样性，特别是它所包含的不同物种，同样是有地区特殊性的。所以，孙儒泳提出，人们必须从一个一个地区、一个一个民族对生物多样性及其对人类的生态系统服务能力进行深入的研究和评估，然后用生态经济学的观点，根据人与自然协调、经济发展与环境保护兼顾的原则，作出正确的决策和措施。

孙儒泳当选院士后，没有止步于原有的研究，而是以开放的态度、强烈的求知欲望开拓新的研究领域。孙儒泳自己的总结是其对科学求知道路最好的诠释。①

人生是有许多所谓的"逗号""句号"，这本来就是相对的。我们完全可以把一个个逗号看作是一个个小句号。比如一本著作问世、一

---

① 孙儒泳：孙儒泳先生自述（十二）当选院士。《北京师范大学校报》，2009年5月13日，第4版。

篇论文杀青、一个研究生出站、一次出国访问完成、一届任职期满都可画上一个句号。

有人说，人生最大欣慰在于能把一个个句号换成逗号。从这个角度看，我无疑是个幸福者，因为至今仍不断在把句号改换成逗号。

硕 果 流 芳

孙儒泳关于生态学研究涉及面广，在许多领域具有开创意义，取得的成果极其丰硕。

关于理论生态学研究

孙儒泳的理论生态学研究，首先体现在两本译著上，一本是科学出版社 1980 年出版的翻译自美国学者 R.M. 梅[1]等的《理论生态学》，另一本是人民教育出版社 1981 年出版的翻译自美国学者 E.P. 奥德姆[2]的《生态学

---

[1] R.M. 梅，1936 年 1 月生于澳大利亚。1956 年本科毕业于悉尼大学，1959 年在悉尼大学获得理论物理学博士。后在悉尼大学任教，并成为物理学教授，1973 年转到普林斯顿大学生物学系。1988 年起转到英国牛津大学动物系。1995-2000 年出任大不列颠政府首席科学顾问（Chief Scientific Advisor to the Government of the United Kingdom），2000 年 12 月出任英国皇家学会会长。

[2] E.P. 奥德姆，1913 年生于美国新罕布什尔。1934 年获美国北卡罗来纳大学学士学位；1939 年获伊利诺伊大学博士学位；1937-1939 年在北卡罗来纳大学任教；1939-1940 年在纽约州埃德蒙·奈尔斯因纽特人保护区任生物学研究员；1940-1957 年在佐治亚大学先后任助教、教授，并于 1957 年在该大学阿鲁尼基金会动物学教授；1961 年任该大学生态学研究所所长。他主要研究生态系统生态学，与其弟 H.P. 奥德姆最早认识到把能流作为生态学原理的重要性，并使生态学与经济学结合起来，发展了人类生态学。他编写的《生态学基础》（1953 年第一次出版，1983 年改名为《基础生态学》）一书被世界各国学界所采用。这本书内容丰富全面，结构简明、系统，反映了当时的新成就新理论，至今共出三版。1977 年，E.P. 奥德姆荣获美国生态学的最高荣誉——泰勒生态学奖，他把奖金 150000 美元赠送给乔治亚大学生态学研究所，用以培训年轻的生态学家。此外，他在鸟类生态、脊椎动物种群以及河口、湿地生态学等方面也有不少的研究。他的著作还有《佐治亚鸟类》（1945 年，与 Brimley 合作）、《北卡罗来纳博物学家》（1949 年）。他是美国科学院院士，美国科学发展协会会员，1964-1965 年被选为美国生态学会主席。

基础》。两本译著对国内学界廓清生态学的基本理论都有重要的理论指导意义。

《理论生态学》译自英国布莱克威尔出版公司 1976 年的版本，全书共 14 章，对种群模型、生态对策和种群参数、节肢类捕食者-猎物系统、植物-食植者系统、竞争和生态位理论、生物地理学与自然保护、演替、社会生物学的中心问题，古生生物学、寄生系统以及人对有害生物的抵抗等都作了详细的论述。本书的目的在于"综述和汇集某些理论的见解，以表明这些理论见解在怎样阐明经验观测，怎样测试其实际含义。"通过对构成各种模型基础的生物学假设以及用以说明种群或整个群落动态的模型所产生动数学特征的分析，协助建立广阔的理论体制，以使这个理论体制能够汇集野外和实验室观测到的大量难以理解的数据。[①]

孙儒泳在译著绪论中提出，"我期望论题的选择都具有代表性的实例，而其理论模型能成功地配合真实的观测资料。更有甚者，我希望这本书能引起一些兴奋，并且在较小的程度上对未解决的问题和进一步的研究方面有指导作用。"[②]

1977 年成都教材编写会议确定翻译美国著名生态学家 E.P. 奥德姆的《生态学基础》。这本书是 E.P. 奥德姆在生态系统的理论和实践方面的研究成果。E.P. 奥德姆早期曾对第二次世界大战以来世界上所发展的生态学知识进行了系统化的整理，于 1952 年出版了《生态学基础》（*Fundamontals of Ecology*）一书。书中部分章节是与其弟 H.T. 奥德姆合写的。E.P. 奥德姆在书中强调了研究整个生态系统（而不仅是其中的个别组分）的重要性，书中还对当时已被众所周知的许多生态学概念如竞争、演替、生态限制因子等作了清楚的解释，提出了通过测量能流、物流及能量和物质的周转率来表示一个实际生态系统动态的图示法。奥德姆兄弟最早把生态学与经济学结合起来。该书也为开展生态系统的实验提供了基本原理。该书分三个部分。第一部分"生态学的基本原理和概念"，对生态学的研究范围、生态系统的原理和概念、生态系统中关于能量、生物地化循环的原理

---

① ［美］R.M. 梅著，孙儒泳等译：《理论生态学》。北京：科学出版社 1980 年，第 1 页。
② 同①，第 3 页。

与概念、限制因子的原理、群落层次结构的原理和概念、种群层次的原理和概念、生态系统中的种和个体、生态系统的发展与进化、系统生态学等概念进行了界定。在此基础上,分析了淡水、海洋、河口湾、陆生等栖息地不同而划分的生态学分支。最后,对污染、辐射等环境问题及遥感、微生物、空间航行、应用人类生态学等应用与技术进行了概述。译本译自原著的第三版。孙儒泳负责了第二章"关于生态系统的原理和概念"、第七章"关于种群层次的原理和概念"、第九章"生态系统的发展与进化"、第十章"系统生态学:生态学中的系统分析方法和数学模型"四章的翻译工作。[①]

此外,孙儒泳还与林特溟共同编著了《近代的生态学》[②](生物学基础知识丛书)。该书以基本理论为基础,叙述了近代生态学的核心问题以及它对人类面临的人口、资源和环境等问题可能产生的深远影响。全书分九章:生态学及其研究对象,近代生态学的研究中心——生态系统,生态系统中的能流,物质循环与环境污染,生物群落,种群,环境的限制因子,切莫违反自然规律,近代生态学与今日世界。在全球人口激增,资源面临日渐枯竭的情况下,作者编写此书,目的在于"向广大读者介绍有关生态学的基本理论和生态学的今昔,并希望通过它,使读者对人类面临的人口、粮食、资源、能源和环境等问题有一个正确的认识,根据生态学的原理,正确地对待周围的一草一木,花鸟鱼虫,精心地管理好祖国的山山水水,森林原野。让城镇村庄空气洁净、清新,让辽阔的大地披上绿装,让江河湖海不受污染,让大自然永远生机勃勃,欣欣向荣。"[③]总而言之,就是达到生态平衡。

生态平衡是生态学中的核心问题,作者在书中单设一节"维护生态平衡"来论述。"生态平衡指的是生态系统在一定时间内结构和功能上的相对稳定状态,其物质和能量的输入与输出接近相等,即使受到外来干扰,

---

[①] [美]E.P.奥德姆著,孙儒泳,钱国桢等译:《生态学基础》。北京:人民教育出版社,1981年。

[②] 孙儒泳,林特溟:《近代的生态学》(生物学基础知识丛书)。北京:科学出版社,1986年。

[③] 同②,前言第3页。

也能通过自我调节（或人为控制）恢复到原有的稳定状态。"[1] 书中列举了人为因素破坏生态平衡的实例，通过具体的事例，旨在告诉读者生态平衡是脆弱的，人人都应该自觉地维护生态平衡。

关于动物生态学研究

动物生态学是孙儒泳一直以来的研究重点。他的成就主要体现在相关教材的编写上。孙儒泳编著的《动物生态学原理》[2]，广泛地介绍了各种环境因素与动物的相互关系的基本原理。全书共四篇十三章，从个体、种群、群落和生态系统等不同水平上，对近代动物生态学基本原理进行探讨。该书叙述了资源管理、有害动物防治和人口控制三个应用生态学问题。此外，他作为北京师范大学的代表，参与了与华东师范大学、复旦大学、中山大学四校共同编写的高等学校试用教材《动物生态学（上册）》[3]。作为主要编者，编写了《动物生态学实验指导》[4]。

关于种群生态学研究

1985年8月，上海科学技术出版社出版了孙儒泳编著的《种群的科学管理与数学模型——动物的盛衰兴亡》。该书作为"现代自然科学普及丛书"中的一本，较系统地介绍了数学模型在近代种群动态理论研究和种群科学管理等方面的应用。

种群的动态规律是科学地利用生物资源和进行有害生物防治的理论基础。孙儒泳的这部专著首先从人口爆炸、种群爆炸、种群波动等种群

---

[1] 孙儒泳，林特溟：《近代的生态学》（生物学基础知识丛书）。北京：科学出版社，1986年，第105页。
[2] 孙儒泳：《动物生态学原理》。北京：北京师范大学出版社，1987年。
[3] 华东师范大学、北京师范大学、复旦大学、中山大学编：《动物生态学（上册）》。北京：人民教育出版社，1981年。
[4] 北京师范大学、华东师范大学编：《动物生态学实验指导》。北京：人民教育出版社，1981年。

动态的种种表现入手，简述分析了种群统计学的方法，然后详细地叙述在种群动态理论研究、资源种群管理和有害生物防治方面的主要数学模型。他在书中对有关种群调节机制的各种学说作了深入讨论，包括早期的种群调节学说、生物学派、气候学派、食物因素、行为调节学说、内分泌调节学说、遗传调节学说等。用作者自己的话说，"本书的目的就是介绍种群生态学以及数学模型在种群生态学中的应用等方面的一些主要成就。"①

近代科学总的发展趋势就是各门科学的"数学化"，在数学模型已经成为研究生态学重要的工具这样的背景下，该书的出版对于帮助生物学工作者熟悉生物学中大量的应用数学理论和方法不无益处。正如作者所言，"我们相信，正因为自己是生物学工作者，而不是数学家，所以这本书中所介绍的有关种群生态学中数学模型的点滴指示，对于读者将会有所帮助。在编写本书的过程中，努力将每一个数学方程式，数学方程式中每一个参数和符号都说明它的生物学含义。"② 该书在讲清各种数学模型在生态学理论中应用的基础上，联系实际，是从事生态学、动物学、农业昆虫学、水产资源等教学和科研人员重要的参考书籍。

关于生态学普及读物的编写

生态学是一门研究生物与环境以及生物彼此之间相互关系的科学。随着科学技术的发展、人口的日益膨胀，环境和资源问题日益凸显，生态学渐渐扩展到了人类社会生活的方方面面。人类处于生态系统中食物链的最高层，由于人类对于生态的索取与生态系统一定的承载能力是有矛盾的，因此，研究生态学与人类就是摆在人们面前刻不容缓的课题之一。

针对这个问题，孙儒泳写就了《生态学与人类》，该书是 1982 年为卫生管理干部培训所做的教材。全书的重点在于"介绍生态学的基本知识以

---

① 孙儒泳:《种群的科学管理与数学模型——动物的盛衰兴亡》。上海：上海科学技术出版社，1985 年，第 6 页。

② 同①。

图 6-7　孙儒泳所著《生态学与社会经济发展》一书荣获第三届全国优秀科普作品三等奖

及它与人类的密切关系"。① 本书开篇简要介绍了人与环境之间的相互关系，对生态因子、温度、其他非生物因子生态、气候等环境作了分析，主要介绍了生态系统的基本组成、物种多样性、生态系统中的能流，其中包括太阳能、植物的光合作用、初级生产量、次级生产、生态效率、隐存的能量消耗等，在此基础上，对有机物周转和营养物循环、碳循环、氮循环、磷循环、硫循环等物质循环作了探讨，最后对种群生态及其应用、城市生态学作了考察。值得一提的是，城市生态学作为生态学中一个新的分支，当时在国内刚刚开始研究，相关材料不甚丰富，本书根据国外相关研究初步介绍了城市化进程和城市化后果两个方面的内容。本书一方面通过介绍生态学基础知识使相关卫生管理干部了解到了生态学的一般常识；另一方面也通过对生态学与人类关系的分析，帮助人们认识到了人类的生产、生活活动不能干扰自然生态系统的平衡，否则势必会破坏生态平衡，遭到大自然的无情报复。这在改革开放初期一味追求经济发展的粗放式发展阶段，无疑是金玉良言。

生态学与社会经济发展息息相关，可持续发展与正确处理人与自然的关系成为当代生态学研究的重要主题之一。在这样的背景下，孙儒泳还参与了中国生态学会主编的《生态学与社会经济发展》② 一书的编写工作。本书是为干部学习编写的课本，共 21 万字，孙儒泳承担了其中 5 万字的编写工作。1996 年 4 月，本书荣获第三届全国优秀科普作品三等奖。

---

① 孙儒泳：《生态学与人类》。哈尔滨：黑龙江科学技术出版社，1982 年。
② 中国生态学会：《生态学与社会经济发展》。长沙：湖南科学技术出版社，1989 年。

第七章
学术交流

1987年，第四十二届联合国大会通过了世界环境与发展委员会的报告——《我们共同的未来》。持续发展和保护生态环境成为各国政府和科学家关心的重大问题，生态学的基本原则被看成是实现这一目标的基本理论。

当时，国际上生态学的发展由中观向宏观与微观两个方向、两个深度发展。传统的生态学研究内容，即由个体至生态系统生态学，揭示生物个体和群体与环境相互关系的规律，仍是生态学的基本任务，因为它们仍然是生态学向宏观和微观两端，向其他自然科学和社会、经济学科渗透的基础和核心，是最终解决人类与自然协调的复杂关系所应遵循的规律。如果不存在上述的基本任务和核心研究内容，也不会存在与其他学科的交叉和渗透问题，这正是"皮之不存，毛将焉附"的道理。

孙儒泳带领科研团队通过推动国内学术交流，参加国际学术活动，参与全国自然科学规划工作等不断地积累，奠定了北京师范大学动物生理生态学的研究基础。在此期间，他也取得了一系列的科研成果，获得了相应的荣誉，硕果累累，是其事业大发展的时期。

推动国内学术交流

20世纪80年代初,与科研院所合作进行科研工作还不是很普遍。尤其是对师范院校来说,长期以来,关于师范院校是否应该搞科研的争论始终存在。据孙儒泳回忆,"当时有不少人认为,师范院校是只母鸡,只需生蛋——培养出基础教育的师资来就可以了,根本不需要越俎代庖,凑热闹去搞什么科研。因为有争论,所以就缺少专门的科研经费。"在这样的情况下,寻求与科研院所合作,探索出一条与科研院所合作搞科研的新路就摆到孙儒泳的面前。

1978年8月,全国陆地生态系统科研工作会议在青海省西宁市召开,孙儒泳应邀与会。正是在这次会议上,孙儒泳接过中国科学院西北高原生物研究所递来的橄榄枝,开始合作搞科研。他回忆了这个过程:"会上,中国科学院下属好几个单位纷纷邀请我参加他们的研究课题,有人还开玩笑说:'你们那儿又没米,巧媳妇难为无米之炊,干脆到我们这儿来,米尽你先舀。'经过考虑,我决定与中科院西北高原生物研究所协作。当时校所合作搞科研还是条新路,后来事实证明这条路走对了。"[1]

当时双方采取的合作方式主要是由孙儒泳确定研究课题并制订实验方案,然后与中国科学院西北高原生物研究所同行一起做实验,一起总结、撰文。例如,当时孙儒泳与曾缙祥合作进行根田鼠体温调节的胎后发育研究,这项合作研究取得了很好成果。由孙儒泳执笔的论文《根田鼠体温调节的胎后发育和恒温能力定量指标》发表在英国《热生物学》杂志上。由孙儒泳和王祖望负责的《高寒草甸生态系统次级生产力(小哺乳动物)研究》获1987年中国科学院科技进步三等奖。据孙儒泳回忆,"除此之外,还有很多次愉快的合作,科研成果也是非常令人欣慰。"[2] 后来,中国科学院西北高原生物研究所的李庆芬教授经孙儒泳推荐到北京师范大学生物系工作。

---

[1] 孙儒泳:孙儒泳先生自述(九)乐为人师.《北京师范大学校报》,2009年4月10日,第4版。
[2] 同[1]。

与中国科学院西北高原生物研究所的合作，用孙儒泳自己的话说，"套用一句时下使用率很高的熟语'双赢'，高等学校与科研院所合作搞科研正是一个双赢格局。自然，与西北高原动物研究所的协作也应作如是观。合作既培养了学生，又取得了研究成果。中国科学院西北高原生物研究所也既锻炼了科技干部，又完成了科研项目，真是各有所获，皆大欢喜"。孙儒泳与科研院所的合作此后仍长期保持着。

除了与中国科学院西北高原生物研究所建立长期的合作关系，孙儒泳带领科研团队积极组织、参加国内学术会议。1983年12月19—24日，孙儒泳出席在昆明召开的全国环境物理、环境生态学会。会议由全国环境保护科技情报网委托中国科学院生态室和物理污染控制中心筹备。参加会议的有来自中国环境科学研究院，各部、各省、市的环保管理、科研、检测机构，中国科学院动物所和部分大专院校以及其他有关科研机构等115个单位共151名代表出席了会议。与会代表向大会提供了121篇科研论文和报告。会议采取大会发言，小组交流等形式进行了学术情报交流。孙儒泳回顾了我国生态研究工作的进展情况，与与会代表讨论了我国环境生态研究工作的现状和存在的问题，并对今后的方向和任务提出了建议。

1984年12月27日至1984年1月2日，孙儒泳参加由中国科学院环境委员会、中国环境学会和中国海洋湖沼学会联合举办，责成中国科学院水生生物研究所筹备的《全国污染生态学术会议》，来自全国22个省、市、自治区，包括中国科学院有关研究所，各部属研究院、所、大专院校和一些省、市、地区环境科研、监测、教学、图书情报、出版部门共计115个单位169名代表参加了这次会议。我国著名的经济学家于光远应邀在大会上作了报告，就环境生态效益与生产效益、社会效益三者的相互关系问题作了深刻的阐述，受到与会代表的欢迎。这次全国污染生态学术会议共收到论文、研究报告和科技资料180余篇。除了会议讨论之外，会议期间还分别召开了《我国污染生态学的回顾与展望》和《高等学校环境生物学的教学问题》两个座谈会，讨论如何更好地发展我国环境生物学的研究和教育事业。孙儒泳在座谈会上与与会代表展开了热烈的讨论，指出当前我国生态学研究中一个突出问题就是研究材料和测试方法的标准化、规范化问题。与会代表一致要求有关领导部门重视这个问题，采取措施，制定出适合我国国情的生态学的标准方法。高等院校代表座谈会，就环境生物学的课程设置和教学问题进行了讨论。

融入国际生态学界

改革开放后，科学研究迎来了发展机遇期。孙儒泳非常重视国际学术交流，利用一切机会学习先进经验。一方面，邀请国外专家、学者到北京师范大学讲学；另一方面，参加国际学术会议、考察团，赴外考察，学习先进经验。

德国法兰克福哥德大学生物系教授乌·哈尔巴赫博士应邀于 1980 年 9 月第二次到北京师范大学生物系讲授动物生态学，后又应中国科学院水生生物研究所邀请到该所讲学。讲学的主要内容来自 Udo Halbach 与 Jürgen Jacobs 编著、1979 年出版的《种群生态学》(*Population Ecology*) 一书及他本人的研究工作。讲座分为十讲：理论和事实一致的困难；人类生态学：问题和解决的途径；与汤氏田鼠种群波动有关的扩散、空间分隔行为和遗传学；人与自然的能量基础；雀类的种群调节；农业系统的生物学；扑食者——猎物模型中的非随机搜索；以轮虫种群动态作为有机污染物毒性效应的生物测定工具；生态的相互关系与进化的论据：对捕食者桡足类与象鼻水蚤属的调查研究；淡水生物学与生态学的最近进展。前七讲在北京师范大学生物系讲授，后三讲讲授于中科院水生生物研究所。1982 年 12 月，孙儒泳组织北京师范大学生物系动物教研室将乌·哈尔巴赫教授的讲授提纲及有关参考资料整理成讲义，并审阅了部分内容。

随着我国改革开放政策的逐步深入实施，与外国学术界的学术交流呈现出日益活跃的态势。我国学者开始同国外学界同行交流，参与国际学术会议。从 20 世纪 80 年代开始，孙儒泳积极"走出去"，参加了一系列国际学术交流会，推动了中外学界在生态学领域的交往。

参加国际太平洋生物地理学学术会议

1982年8月,孙儒泳赴澳大利亚的悉尼参加国际太平洋生物地理学学术会议,这是他自1958年从莫斯科回国后第一次出国参加的国际会议。在会上孙儒泳就以上述的"饲养水温对罗非鱼成鱼生长的影响"为题宣读了论文,论文是用英文写就的,现场获得了很好的反响。后来此文在《生态学报》发表[1],刊发后收到国外索取文章的信函二十余份。会后中国代表考察了堪培拉和墨尔本的一些大学和研究所,参观考察的时候孙儒泳就在思考,与科研先进国家相比,我国的动物生态生理研究的主要差距在于实验手段和研究方法。

参加"中国生态学教育考察团"出访欧洲

1983年10—11月,国家教育部组织"中国生态学教育考察团"赴比利时、法国考察,内蒙古大学李博教授任考察团团长[2],孙儒泳任副团长。[3] 代表团考察了西方发达国家生态学教育状况,以期作为我国生态学学科发展的镜鉴。

图7-1 1983年10月31日,孙儒泳在法国巴黎塞纳河桥上

在比利时列日大学访问期间,孙儒泳等代表团成员参观了生态学实验室并会见了著名教授瑞迈克

---

[1] 孙儒泳,张玉书:温度对罗非鱼生长的影响.《生态学报》,1982年第2卷第2期。

[2] 李博,1953年毕业于北京农业大学农学系,1959年支援边疆到内蒙古大学。从20世纪50年代起,志愿从事干旱、半干旱地区植被及草地生态学的教学、科研工作。20世纪80年代以后,李博率先应用遥感、GIS等现代科学技术,对内蒙古地区的草地资源进行调查与评价。1993年,当选为中国科学院生物学部院士。

[3] 参加考察团考察的有云南大学植物学家金振洲等国内高等院校生态学领域的专家、学者。

第七章 学术交流

图 7-2　1983 年 10 月 26 日，孙儒泳（前排右）考察比利时荷语鲁汶大学

尔。外国大学的办学条件、研究设施让中国学者印象深刻，据孙儒泳撰文回忆，"温室是办好大学生物系必需的教学、研究设施，列日大学的温室真让中国同行开眼了：温室建在教学大楼楼顶上，不仅规模很大，有许多分室，而且自动化程度很高，阳光、室温、湿度都能随意调控。"① 这次访问针对性强，对考察团成员触动很大，深感"此行对我国的生态学教学改革启发至巨"。

通过这次考察，孙儒泳除了大受启发之外，还有两个方面的影响对其日后的科研、教学工作有直接关联。首先，通过这次考察，孙儒泳更加坚定了要编出一套中国人自己的动物生态学教材的信念，通过几年的努力，终于在 1987 年编著出超过 90 万字的《动物生态学原理》一书。其次，通过这次考察，孙儒泳也认识到英语能力的重要性。虽然孙儒泳从 20 世纪 50 年代开始就自学英语，在英语阅读和英语写作能力等方面有了提高，但是如果要与国际接轨，接收最新的科研信息，与外国同行交流，没有一定的英语听说能力是不行的。因此，1984 年，他报学习班学习英语，主要学习英语的听力和口语。关于这段时间学习英语的经历，孙儒泳回忆了一个小插曲："当时，我的岳母和我们住在一处，老太太经常见我一回家就一头扎进书房、关上房门，有时一整天也不出来。有一次，她在书房门口听了一下，发现有一男一女的说话声，心中大感，就对下班回来的妻子说：'儒泳一整天都关在房间里跟一个女人说话，也不见他们出门来。'老太太哪里知道，我是在跟着录音带练习英语口语呢。"② 通过一天天的积累，他的英语听说能力都有了很大的提高，为其日后的科研工作及学术交流打下了良好的基础。

---

① 孙儒泳：孙儒泳先生自述（八）重执教鞭.《北京师范大学校报》，2009 年 3 月 30 日，第 4 版。
② 同①。

参加第四届国际生态学会议

1986年8月,第四届国际生态学会议在美国纽约州雪城举行。中国生态学会派出两人参会并推荐为国际生态学会委员会成员,一个是时任中国生态学会的秘书长蒋有绪[①],另一个就是孙儒泳。

孙儒泳在会上提交了三篇论文摘要,以壁报形式在会场展出。会议进程中,他访问了雪城大学[②]蓝瑞·沃尔夫教授的实验室,沃尔夫教授是1979年版《普通生态学》的作者之一。

图7-3 1986年8月,孙儒泳在第四届国际生态学会议上提交了三篇论文摘要,以壁报形式在会场展出

图7-4 1986年8月,孙儒泳(右)访问蓝瑞·沃尔夫教授实验室

---

① 蒋有绪,中国科学院院士,中国著名的森林群落学家、林型学家,长期从事森林生态系统结构与功能森林地理学、森林群落学、生物多样性、森林可持续经营等研究。1954年北京大学生态学与地植物学学士毕业,1957–1959年在苏联科学院森林研究所进修。现为中国林业科学研究院森林生态环境与保护研究所研究员、博士生导师,中国科学院生态系统网络科学咨询委员,长白山开放试验站和植物数量生态学开放实验室的学术委员。《林业科学》副主编,《林业科学研究》《植物生态学报》《自然资源学报》《自然资源科学》以及国际《病虫害管理和野生动物杂志》等刊物编委。国家气候委员会委员,IGBP中国委员会委员,SCOPE中国委员会委员。

② 雪城大学是一家私立研究型大学,位于美国纽约州雪城。

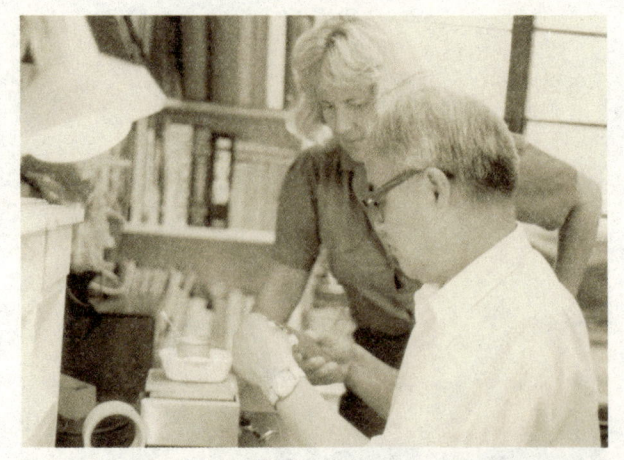

图 7-5 1986 年 8 月 18 日，孙儒泳（右）在美国鲍德米尔保护区考察（左为鲍德米尔保护区麦瑞特主任）

图 7-6 1986 年 8 月 18 日，孙儒泳（右三）在斯腾山大学生物系做题为"中国兽类生理生态研究"的学术报告后与生物系师生合影

会议结束后，孙儒泳应卡耐基自然博物馆鲍德米尔保护区主任简·麦瑞特的邀请，参观了设在美国东部阿巴拉契亚山区的鲍德米尔保护区。麦瑞特主任的主要研究方向也是小哺乳动物的生态研究，与孙儒泳可算是真正的同行。这次访问，使孙儒泳认识到两国研究的差距，根据孙儒泳的回忆，"这次访问让我认识到两国的动物生态研究方法基本上是相同的，但美国同行的技术手段要远远优于我们。比如他可以用无线电标志方法直接测量野外生活中的小动物的体温，这让我大感兴趣。"[①]

在对卡耐基自然博物馆鲍德米尔保护区的访问结束后，孙儒泳到斯腾山大学生物系做了题为"中国兽类生理生态研究"的学术报告。报告受到斯腾山大学生物系师生的欢迎。

---

① 孙儒泳：孙儒泳先生自述（十一）我的取经经历.《北京师范大学校报》，2009 年 3 月 30 日，第 4 版。

赴英国访问学习

根据中国科学技术协会和英国皇家学会 1986 年科学家交流计划，孙儒泳于 1986 年 8 月 25 日至 9 月 11 日访问英国，历时 17 天。访问先后到达阿贝丁大学动物系及其 Cultery 野外工作站，Rowette 动物营养研究所，陆地生态研究所 Banchery 定位站，牛津大学生物系，伦敦大学 King's Collegy 生物系，Royal Holloway and Bedford New College 动物系，英国农业、渔业粮食部的农业发展和 Advisory Serbise 所属鸟兽局的 Worplesdon 实验室和 Tolwroth 实验室，英国帝国

图 7-7 1986 年 8 月，访英期间的孙儒泳

化学企业所属的 Jealott's Hill 研究站等十个单位，访问了有关专家教授和研究人员共三十余名。[①]

本次访问目的明确，孙儒泳从他的专业——小型兽类生态学和他所了解的有关这个领域的研究状况出发，访问英国有关对口高等院校、研究单位和专家。出发前，孙儒泳通过调查、研究，提出拟访问单位和专家名单，经英国皇家学会联系安排，预先与对方联系后确定访问行程。得益于这样细致的行前准备，访问顺利进行，孙儒泳感觉收获甚巨，用他自己的

---

① 孙儒泳：《访英工作总结》，第 1 页。存于孙儒泳办公室。

话说,"这次短期访问取得的效果显著、收益重大,对英国在小型兽类生态学的研究进展水平获得基本了解,带回各种研究论文和研究报告达百篇"①。

孙儒泳首站来到了阿贝丁大学动物系,该系的研究方向有形态、分类、遗传、生态、鱼类、海洋资源和寄生虫等方面,生态学的研究是其中最强的。著名生态学家 Wynne Edwards 是原系主任,他作为种群数量行为调节学说的创立人而闻名。

在阿贝丁大学动物系的访问中,孙儒泳与吉明亨教授(原英国生态学会理事

图 7-8 孙儒泳(右)访问英国阿巴丁大学时与吉明亨教授会见

长)、保罗·瑞森教授、乔治·唐纳教授进行了交流并参观了他们的实验室。孙儒泳回忆,"虽是初会,瑞森教授却像接待老朋友一样接待了我,他说他已经读过我 1984 年发表在柏林《生态学》杂志上的那篇《静止代谢率与每日平均代谢率关系》论文,文章对他正在指导研究生搞气体代谢率的研究很有帮助。"② 在保罗·瑞森教授的实验室,孙儒泳观察了用开放式呼吸仪连续测定蝙蝠耗氧量、二氧化碳排出量及对来自马达加斯加的一种猬进行耗氧量和自发活动的研究。乔治·唐纳教授长期从事脊椎动物种群生态学研究,他又组织了"环境保护"硕士生班,双方就教学计划进行了

---

① 孙儒泳:《访英工作总结》,第 2 页。存于孙儒泳办公室。

② 孙儒泳:孙儒泳先生自述(十一)我的取经经历。《北京师范大学校报》,2009 年 4 月 30 日,第 4 版。

交流，并对今后的学术交流进行了规划。

会见结束后，他们到野外观察了石楠灌木丛，由正在阿伯丁进修的意大利籍研究生表演了研究猛禽对野兔行为影响的记录装置。对阿贝丁大学的访问使孙儒泳了解了许多现代生态学的研究事例，对其日后的研究有很大的启发。

第二站是牛津大学，它有一百多年历史，许多动物学界的名人都出自牛津。孙儒泳参观了久负盛名的皇家学会主席团会议厅，虽然那不过是一个可以容纳十几个人的圆桌小会议室，但是在这里发生过的历史却在世界科学发展进程中有着不可动摇的地位，许多大科学家都是在那里宣读了自己的成果并一举成名。

在小型兽类生态学方面，当代最著名的动物生态学家 Charles Elton 教授是前任动物系主任，他在第二次世界大战中对英国控制鼠害做出过重大贡献。孙儒泳访问牛津大学时，动物系主任为简·费林森教授，他在孙儒泳两天的访问过程中陪伴其进行参观、访问。孙儒泳首先考察了牛津大学动物系的野外工作站，该工作站离校部不远，是保留较完整的一块混交林，面积并不是很大，但许多著名的动物生态学家长期在此进行研究，如鸟类学家 David Lack，兽类学家 H. Southern，昆虫学家 Varley 等。随后，系主任简·费林森教授陪同孙儒泳参观了动物博物馆，那里陈列着许多由著名科学家从全世界采集来的标本，林林总总，令人目不暇接。

随后，孙儒泳对牛津大学生物系的实验设备和实验条件进行了考察，牛津大学动物系里附设有机械工厂，许多仪器设备可以在此进行研制、加工。动物饲养条件完善，有单独的低、中、高温饲养师，可根据不同要求控制环境条件，有的能改变光照周期和强度，有的能自动调节相对湿度，有的附有去空气污物的专门设备（如细羽）。

第三站是对英国农业、渔业、粮食部、鸟兽局的实验室进行考察。这些实验室与大学动物系相比都不是很大，但是他们所进行的研究工作是与农业实践具有密切联系的，工作任务是为发展农业生产提出建议。孙儒泳参观了鸟兽局所属的两个实验室。这两个工作室研究对象很广，包括对英国农业有危害的动物如野兔、狐狸、河狸鼠、獾等，由于它们传染牛的肺炎，因而研究重点在基础生态学及其与疾病的关系。为观察这些动物的危害情况及其对防止措施的反应与成效，鸟兽局的实验室有饲养、模拟、行为研究等设备。

根据行为生态学特点进行农业害鸟兽害防治是鸟兽局另一重点研究领域，诸如对一些危害农田的禽类，用假标本或模型造成各种姿势，如吃食姿态、受警姿态等，过路的鸟对地面不同姿态的模型就具有不同的反应，从而能达到驱避、吸引等不同的效果。

第四站是英国皇家化学企业所属的植物保护部研究站。孙儒泳考察的这个研究站在 Jealott's Hill，这个研究站规模巨大，共有720人，其中有450名科研人员，150人攻读博士学位。这个研究站直接与研究有关的有化学室、生物室、环境科学室三个室，每个室约150人编制。在生物室下有种子科学、植物病理学、昆虫学等研究组，在环境科学室下有生态学、残留物和代谢等组。

每一种杀虫剂、杀鼠剂的出产，都是预先经过一系列实验以保证不致引起环境问题，这是英国国家法律制定的。生产前必须提供科学而实验的结果。孙儒泳在这个研究站重点考察了以下几组已形成常规的标准试验：①实验室中测定杀虫剂的接触和口服毒性——以蜂蜜为标准动物进行的一系列实验。②野外条件下，测定蜂蜜采食时的毒性。③蜉蝣测试毒性。④水蚤测试毒性。⑤用冬腮鱼或胡子鲇测试在水体中积叠。

该研究站还根据近代的生态系统原理，有毒物质对系统中各营养级生物的不同影响，开展这些残毒物质在水体生态系统中的扩散、转移及其生物影响工作。除了对以上试验的观察，孙儒泳对这方面的工作也做了了解。

第五站是陆地生态研究所在 Banchory 的研究站。Banchory 研究站的主要研究方向有脊椎动物生态学、石楠酸沼和空气污染，还有少数人从事高地狩猎鸟类的种群动态。苏格兰雷鸟是高地石楠酸沼生态系统中的优势鸟类，具有主要经济价值，利用定期按计划轮流火烧老石楠以提高雷鸟的环境容纳量的方法，是野生动物管理科学中很受推荐的一种，在苏格兰已实行很久。Dr. A. Watsona 和 R. Moss 是主持这个研究工作的，孙儒泳访问时他们的研究重点转到种群调节机制与雷鸟行为生态学的关系上，在 Banchory 研究站建立起各种雷鸟的实验种群，并开展了进攻性行为及其与遗传和种群数量动态的相互关系。Dr. B. Staines 从事鹿科动物的种群动态研究，在苏格兰地区，现在鹿科动物数量已相当丰富，它们不仅分布于有林地区，而且扩展到无林的酸沼等环境。

通过对这些专业院校、研究所的访问，孙儒泳了解了英国小型兽类生态学研究的主要研究方向，并与外国同行进行了交流。孙儒泳感到，交流应是双方的，只有在这个基础上才能产生良性的互动，正如他后来总结说："在访问中，我随时地介绍了我国有关小型兽类生态的研究工作，尤其是自己在啮齿类生理生态和种群生态方面的研究成果。我们发现，学术访问如果没有自带研究工作成果，只想从国外专家、教授获得什么，这样的访问是难以深入而有效果的，只有在相互的交流与探讨中，对方才愿意比较详细地介绍和提供自己的论文、著作。"[①]

此外，给孙儒泳留下深刻印象的一件事是，在整个访问期间，并没有一个专人长期陪同，全部组织工作都由主办方负责预先联络安排。比如，孙儒泳到英国第二天去阿贝丁大学，由专人交付机票后，便一人开始行动。到阿贝丁机场下机由阿贝丁大学动物系教师接送至学校宿舍，一个小时后，就开始访问活动。这种预先安排妥当、一切依照拟定好的日程表进行的高效率的组织工作，没有专人长期陪同。这让孙儒泳印象深刻，因为在国内，往往为了接待一位外宾，需要动员多个人，并常常需要专人陪同。

参加国际兽类学会议

1989 年 8 月 22 日—29 日，孙儒泳参加了第五届国际兽类学会议。本次会议由意大利罗马大学动物和人类动物学系主办。"参加本届大会的代表来自世界 97 个国家和地区，1300 多人。"[②] 我国代表团由国家教委派出 5

---

① 孙儒泳：《访英工作总结》，第 16 页。存于孙儒泳办公室。
② 王祖望：第五届国际兽类学大会简介。《兽类学报》，1989 年第 4 期。

图 7-9　1989 年 8 月 24 日，孙儒泳阅览第五届国际兽类学会议展板

人，除孙儒泳外，还有北京大学生物系教授潘文石、北京大学生物系讲师吕植，另有会议资助的华东师范大学副教授陆厚基、南京师范大学教授周开亚。除国家教委派出的代表外，还有其他单位派出的代表参会：中国科学院动物研究所汪松、张洁、钟文勤、周庆祥，中国科学院西北高原生物研究所王祖望，中国科学院地理研究所张荣祖等。国际兽类学学术会议每四年召开一次，以往我国派出参加会议的人员仅数名，本次大会中国有 16 名代表参会，是中华人民共和国成立以来最多的一次。

参加会议的代表来自世界各国，会议检阅了近四年来在兽类学研究中的进展，内容丰富，学术气氛浓厚，会议共收到论文摘要 865 篇，分大会报告、分会报告和精报三种方式交流。参加本次会议的中国代表有来自高校、中国科学院和林业部的，也有来自黑龙江省和台湾省的代表。在大型兽类、小型兽类的生态、生理、动物地理等研究领域均有文章参会，反映了我国兽类学上的全面进展。具体论文题目详见表 7-1。[①]

---

① 《赴意参加"第五次国际兽类学学术会议"总结》，存于孙儒泳办公室。

表 7-1 第五届国际兽类学会议中国代表参会论文

姓 名	单 位	论文摘要
王宗义	北京麋鹿生态研究中心	麋鹿再引入中国北京南海子保护区
王少山	中国林业科学院	大丰麋鹿引入方案
周开亚	南京师范大学	啄豚科的分类关系
张 洁	中国科学院动物研究所	北京农业区背纹仓鼠的空间分布与数量变化
钟文勤	中国科学院动物研究所	农田的长爪沙鼠及其生态管理对策
周庆祥	中国科学院动物研究所	放牧草场的布氏田鼠与防治的生态问题
汪 松	中国科学院动物研究所	
王祖望	中国科学院西北高原研究所	
潘文石	北京大学	秦岭大熊猫及其局限分布的原因
陆厚基	华东师范大学	
吕 植	北京大学	秦岭大熊猫：分布、数量及其未来
张荣祖	中国科学院地理研究所	中国干旱地区兽类动物地理及濒危物种保护
孙儒泳	北京师范大学	小啮齿类的能量代谢和体温调节研究
徐学林	黑龙江省博物馆	中国的狼獾研究
Kuo Pao-chang	台湾大学森林系	去除杂草对人工松林中红腹松活动的影响

注：表中空白处为无法找到论文摘要。

会议组织了33个专题报告会，14个专题讨论会，还以板报等多种形式进行广泛的交流。本届兽类学大会反映出当时国际兽类学研究发展相当迅速，其主要发展趋势是："①从细胞和分子水平探讨哺乳动物的进化和种系发生有很大进展，特别在方法学方面有一定的突破；②对哺乳动物种群生态学研究更侧重于复合因子对种群调节机制的影响，还建造了复合因子假说模型；③对营养生态学研究占有重要地位，如哺乳动物的最优化采食行为，小型食草动物的摄食和消化策略等；④对海洋哺乳动物，特别是鲸类的研究有很大发展，内容涉及系统分类、社群结构以及遥感技术的应用等，尤其令人瞩目的是对鲸类动物传递感觉能力的探讨成为这一领域中的热点，有关论文多达48篇；⑤继续重视珍稀、濒危哺乳动物的研究，尤其对发展中国家野生动物保护所面临的问题，以及保护和管理策略等进行了相当广泛的探讨；⑥新技术在兽类学研究中发展很快，如放射性核素（radio nuclide）标记技术和遥感技术应用于海洋哺乳动物行为和生态学研究，地理信息系统（GIS）应用于哺乳动物的分布格局分析，CMR 软件包应用于小哺乳动物标志放流资料的分析等。此外，还使用了自动记录监视仪（ARM）替代过去使用的无线电遥测技术，它可将野外或实验室的动物生态、生理资料全部自动监测、自动记录，从而大大提高了研究效率和数据的准确性。"[1]

孙儒泳在会上张贴、宣读了论文《小啮齿类的能量代谢和体温调节研究》，论文概述了我国二十多年来对小啮齿类能量代谢和体温调节研究的情况，主要有：①能量代谢与体重：著名 Kleiber 公式表达了鼠－象间这种相关的重要性，孙儒泳则从种内个体探讨体重差别的影响，标明相互比较样品间保证体重一致的重要性以及探讨了体重影响的种种方法，引入协方差分析和调整平均数应用于分析耗氧量数据；②耗氧量－环温曲线特点的季节变化：曲线陡度（中性温度以下）的春秋两季上升可能是温带啮齿类的典型特点；③耗氧量－环温曲线的地理变异：发现在南北相距 130 千米左右的两个地理种群间，能量代谢水平有达到同级显著性的差异，并标明该差异符合更大地理纬度范围内的能量代谢梯度变化；④耗氧量－环温曲线特征在不同鼠种间的比较以及与栖息地环境的联系：几乎全球分布的褐家鼠较分布区较小的社鼠有更宽的温度适应范围；⑤高山啮齿类（以青藏高原的根田鼠为例）的耗氧量－环温曲线特点及其对高山低温的适应；⑥恒温能力指数的探讨：提出 $I=(1-b)$ 为恒温能力指数，其中 b 为耗氧量－环温曲线的斜率，并与 Ricklef 指数相比较，阐明其更一般的适用性；⑦ Grodzinski 认为，静止代谢率高于平均每日代谢率。我们发现这两者的关系在不同环境温度下有明显不同，这使估计每日能量收支的 Wunder 模型应作修正。在论文中，孙儒泳也提出了对未来研究的设想，一是从细胞和亚细胞水平研究晚成鼠体温调节能力的个体发育；二是比较各类型恒温动物体温调节个体发育，探讨其进化对策和意义。

从会议收集到的论文内容分析，研究工作量最大的对象仍是啮齿类，有关啮齿类论文占所有文章的 33%；学科上研究最多的是生态学，生态学

---

[1] 王祖望：第五届国际兽类学大会简介。《兽类学报》，1989 年第 4 期。

论文占全部论文的 40%。从这个角度来看，孙儒泳所研究的啮齿类生态学领域在当时国际学界中都是主流的。

赴美国参加低温生存学术会议

1990 年 10 月 2 日—9 日，孙儒泳赴美国科罗拉多市科罗拉多州立大学生物系参加第九届国际低温生存学术会议。与会人员来自中国、日本、美国、加拿大、澳大利亚、英国、法国、德国等国家，共 129 人参会。孙儒泳在会上张贴论文两篇。通过会议交流，孙儒泳了解了先进成果和新信息，主要有：①海马的 CAI 锥体细胞对于 Ca# 和温度有明显的依赖性。冬眠中动物如何保持中央神经系统的调控问题，现在虽已获得不少研究成果，但要解决仍有许多研究要做，该工作对于神经网络的信息处理，从而对学习、记忆等过程的理解将有帮助。②冬眠中脂肪如何利用的问题受到重视。③冬眠中大球蛋白活性增加，以及其基因表达的关系。

会议进程中，孙儒泳随布鲁斯·旺德教授到科罗拉多州立大学生物系访问，并参观了旺德教授的实验室。经过多年的发展，国内实验设备等硬件方面的发展已经很大。令孙儒泳感到意外的是，"美国同行的图书资料出得又快又新，让我们瞠乎其后。于是旺德教授送给我几本《兽类学》等新出版的书籍，同时帮我买到几种实验用的试剂，甚至把其中有些'宝贝'干脆赠送给了我校的生物系实验室。"[①] 值得一提的是，这次国际会议虽然规模小，专业性却非常强，报告内容个个精彩，会议的论文集实际应用价值很高，对我的研究团队也显得特别有用处。回国后我认真地阅读和消化完文集中一些主要文章，为我后期的研究开阔了视野。"

在会后的总结中，孙儒泳对当时我国的低温冬眠研究与国际先进水平差距做出了分析。"我国低温生存的研究开始得比较少，在冬眠周期和冬眠阵的中央神经系统控制上，在低温驯化中，RMR、NST 和若干种酶的适应上，这两方面大致同于国际先进水平，但在生化和分子生物学在冬眠

[①] 孙儒泳：孙儒泳先生自述（十一）我的取经经历.《北京师范大学校报》，2009 年 4 月 30 日，第 4 版。

中的表现，尚未开始工作。"① 下次国际低温生存会议，拟定于1997年在新西兰召开，孙儒泳认为，"对于这种小型专业型很强的、较窄的领域，收获比较大型会议收获更大，能了解该狭窄领域的进展、发展趋势比较深入"，他进一步提出建议，"还应从北京大学和北京师大生物系派出专家参加，保持连续性，对于促进该领域有突破性成果有很大好处。"②

自改革开放之后，孙儒泳利用良好的学术环境，加强与国际学术界的交流。近30多年来，他先后到美国、英国、意大利考察，走访了世界一流的实验室、研究所和保护区等，及时掌握和了解最新的学术动态，不断提升其学术水平。对此，孙儒泳回忆道："我向国际同行"取经"的经历使我受益匪浅。我想正如居室需要经常启门开窗，才能阳光充足空气新鲜一样，做学问也须经常与国际交流，才能及时掌握和了解最新的学术动态，不断提升自己的学术水平。"③

发起创立中国生态学会

20世纪初期，英美等国的生态学会纷纷创立。英国的生态学会创建于1913年，美国的生态学会创建于1916年。中国生态学会成立于1979年，发展起步较晚。

中国生态学学会是中国生态科学技术工作者和热爱生态学事业的社会各界人士自愿结合、依法成立的全国性、公益性、非营利性、学术性的社会团体，是中国科学技术协会的组成部分。现有会员7800余人，来自全国各省、市、自治区、港澳特别行政区，英国、美国、加拿大等地华人生态学工作者、决策管理人员和企业家。中国生态学学会于1980年加入中国

---

① 《国家教委提供给出席国家学术会议总结一览表》。存于孙儒泳办公室。
② 同①。
③ 孙儒泳：孙儒泳先生自述（十一）我的取经经历．《北京师范大学校报》，2009年4月30日，第4版。

科协。1984年作为团体会员加入国际生态学会（INTCOL）。学会下设18个专业委员会，5个工作委员会。全国30个省、市、自治区成立了地方生态学会组织。

生态学会是一个全国生态学工作者的社会团体，它的基本性质和我国的生态环境问题以及经济建设发展的趋势，决定了生态学会的工作指导思想是："发挥学会人才荟萃、与其他学科横向联系、互相渗透的特长，根据我国主要的生态问题，结合实现经济发展目标的需要及国际生态学发展趋势，组织国内外的学术交流，开展科普教育与宣传，为改善我国生态环境，促进经济和生态学的发展服务，为政府决策部门提供建议，为提高全民的生态意识及培养生态学人才做出贡献。"

中国生态学学会成立大会于1979年11月27日至12月3日，在云南昆明军区第二招待所与中国科学院生态系统研究方法研讨班、中国林学会森林生态系统研讨会和中国动物学会动物生态学术讨论会联合召开。参加大会的有来自全国26个省、市、自治区130多个单位的273名代表，共收到学术论文120余篇。大会选举马世骏任第一届理事长，孙儒泳当选常务理事兼副秘书长，负责生态学的教育和科普工作。这次大会是我国生态学发展历史上的一次重要会议，标志着我国新兴的生态系统生态学的发展。当时正值党的十一届三中全会落幕不久，中国刚刚改革开放，整个世界面临五大社会问题——粮食、人口、资源、能量、环境的困扰，当代生态科学的研究重点转向更加宏观、综合的生态系统研究方面。

中国生态学学会第二届代表大会于1984年3月27日至4月1日在广西桂林市召开，出席代表187人，共收到学术论文128篇。马世骏理事长向大会致了开幕词，他在讲话中回顾了国内外生态学的发展动态，号召与会代表从我国国情出发，发扬生态学多学科的综合优势，走出中国生态学自己的发展道路。

第三届代表大会暨学术讨论会于1987年11月3日至7日在成都举行。来自全国各地的227名代表出席了这次回忆。大会共收到论文和摘要301篇，会议的主题是"生态学与国民经济发展"。大会的学术活动围绕着经济开发中的生态学原理；系统分析方法在生态学研究中的应用，生态工程

图7-10　1995年11月10日，在珠海召开的生态学会第五次全国代表大会部分代表合影（左四为孙儒泳）

在农村发展中的应用，城镇规划管理和建设中的生态学原则与方法，重大工程建设与生态环境自然资源保护与经济发展等专题进行。本届大会的论文、学术交流集中反映了1984年中国生态学学会第二届全国代表大会以来，我国生态学工作者所取得的成绩。大会通过了中国生态学学会章程修改稿。选举产生了由75人组成的第三节理事会，其中有许多是优秀的中青年生态学工作者，理事平均年龄55.4岁。本届理事会召开第一次理事会议，选举出23名常务理事，推选孙儒泳任理事长，周纪伦、高拯民、冯宗炜、金鉴明教授任副理事长；李典谟教授任秘书长。理事会一致同意马世骏教授为名誉理事长。

孙儒泳除了担任理事长外，还担任了动物生态专业委员会的理事。中国生态学学会动物生态专业委员会于1987年11月成立。动物生态学是一门内容丰富，又同农、林、牧、医等生产直接有关的应用理论学科，这方面学术活动开展得好，会对我国大农业建设起着十分重要的作用。动物生态专业委员会主要从以下几个方面开展活动：①各种学术活动以中小型为主，结合生产上的实际问题，深入地研讨应用基础理论和新技术的推广。②动物生态研究的对象很多，方法虽然不甚相同，但仍有共通之处。为了提高我国动物生态学的研究水平,促进生态学和经济效益的发展和提高,专业委员会组织了一些紧密联系实际的方法论研讨会,尤其是新技术应用方面的。③自然界气候的变化,人类的经济活动,引起生物群落的多种变化,群落的演替是动物生态学研究的重要问题之一,但这方面的研究比种群方面少,而且发展不平衡。总之,动物生态学学科综合性强,为推动学科发展,动物生态专业委员会重在组织大学科范围内的学术交流。

生态学会在孙儒泳的主持下,在推动生态学界学术交流和向国家决策部门提供咨询方面发挥了重要作用。

生态学本身的繁荣,是这门学科促进人类文明进步的基础;开展各种形式的学术交流,是繁荣生态学本身的重要途径。从 1979 年到 1989 年十年间,中国生态学会共召开各种会议约 50 次,包括综合性会议、学术会议、专题研讨会、理事会、编委会及在中国召开的国际学术讨论会等。中国生态学学会成立以来,先后与英国生态学会、美国、联邦德国、日本、波兰、捷克斯洛伐克等国建立了联系,交流学术刊物、互派生态学家讲学

图 7-11　1989 年 12 月,中国生态学会理事会暨生态学发展战略会议在石家庄召开,与会代表合影(前排左五为孙儒泳)

第七章　学术交流　*129*

等。孙儒泳曾代表中国生态学学会参加了国际生态学会委员会，争取了中国在国际生态学界的地位。

中国生态学学会作为民间学术团体，在促进政府决策科学化、民主化进程中起着重要的作用。这是生态学理论转化为生产力的重要途径之一。生态学会成立后，积极主动地向国家决策部门提供有关我国生态环境整体或大区域性建设的建议和咨询，使国家最高决策层认识到生态环境建设对社会经济稳定、持续发展的重要意义，全民的生态意识普遍提高。国家宪法及政府工作报告多次提出生态环境保护的重要性和紧迫性。生态环境建设被纳入国民经济发展轨道之中，生态环境保护有了法律上的规定与支持。

中国生态学学会在组织学术交流的基础上，还开展了普及生态学教育的活动。孙儒泳主持生态学会期间，共组织培训班15次，参加学习的1000余人次，为青少年举办的夏令营、知识竞赛共6次。参加夏令营的学生和辅导员来自全国17个省、市、自治区约650人。青少年通过生态学知识讲座、野外考察、参观科研基地、撰写小论文等方式学习生态学的重要作用。除此以外，学会根据当时经济发展的需要，提高科普教育的层次，向党政干部进行普及生态学知识的教育。学会与中央组织部干教局合作，邀请孙儒泳等专家教授编写了《生态学与社会经济发展》一书，同时，学会又与中央党校电教中心联合录制了配合该书的录像带，并在全国发行，为广大党政干部提供了系统学习生态学的教材。另外，学会组织编写了《生态》科普丛书，对青少年进行生态学的启蒙教育，并结合1982年9月至1983年1月的生态学知识科普讲座编写了《生态学电视讲座教材》，既有专题讲解，又结合我国社会主义建设中的实际问题，收到了较好的效果。

为进一步促进生态学界的学术交流，中国生态学学会还于1981年创办了《生态学报》。《生态学报》创立之初，著名生态学家马世骏出任主编，孙儒泳出任副主编，编委多是国内外知名的科学家。

《生态学报》的办刊宗旨是反映我国生态学研究成果，促进学术交流，为我国生态学发展服务。刊载的文章中有的属于基础研究，有较高的理论水平；有相当数量的文章属于应用研究，既有理论意义也有实际意义，对生产有指导作用并有一定的经济效益。《生态学报》成为向世界展示我国生态学发展情况和科研水平的窗口、国内外学术交流的媒介、我国生态学工作者的重要园地，是我国生态学科研、教学不可或缺的参考书。

发挥院士作用

院士增选是院士队伍建设的重要环节，是学部的核心工作之一。① 高标准、高质量地做好院士增选工作，保持院士群体的活力，对推动院士队伍建设、促进我国科技事业的发展具有十分重要的意义。当时的学部委

图 7-12 中国科学院院士证书

员增选工作主要采取两种途径：一是由至少两名现有学部委员直接推荐；二是由各研究机构、高等院校和学会等按组织系统进行推荐。孙儒泳当选学部委员是通过第二种途径增选的。

1993 年，孙儒泳当选为"中国科学院学部委员"，时年 66 岁。

北京师范大学在 1993 年 3 月推荐孙儒泳评选院士的单位意见中这样写道②：

> 孙儒泳教授四十余年来从事生态学研究和教学。在国内外已发表科研论文 68 篇（包括专著 7 种）；其中 1991 年后发表和送审论文 29 篇。

---

① 1946 年，中央研究院决定建立院士制度。1948 年，中国最早的院士诞生。但是，随着国民党政权的垮台，这一制度也随之消解。中华人民共和国成立后，中国科学院访苏代表团回国后即酝酿学习苏联经验，建立学部制以加强学术领导和管理。1955 年 6 月，中国科学院学部成立大会在京召开，正式宣布成立学部。

② 《中国科学院学部委员候选人推荐书》。存于中国科学院院士工作局。

他将脊椎动物生理生态引入我国，在理论上及方法上都取得了系统的、创造性的成果，为我国动物生理生态的开创和发展做出了重大贡献，成为这个领域的著名学者。有关啮齿类种群生态学的一系列基础性研究，在国内起到了示范和促进作用，显著地提高了我国的生态学的学术水平。

在教学和科普方面，他编写了生态学教科书、专著、译著，成为推动我国生态学教育和普及，将国外发展系统地介绍给国内的最具有影响的学者之一。

孙儒泳热爱祖国，作风正派，治学严谨，是继我国生态学创始人（马世骏教授等）之后，我国自己培养的新一代的学术带头人之一。

为此，我们特推荐他为生物学部学部委员候选人。

国家教委的推荐结论是："孙儒泳将脊椎动物生理生态学引入我国，在理论上及方法上都取得了系统的、创造性的成果，为我国动物生理生态学的开创和发展做出了重大贡献。有关啮齿类种群生态学的一系列基础性研究，在国内起到了示范和促进作用，显著地提高了我国的生态学的学术水平。"[1]

孙儒泳回忆，"当选为中科院院士可能算是我平生最高兴的事情之一了。这倒不是说我对院士这个头衔有多痴迷，有多梦寐以求，绝非如此。当然也绝不是故作清高，不当一回事儿，我自然很在乎自己

图7-13 2000年7月，孙儒泳在实验室

---

[1] 《中国科学院学部委员候选人推荐书》。存于中国科学院院士工作局。

的当选。因为当选为中科院院士，意味着学术界或者说整个社会，对我几十年在科教园地上耕耘、工作的承认和肯定。我对学校、教育部以及各相关部门和领导，深怀感激之情。"①

当选院士后，最令孙儒泳开心的就是可以继续从事科研工作。他这样描述这种心情："我无法想象如果真的从工作中退了下来将会如何？生态学是我的生命，离开工作，离开生态学，也就没有了我的生命。"②

中国科学院为发挥和利用学部的整体优势和院士群体的学科特点，针对国家经济、社会、科技发展和国家安全等重大问题，围绕水资源、生态与环境、科学教育等问题，组织设立和开展了若干咨询项目，为国家科技发展战略的制定和实施提供有力的科学依据。当选院士后，孙儒泳参与了中国科学院组织的若干学术活动。

参与全国自然科学基础性研究生物学科调研

1987年7月至12月，受国家科委委托，中国科学院组织了全国自然科学基础性研究工作状况调研，成立了15个学科调研专题组，生物学科调研专题组是其中之一。

调研组由王亚辉任组长，季楚卿任副组长，王庆诚、冯宗炜、朱培阁、孙儒泳、李致勋、汤彦承、顾孝诚、郭爱克、钱燕文、简令成、雷克健任调研组成员。孙儒泳参与了生物学科调研专题组的调研工作及报告撰写工作。调研组对我国生物学科基础性研究状况的调研主要以抽样调查、座谈讨论、个别访问等方式进行。调研专题组结合国际上生物科学发展趋势，对我国生物学研究现状、水平和存在问题进行分析讨论，提出生物学的发展目标和战略设想，写成一个关于生物学科的总报告和五个分支学科的分报告，提交1987年11月召开的生物学部委员大会审议。

研究报告分四部分介绍了我国生物学基础研究的现状和发展趋势：

---

① 孙儒泳：孙儒泳先生自述（十二）当选院士。《北京师范大学校报》，2009年5月13日，第4版。

② 同①。

（一）生物学的现状、发展趋势和面临的主要任务；（二）我国生物学现状；（三）发展战略的设想；（四）有关学科政策的建议。现简要介绍有关学科政策的建议，供读者了解。①

（1）增加对生物学的投资，以适应其在现代自然科学和社会经济发展中的地位

近三十多年来，生物学在自然科学和社会经济发展中的作用越来越重要。我国《高技术发展规划》中，把生物技术列于首位，足以说明其重要性。中华人民共和国成立以来，我国生物学方面已建成一批学科门类比较齐全的研究机构和有一定水平的队伍，研究工作已形成特色，在基础理论上，取得了一些有世界影响的重大成果，和其他学科相比，我国生物学有可能率先赶上国际先进水平，因此，建议国家制定各大学科长期政策时，增加对生物学的投资。

（2）保持生物学基础研究的长期稳定性

基础研究具有探索性、独创性、继承性等特点。生物学中许多重大课题都有几十年，甚至上百年的研究历史。生物学基础研究从开始到出成果，再到实际应用，往往要比较长的周期，因此，保持基础研究的长期稳定性以利于学术上的积累和人才成长，对生物学基础性研究出成果、出人才甚为重要。

（3）人才培养

生物学基础研究规划能否实现的关键在于有无合格的科学人才。目前很多研究机构存在人员老化和后继乏人，甚至后继无人的矛盾。采取有效措施，妥善解决这一矛盾，已是生物学科研工作稳定发展的必要组织保证。例如，分类学后继人才缺乏的情况日益严重，已使得这一学科处于珍稀濒危，亟待拯救的境地。通过培养研究生培养研究人员，已与国外联合培养博士研究生、建立"博士后研究人员"制，采取有效措施，吸引优秀人才回国，都还要切实改进完善，才能成为

---

① 王亚辉：我国生物学基础研究现状和发展战略。《生物科学信息》，1989年第5期。

提高生物学科研队伍素质的有效途径。

制定生物学科发展战略和重点优先资助领域

制定学科发展战略和重点优先资助领域，是国际上科技管理的突出特点。由于科技对生产、生活和社会的影响加大，作用越来越明显；科学研究复杂性的日益增加，科学研究设施也日益昂贵，科学研究成本大大提高，任何一个国家都难以拿出巨额开支给予全面支持。供需矛盾的突出，迫使各国都把科学技术发展战略研究摆在重要的位置。

我国是发展中国家，人力物力非常有限，根据学科发展存在不平衡的客观规律及国家经济水平的制约，必须统筹规划。温家宝在1993年1月5日视察国家自然科学基金委员会工作时指出，"小平同志说要使我国基础研究在世界上占有一席之地，就是说要从我们的国情出发，集中力量，形成拳头，在一些重大和重点的战略性课题上有所突破。我们在继续支持面上项目的同时，必须逐步形成战略性课题。"

生命科学部1992年成立了生命科学专家咨询组，1993年开始国内外基本情况的调研工作，初步选出12个优先发展领域：

（1）生物大分子、小分子和生物活性物质的结构与功能。

（2）基因、细胞和发育。

（3）人类重要基因的定位、分离、鉴定和基因治疗的基础研究。

（4）神经系统的结构、功能及可塑性。

（5）免疫的细胞分子基础和免疫系统与神经内分泌系统的关系。

（6）生物分子进化和生物进化工程。

（7）经济动、植物主要病虫害发生发展规律及控制的基础理论。

（8）动植物重要性状的形成机理及其遗传学研究。

（9）保护生态学与持续性生态系统研究。

（10）创制新药的基础性研究。

（11）人类重大疫病发病机理研究。

（12）生命科学中新技术与新方法的研究。

确立有限发展领域后，1994年8月3日—6日，国家自然科学基金委员会主办"学科前沿与国家自然科学基金优先资助领域战略国际研讨会"，旨在充分利用我国基础研究中的优势，立足创新，选择一些优势领域给予优先支持，以使我国在21世纪初有更多的领域可接近或达到国际领先水平。编制自然科学基金"九五"优先领域纲要的工作建立在完成"九五"期间的主要任务的基础之上。"九五"期间的主要任务是，"继续按照向经济建设主战场、发展高技术及其产业和加强基础性研究这三个层次进行部署。一是瞄准国民经济和社会发展中的关键技术和热点、难点问题，集中攻关；二是培育高新技术产业和21世纪主导产业；三是重点支持基础性研究、高技术研究；四是支持科技发展基础设施的建设；五是支持若干影响全局的行业技术和区域开发；六是努力培养中青年为骨干的跨世纪的优秀科技人才。"[①]

孙儒泳参与了国家自然科学基金"九五"优先领域纲要生命科学有关部分的探讨，并提出了具体的意见：[②]

（1）优先发展领域不能持之以恒，而应根据进展调整。

（2）"动、植物重要性状的遗传基础研究"与"种质资源保护与利用的基础研究"可考虑合并。

（3）"生物分子进化和生物进化工程"立题根据不足。问题是优先领域1、3、8都应该包括用进化论思想，而分子进化的研究也离不开那些课题！

（4）第七条应加上"生态、生理和遗传学"加强论述后四行内容。

（5）提"持续性生态系统研究"比提"恢复性生态学"更好。此提法包括了机理研究，并与国际生态学研究优先领域接轨。也包括发展的含义。

[①] 国家科委：《关于编制我国科技发展"九五"计划和2010年长期规划的基本思路》，1994年6月8日。存于孙儒泳办公室。

[②] 《征求对"生命科学部优先资助领域战略研究阶段性成果汇报"（讨论稿）意见摘要》。存于孙儒泳办公室。

孙儒泳重点对自己研究的领域"生态、生理"提议：应用现代科学技术手段、运用生态工程的原理和方法，加强对动、植物主要病虫害发生、发展规律的研究，病虫害综合治理和生态控制（包括天敌）的基础研究，病原体和害虫与寄主互作的遗传学机制以及抗病虫品种抗性机理等的研究是当务之急。

1994 年 5 月，孙儒泳参与了"生命科学部优先资助领域战略研究阶段性成果汇报"的讨论。生命科学部不仅资助一般生命现象中的各种基础研究，也资助农业科学、医学生物学和环境保护中的基础研究。当时的生命科学部有 11 个学科管理机构、18 个学科评审组。在学科发展战略方面，生命科学部开展了 19 个学科发展战略研究；在生命科学战略目标和优先领域的选择工作研究方面，1992 年成立了生命科学部专家咨询组，1993 年开始国内外基本情况的调研工作。调研工作采用了国内外和委内外调研相结合、开会与通讯调研相结合、专题报告与文献调研相结合的方法。会议调研方面，结合项目评审会进行了大量的调研，其次是组织了生命科学部专家组成战略研讨学术报告会。孙儒泳参加教委组织的北京师范大学会议以及 1994 年 6 月中旬以《生命科学中的跨学科前沿》为主题的专题讨论会，对生命科学与数学、物理学、化学、信息科学及材料科学等重大的学科交叉前沿领域进行战略研讨。

参与制定、修改《动物学科发展战略研究》

动物作为食物、饲料、工业原料、药材、害虫天敌、传粉媒介，观赏和装饰物在人类的物质和精神生活中成为不可缺少的财富，动物资源的持续利用是人类赖以生存的一个重要因素。可以说，从学科的范畴看，我们可以举出例子说明动物学与几乎所有生命和非生命科学中的领域有这样或那样的联系。从对人类生存和生活的关系来看，动物学又是解决环境、资源、疫病预防和治疗中许多问题的基础。人类的进步有赖于动物科学的不断发展。随着地球上资源的日益短缺，对动物这一再生资源的保护和合理利用已成为一个公认的重要课题。为解决这一难题，中国动物学会组织编写《动物学科发展战略研究》，以加强动物学的研究。

1993年6月起，孙儒泳参与了对中国动物学会组织研究编写的《动物学科发展战略研究》的修改工作，重点从"初稿是否能基本反映动物学的发展趋势""根据本学科的国际发展趋势，我国动物学发展战略的目标和方向""近期发展的优先领域和前沿课题是否恰当"等三个方面对研究提出了建议和说明。

修改建议首先对第一部分的分支学科现状作较大的压缩，增加作为对动物学整体的发展历史的回顾和发展特点的阐述。在学科发展历史中加强对从"描述"到"解释"的总趋势的阐述；在学科发展特点中强调分支学科间的渗透、交叉以及生物技术对学科发展的影响。其次对第三部分"战略目标和研究方向"建议围绕三个方面展开：第一，要补充和完善不可替代的描述性和资料性的工作；第二，积极引进和开拓新理论、新技术、新方法，鼓励学科间的交叉和渗透，深入解释动物间的生命现象；第三，重视应用基础研究，开展与动物资源合理开发利用和环境保护相关的学科的发展方向。

经过修改，《动物学科发展战略研究》将动物学的战略作用的重要性总结如下[①]：

> 由于动物是在自然界中适应、生存和演化发展的，它的发展变化与宇宙、地球和自然环境有着密切的关系。因而动物学的研究必然要借助于宇宙学、地学、地理学的研究成果，而在研究动物的演化和分布中所得到的资料，亦可用来验证这几门科学的知识。
>
> 动物的进化和人类的起源是人们关心的两个重要课题，动物的进化是动物学本身探讨的问题，达尔文关于物种起源的观点就包括了他在这一领域的许多研究成果。而人类的起源虽然有古脊椎动物学和古人类学专门探讨这一问题，但仍然离不开动物学的研究加以配合。
>
> 为保存、保护和回复地球生态系统的健康是全球为之奋斗的一个目标。动物学的研究可为环境监测提供有价值的资料。保护环境、保

---

① 《动物学科发展战略研究》。存于孙儒泳办公室。

护包括动物物种在内的生物多样性已成为保护人类自身的一个不可分割的课题。

热心社会学术活动

孙儒泳在从事繁重教学、科研基础上，还热心社会学术活动。孙儒泳先后兼任多种学术团体职务，如中国生态学学会第一届、第二届常务理事兼副秘书长（1979—1987年）；中国生态学会第三届理事长（1987—1991年）；中国动物学会理事（1972—1984年）；国务院学位委员会第二届学科评议组（生物组）成员（1985—1989年）；教育部高等学校理科生物学教材编审委员会委员（1984—1988年）；北京市政府水产科技顾问团成员（1983—1988年）；华东师范大学生物系兼职教授（1986—1989年）；中国科学院海北高寒生态系统开放研究站学术委员会副主任委员；中国科学院内蒙古草原生态系统定位站学术委员会委员；中国科学院生态环境研究中心学术委员会委员；中国医学科学院实验动物研究中心学术委员会委员（1985—1988年）；等等。他利用自身的学术成就及影响，努力将自己所学用之于社会，为社会服务。

支持北京市科委研究《网箱养鱼对密云水库水质影响》

1987年，孙儒泳被聘为北京市科委《网箱养鱼对密云水库水质影响》重点课题咨询组长。

投饵式网箱养鱼是一种高投入、高产出的养鱼方式。北京市1984年开始进行网箱养鱼，到1988年年底，11座大、中型水库的养殖总面积已达6万余平方米。投饵式网箱养鱼的残饵和鱼的代谢物进入水中会不会污染水质，是人们非常关心的问题，尤其在北京市重要饮用水源地密云水库进行网箱养鱼对水质会产生什么影响，这一问题引起了市政府的重视。为此，于1988年在密云水库开展了网箱养鱼对水质影响的研究。

密云水库在密云县城北13千米处，它位于燕山群山丘陵之中，建成于1960年9月，面积180平方千米，环密云水库有200千米。密云水库库容40亿立方米，平均水深30米，横跨潮、白两河，是首都北京最大的也是唯一的饮用水源供应地，素有"燕山明珠"之称，它是北京市民工业用水的主要来源。密云水库还是北京著名的鱼乡，到1988年的时候，网箱养鱼已发展到70亩。

在对课题的研究中，课题组制订了水质监测方案，即分别对网箱周围水域的水质监测、对大库区的水质监测、对入库和出库水的水质监测。影响密云水库水质的因素比较多，主要是库区周围农业活动的有机污染、库区上游小型工业污染、农业污染和人类活动的有机污染等。上游的污染物均通过洪水进入库内。因此在布设监测站网时，要考虑上述因素的影响，不仅监测网箱周围水域的水质，而且还要监测大库区水质及入库和出库水的水质。

对网箱周围水域的水质监测。采样频率以鱼生长速度而定，生长快时取样次数多，并在养鱼前后各采样一次，养鱼期间从4—10月每月一次，其中7、8月每半月一次，全年共采样11次。

对大库区的水质监测。监测项目除未进行生物和底泥监测外，其余与网箱周围水域监测项目相同，共有水化参数16项。采样频率为每月一次，全年共测12次，监测成果与1978年以来历年资料进行比较，以分析库区水质变化趋势。

通过对水质的监测，课题组发现：①网箱养鱼区悬浮物增加。其中残饵和鱼粪导致水中氮、磷增加，水中浮游藻类和大肠杆菌明显增多，化学耗氧量增加，溶解氧减少，总氮增加12%，总磷增加22%，化学耗氧量增加13%，大肠杆菌增加400倍，浮游藻类增加26%，溶解氧减少12%；②网箱养鱼区的水质明显次于非网箱养鱼区，其水质随到网箱距离的增加明显好转，对网箱以外水域基本没有影响，只有底栖动物影响到网箱周围150米范围的局部水域；③网箱区水质差，但除大肠杆菌外，基本上符合饮用水源标准（地表水二极标准），水中营养化程度，以浮游藻类来分，属于中营养，以底栖动物来分，达到富营养化程度。①

此外，为了全面分析水库水质是否变化，课题组还对库区水质进行了监测，得出了如下结论：②

（1）目前网箱养鱼未对密云水库水质造成明显影响，虽然网箱区的水质指标有所升高，但只是局部的，并没有影响大库水质。

（2）影响水库水质的主要因素是上游洪水，除了要积极进行点污染源治理外，还要加强面污染治理，搞好水土保持和封山育林工作。

（3）加强水库现有网箱管理。对现有网箱进行清查登记，对布局要合理调查，保持1988年网箱数量，不再增加。并制定文明养鱼的管理办法，对污染水体的养鱼要加以限制。

（4）加强对密云水库水质监测工作，并进一步加强网箱养鱼对水质影响的研究。正确解决在保证水库饮用水源前提下允许网箱养鱼的数量。

1992年3月，这项课题研究的成果"网箱养鱼对水质要求、影响及防治措施的研究"获北京市科技进步一等奖。其成果为市政府采纳，并下达有关文件。

图7-14　1992年3月，孙儒泳参加的课题《网箱养鱼对水质要求、影响及防治措施的研究》获北京市科技进步一等奖

热心参加相关科技成果鉴定

作为国内生态学家，孙儒泳经常被邀请参加各类科技成果鉴定会议，他总是尽可能参加。1987年3月，孙儒泳参加了水电部热排水对水生生物

---

① 杜文成：密云水库网箱养鱼对水质影响的监测.《水文》，1993年第1期。
② 同①。

第七章　学术交流

影响研究成果鉴定会。鉴定会由中科院动物所马世骏研究员任主任委员，北京师范大学孙儒泳教授、上海水产大学陈桂教授、黑龙江省自然资源研究所马逸清研究员、中科院动物所副所长李典谟副研究员任副主任委员，由大连水产学院、国家环保局、武汉水生生物研究所、南京大学、山东海洋学院等单位的专家组成委员会。

随着经济和社会的发展，用电量日益增大。火电厂不断增多，用来冷却发电设备的冷却水量也不断增大。20世纪80年代的火电厂多数采用直流冷却的温排水排放方式，其结果可能对排放水域造成热影响和水质影响。委员们对热排水对水生生物影响的相关研究成果进行了鉴定，对电厂热排水（指一次循环水排放对水体的影响），包括内陆河水温升3℃线和最高35℃线、海水温升4℃线范围内对水体及水生生物或养殖的影响进行了分析。

2001年11月28日，由中国科学院资源环境科学与技术局和卫生部疾病控制司在北京共同组织了以卫生部前部长钱信忠先生，中国科学院孙鸿烈院士、刘东生院士、陈述彭院士、孙儒泳院士，中国工程院巴德年院士、冯宗炜院士、高守一院士和全国鼠疫布鲁氏菌病防治基地李书宝主任医师为专家的鉴定委员会，对中科院地理科学与资源研究所承担的《中华人民共和国鼠疫与环境图集》进行了鉴定。

《中华人民共和国鼠疫与环境图集》（以下简称"图集"）是由中华人民共和国卫生部和中国科学院共同领导，卫生部全国地方病防治办公室／疾病控制司和中国科学院资源环境科学与技术局共同主持，由中科院地理科学与资源研究所和中国预防医学科学院流行病研究所为主承担完成的大型环境与健康图集。2000年，由科学出版社以中、英文对照正式出版。该《图集》首次全面系统地向全世界公开了我国200多年来人间鼠疫的流行状况和中华人民共和国成立50年来鼠疫防治的科研成果以及所取得的巨大成就。

《图集》研制组负责人谭见安研究员向鉴定专家们详细汇报了图集的整体设计和研制过程，以及图集所反映的主要科学信息和科学成果。孙儒泳等专家经过认真的质疑和讨论，认为该《图集》一是总结了自1754年以来鼠疫的流行历史和不同时段、不同地区鼠疫发生与流行的空间和时间动态变化规律，在国内外首次以图集形式，系统地、准确地阐明了鼠疫在我国境内的流行规律、鼠疫疫源地的形成特点及其与环境的关系，以及防治和控制鼠疫流行的科学途径；二是在分析鼠疫与环境关系的基础上，首次依据气温、景观和地球化学特征，对我国鼠疫疫源地提出了新的分类原则和体系，同时还对世界鼠疫的流行和疫源地作了分析和总结，提出了分类系统；三是发现鼠疫疫源地与富钙和富铁的地球化学景观密切相关，为研究鼠疫疫源地成因和鼠疫菌的保存提出了新的方向，具有重要的科学意义，为预测鼠疫的发生和防治提供了科学依据；四是首次对鼠疫菌质粒和生化特性进行了地域组合分类和制图，揭示了它们的地域分异规律具有重要的科学意义和应用价值；五是编制过程采用了先进的地图计算机编辑、制版一体化系统，为保证图集质量提供了可靠的技术支撑。《图集》为中英文对照，有利于国际学术交流，并与全球性研究接轨。[1]

最后，鉴定委员会一致认为该图集的出版必将为因地制宜地部署鼠疫防治力量，为制订全面防治和控制鼠疫规划提供系统的科学依据。认为其达到国际领先水平，鉴定结果通过。

2000年6月15日，孙儒泳被聘为全国科学技术名词审定委员会第四届委员会委员。6月15日—16日，他参加了在北京京西宾馆召开的全国科学技术名词审定委员会第四届委员会全体会议。会议有三项内容：总结第三届委员会工作；讨论和制定第四届委员会工作计划；交流名词审定工作经验。时任中国科学院路甬祥院长等150多人出席了大会，听取了大会工作报告。路甬祥院长在致辞中对在科技名词统一事业中做出贡献的专家、学者们致敬，并指出，"科学技术从90年代以来以前所未有的速度突飞猛进，而且自然科学同工程机数和社会人文科学之间交叉融合的趋势越来越显著，科学技术普及到了社会各个方面，科学技术同社会进步、经济发展已紧密地融为一体，并带动各项事业的发展。所以，不仅是科技发展本身产生的许多新概念、新名词需要规范和统一，而且由于科学技术的社会化，社会各个方面也需要对名词术语有个更好的规范。"[2]

---

[1] 《〈中华人民共和国鼠疫与环境图集〉达到国际领先水平》，中国科学院网站，网址：http://www.cas.cn/jzd/jxw/jynxw/200112/t20011213_958250.shtml，时间：2013年5月6日。

[2] 《全国科学技术名词审定委员会第四届全体会议会议总结》（2000年6月16日）。存于孙儒泳办公室。

全国科学技术名词审定委员会成立于1985年，是经国务院授权，代表国家进行科技名词审定、公布的权威性机构。国务院于1987年8月12日批示："经全国自然科学名词审定委员会公布的名词具有权威性和约束力，全国各科研、教学、生产、经营、新闻出版等单位应遵照使用"①。实现科技名词规范化是一项长期的任务。我国是一个有着众多人口和几千年悠久历史和传统文化的大国，之所以历经千载，很重要的一个原因就是我国使用同样的语言文字。科技术语是汉语文化的重要组成部分，在促进我国科学技术发展、社会进步和维护国家统一方面发挥着重要的作用。进入信息时代，科技术语表现出三大特点：一是数量大。当今世界科学技术得到突破性发展异常迅速，全新的科学概念不断出现，因而需要确定大量的科技术语，以准确表达这些概念。二是范围广。随着世界经济、科技全球化发展带来的新概念几乎遍及世界各地和科技的各个领域。三是传播快。这点与现代科学和传播工具的进步是分不开的。

全国科学技术名词审定委员会第三届委员会自1995年12月成立，建立了生态学学科名词审定分委员会，并将"发展最快、新词最多且最混乱的信息科学技术和生命科学列为重点"②。孙儒泳作为生态学名词审定委员会的委员，参与了生态学名词审定工作。生态学科名词发展很快，新词大量出现，学科交叉程度也发展很快。孙儒泳提到，曾经也想做过统一名词的工作，结果发现这项工作很困难，因学科发展速度很快，赶不上发展的速度，审定和定义都很不容易。

2001年6月15日，孙儒泳被四川大学聘为"211工程""九五"期间资源生物学建设子项目验收组专家，任专家组组长，参加在四川大学生命科学楼进行的四川大学"211工程"建设项目——"资源生物学"子项目专家验收会。听取了子项目负责人管陈放教授所作的项目建设情况汇报，考察了该项目购置的仪器设备和有关实验室，并对此进行了讨论和评议。

在考察中，孙儒泳从学科建设、队伍建设和人才培养，科学研究和成果，研究基地和试验示范区的建设，大型仪器设备购置和运行四个方面重

---

① 国函 [1987] 142号。
② 《全国名词委第三届委员会工作总结和第四届委员会工作计划》。存于孙儒泳办公室。

点考察了"资源生物学"子项目建设的主要成绩。通过考察,他代表专家组对四川大学资源生物学学科建设提出了期望,"建议进一步在'资源生物学'领域更加突出自己的特色,加强基础学科创新能力,在人才培养、科学研究和学科建设等方面为西部大开发做出更大贡献"。[①]

参与"教育改革与发展院士报告会"

孙儒泳遴选院士以后,还积极参加院士学术报告会。2001年7月7日,山西省科协在山西大同雁北师范学院举办了"教育改革与发展院士报告会"。孙儒泳与中国科学院副院长陈宜瑜院士、中国工程院副院长王淀佐院士、北京师范大学教授黄祖洽院士、中国科学院数学与系统科学研究院研究员林群院士等一起参加了这次报告会。

科学家们的报告吸引了大批学生,炎热的天气挡不住同学们对科学家的热情。报告厅里座无虚席,只能容纳三四百人的会场,最后挤

图7-15 2001年7月,孙儒泳为雁北师范学院题词留念

进了有五百多人。大同市新闻媒体对科学家们的到来给予极大的关注,有的还作了人物专访和深入报道。一位学生在接受电视台采访时说:"以前总感觉科学家很神秘,好像离自己很远;今天才觉得他们是那么慈祥、亲切,也跟普通人一样,离我们很近。"[②]孙儒泳在雁北师范学院做了一场学术报告,并被雁北师范学院聘为荣誉教授。

[①] 《四川大学"211工程"建设项目——"资源生物学"子项目专家组验收意见》。存于孙儒泳办公室。

[②] 《陈宜瑜王淀佐等五位院士在雁北畅谈科教兴国》,中国科学院网站,网址:http://www.cas.cn/xw/gndt/200906/t20090608_615015.html,2013年4月5日。

第八章
老骥伏枥

"老骥伏枥，志在千里"，这是孙儒泳晚年生活的写照。2002年，孙儒泳在继续担任北京师范大学教授的同时，兼任华南师范大学教授，帮助华南师范大学的生物学科建设。

孙儒泳院士到华南师范大学工作时已年过花甲，到华南师范大学工作后，他并没有止步于已有的成就，而是在生态学这块园地上，继续向科学高峰攀登。作为学术领头人，孙儒泳领导华南师范大学生命科学学院水产养殖生态与湿地生态实验室开展研究工作；参与了华南师范大学生命科学学院学科建设；参与、指导广东省"生态系统服务价值评估"工作；等等。

华南师范大学生命科学学院的院长王安利教授回忆了邀请孙儒泳到华南师范大学工作的前前后后："我2001年1月来到华南师大，作为动物学科的带头人引进的。第二年就请孙先生过来，他在北京师范大学的时候，对北京师范大学生态学科的发展建设做出了重大的贡献。我们认为，华南师大也特别需要老院士、老专家的扶持。主要负责人都到北京师范大学沟通、邀请孙先生前来。"[①] 孙儒泳本人回忆说道，"年龄大了毕竟是客观的，因年事渐高、糖尿病缠身，我越来越难以适应北方的寒冷气候。2002年起，我逐渐把工作重心迁至

---

① 王安利访谈，2013年1月11日，广州。资料存于采集工程数据库。

温暖的南方，与两个学生一起进行海洋水产的研究，每年夏天回到北京师范大学工作。我说自己是一只南飞的老雁，而且基本上已适应了热带的气候。"[1]

无论是在北京师范大学，还是在华南师范大学，他每天坚持到办公室上班，处理信件、接待来访、查阅文献。

图8-1 2002年6月，北京师范大学校领导到孙儒泳家中看望孙儒泳（左二为孙儒泳夫人陈玉花、左三为孙儒泳、右二为副校长葛剑平）

在华南师范大学，他还领导一个由二十多人组成的"广东省湿地生态系统服务价值评估"研究团队，亲自主持每周一次历时三个小时的Seminar活动，承担生态学专业"生态学进展"课程教学。

推动华南师范大学学科建设

华南师范大学生命科学学院于2002年1月成立，它的前身是华南师范大学生物系和生物技术研究所，具有76年的办学历史。华南师范大学生命科学学院是华南师范大学"211"项目重点建设单位，有生物科学（师范专业）、生物工程、生物技术三个本科专业。通过人才引进与培养，已形成了多支实力比较雄厚、结构比较合理的教学研究团队，包括植物发育生物学、动物生态、水产健康安全养殖、特种鱼虾种苗培育、植物生态、生理生态、分子与细胞生物学、神经生理、生物活性成分与资源开发、生

---

[1] 孙儒泳：孙儒泳先生自述（十二）当选院士.《北京师范大学校报》，2009年5月13日，第4版。

第八章 老骥伏枥　　*147*

图8-2 2005年，孙儒泳主持华南师范大学生命科学学院生态学团队学术会议（左三为孙儒泳，左四为华南师范大学生命科学学院院长王安利）

物工程技术等研究团队。孙儒泳重点领导了水产养殖生态与鱼类资源科研团队开展海洋水产的研究。

水产养殖重点实验室在水产动物健康安全养殖方面具有长期的研究工作积累。

华南师范大学对淡水鱼类资源和分类的研究始于20世纪60年代，并且在20世纪70年代末成立了鱼类研究室。2001年后，孙儒泳院士及其弟子王安利教授和王维娜教授进入该实验室工作，从事安全高效环保水产配合饲料研制等方面的研究，使得该方向的研究水平和整体实力实现了跨越式的提升，并且加强了养殖生物与生态环境之间相互作用、相互制约、相互影响的机理与过程方面的研究。

在孙儒泳对华南师范大学生命科学学院博士点建设的推动作用方面，王安利这样评述："2006年，（孙儒泳）扶持我们申报了生态学二级学科的博士点，评估并列第一。2011年，作为首批生态学一级学科博士点被批准。在学科建设上，是因为有孙院士，才有了第二个博士点，才拿到了生物学一级学科博士点。在学院里也有水产学、林业两个一级学科硕士点。2012年，申报生态学博士后流动站。还有广东省重点学科，动物学。学科建设方面，

图8-3 孙儒泳与华南师范大学科研团队在一起（左一为华南师范大学生命科学学院院长王安利，左二为孙儒泳）

不断地提建议；队伍建设，也是由于他的引领，在湿地研究方面，课题会集了十多个教授，让这些教授形成团队，这是很大的改变。他每年都会给硕士、本科生做报告，生态学最新发展动态的报告，对于提高学生的学习积极性和对学科的理解以及生态文明建设都有很大的帮助。他指导的博士生在生态学一区的刊物上有九点多的影响因子，在华师的历史上是唯一的也是最有影响的。在这边带的博士、博士后甚至还有硕士都有，一些具备了博导水平但是没有博导资格的老师，也会和孙先生一起带学生。"①

孙儒泳院士的学问和人品成为大家的楷模，凝聚了该校生命科学学术队伍，激励年轻的一代努力奋斗。2005年，华南师范大学生命科学学院获批为生物学一级学科博士学位和硕士学位授权点单位。以生物学一级学科博士点为基础，学院拥有水产学、林学、药学、教育学共4个一级学科门类16个硕士学位授予点。②

晚年学术活动

晚年的孙儒泳多次参加相关学术研讨会、评审会和座谈会。

2002年12月23日—25日，孙儒泳参加了现代动物学进展研讨会。本次会议在北京鸿翔大厦召开。中国科学院人事教育局副局长杨星科研究员，国家自然科学基金委生命科学部动物、畜牧、水产学科部陈越主任、动物学项目部主任宋延龄研究员到会讲话。中国科学院动物所副所长、研讨会组委会主席张知彬研究员主持会议。来自海外的12名代表和国内30个高等院校及科研机构的62名正式代表出席了会议。

20世纪末，一方面，随着分子生物学的迅猛发展，传统动物学受到极大的挑战；另一方面，借助于分子生物学和计算机科学的技术，传统动物学也正在焕发新的生机。此外，从传统动物学派生出的相关分支学科如动

---

① 王安利访谈，2013年1月11日，广州。资料存于采集工程数据库。
② 《华南师范大学生命科学学院》，《华南师范大学学报（自然科学版）》，2012年第1期。

物行为学、动物生态学、古生物学、生殖生物学和保护生物学等发展得也很快。因此，为促进我国现代动物学的发展和学科间交叉融合，中国科学院动物研究所、中国生态学会动物生态专业委员会、中国科学院动物研究所动物学报编辑部、中国动物学会兽类学分会、中华人民共和国濒危物种科学委员会、中国动物学会共同承办，举办了现代动物学进展研讨会。

作为组委会顾问，孙儒泳在会上做了题为"生态系统服务研究的新进展"研究报告。生态系统服务作为生态系统评估的核心领域，是生态学研究的热点。一方面，生态系统提供服务的形式与能力受人类活动的影响；另一方面，生态系统服务的变化又影响着人们决策的制定。对生态系统服务研究新进展的介绍，有利于帮助人们认识不同生态系统服务之间的竞争关系，并形成正向的反馈机制，为提高人类福祉和促进可持续发展提供科学依据。会议期间，代表们通过院士特邀报告、12个海外学者报告和23个大会报告，就行为生态学、系统分类及动物地理学、生理学和生物化学、细胞学和分子生物学、保护生物学、有害动物治理等主题进行了交流和热烈的讨论。[①]

2004年8月2日，孙儒泳参加由宁波市委统战部、宁波经济研究中心、宁波市科技局承办的"宁波发展论坛——科技专题研讨会"。来自海内外的专家学者，政府部门、科研院所和企业等各战线人士出

图8-4 2004年8月2日，孙儒泳（左）与夫人陈玉花在宁波院士林植树

---

① 《中科院召开"2002年现代动物学进展学术研讨会"》，中国科学院网站，网址：http://www.cas.cn/xw/yxdt/200301/t20030111_965208.shtml，时间：2013年6月10日。

席了本次研讨会，大家共聚一堂，商讨宁波经济建设、科技发展的长远之策。孙儒泳在会上作专题发言，重温海内外"宁波帮"的发展历史和对科技进步的贡献及现实影响，为促进宁波现代化建设，进一步推动宁波科技领域向更高层次发展献言献策。会后，参加了宁波院士林植树活动。

2004年8月4日，孙儒泳参加在上海浦东举行的题为"人·城市·湿地"的国际性研讨会。研讨会为期两天，邀请了湿地国际主席迈克斯·菲兰逊博士、美国湿地学会主席威廉·密兹博士以及中科院工程院院士陈吉余和马建章等国内外湿地保护专家和学者参加，与会学者深入研讨了湿地保护的先进理念与成功经验，目的在于保护"上海最后的处女地"——九段沙湿地自然保护区[①]。

2005年7月23日，国务院批准建立"上海九段沙湿地国家级自然保护区"。

2006年6月11日，动物生态学学术研讨会暨孙儒泳院士八十华诞庆典在华南师范大学国际会议厅举行。会议开幕式上，孙儒泳的学生房继明和王安利作为代表发言，房继明从生态学思想和研究生培养谈了对孙儒泳先生印象深刻的两三件事，王安利做了《行为人师　德高为范：谈谈恩师孙儒泳先生》的主题发言。中午生日宴会后，孙儒泳与与会代表进行了座谈。

2007年9月27日，孙儒泳出席中国科学院海洋生物资源可持续利用重点实验室（LMB）第一届学术委员会会议暨首届学术年会。出席本次会议的还有陈宜瑜院士、林浩然院士、刘瑞玉院士、林国强院士等，与会专家对该重点实验室主任黄良民研究员所作的LMB建设进展和科研工作报告进行了热烈的讨论。专家认为，LMB重点实验室立足于海洋生物资源可持续利用这个重要的研究方向，具有良好的工作基础、工作条件和人才队伍，在海洋生物资源与生物多样性研究、海水养殖生物技术和海洋活性物质研发等方面已经取得了一批重要的成果，为解决近海海洋资源日益匮乏、海洋生态环境保护等社会可持续发展的问题提供了很好的工作平台，

---

① 九段沙湿地自然保护区北以长江口深水航道南导堤中线为界，东以 −6m 线为界，南以长江南槽航道北线为界，西（江亚南沙）以 −6m 线为界。自然保护区总面积为 423.2km²。其中以丰富的资源而著称。

并组建了一支具有较强创新能力的研究队伍，可望在海洋生物资源可持续利用研究中取得更加显著的科研成果。①

2011年1月4日，孙儒泳参加了在广州召开的中国科学院海洋生物资源可持续利用重点实验室2010年度学术委员会会议。出席会议的有学术委员会副主任林浩然院士等。实验室所有研究员及相关科研人员共30余人参加。委员们针对重点实验室评估情况和本年度开展的工作进行了热烈讨论，对实验室的快速发展和取得的成就表示赞赏，并给予高度肯定。同时，对实验室今后的定位和发展目标提出了建议。希望立足于南海，进一步凝练聚焦，更加强调基础研究，对南海海洋生物多样性和生物资源开展系统性和长期性研究，还要对海洋生物资源合理开发利用，加快科研成果的转移和转化，在积极引进高端领军人才的同时，重点培养本室优秀青年人才，打造不可替代的海洋生物资源科技平台。②

2012年3月5日，中国科学院资源环境科学与技术局组织专家在广州对中国科学院/国家外国专家局创新团队国际合作伙伴计划"热带海洋生态过程研究"（以下简称"创新团队"）进行终期评估。中科院资环局局长范蔚茗主持会议。以中国科学院生态环境中心傅伯杰院士为组长、孙儒泳院士等10位专家组成的评审组，对创新团队项目的执行情况和成果进行了现场验收评估。

通过材料审核、听取汇报和质询讨论与现场评估，专家组认为：在项目运行期间，创新团队认真执行了中国科学院/国家外国专家局创新团队国际合作伙伴计划的管理规定，针对目前国际海洋生态科学前沿热点，围绕"热带海洋生态过程"这一主题，合作开展了多学科交叉研究、学术交流与人才培养，切实推进了我国海洋生态科学的发展和研究水平的显著提高；在南海近海浮游生物关键种群动态及生物生产过程、河口海湾微食物网结构与微型生物分子生态学机制、近岸海区有毒有害物质分布及其在食

---

① 《陈宜瑜视察南海海洋所》，中国科学院网站，网址：http://www.cas.cn/xw/zyxw/yw/200906/t20090629_1861881.shtml，2013年5月15日。

② 《中国科学院海洋生物资源可持续利用重点实验室举行2010年度学术委员会会议》，中国科学院网站，网址：http://www.cas.cn/hy/xshd/201101/t20110110_3056003.shtml，2013年5月20日。

物链中的累积传递和生物可利用性机理、生源物质循环与环境毒理及其生态风险评估等方面研究取得了重要创新成果,培养出一批高水平的海洋生态学研究青年人才,达到了团队的建设目标。创新团队以全优成绩通过专家组考评验收。[1]

由以上列举的活动可以看出,晚年的孙儒泳并没有停下他忙碌的脚步。正所谓"桑榆霞满天",他通过参加评审会、学术会议、座谈会,为我国生态学科研事业继续贡献着他的才智和力量。

生态学普及工作

一个强大的国家需要雄厚的科学力量,而国力强大还有一个不容忽视的力量,那就是科普工作。为了达到科学强国的目标,科学普及、科学教育是必不可少的。孙儒泳深知动物学普及教育的重要性,所以他也热衷于参加生态学普及的相关活动、出版生态学普及读物。

2000年,孙儒泳出版了译作《生态学》,这是一本内容全面扼要,结构系统而简明,论述精辟,反映新理论新成就的生态学入门教科书。[2] 当时国际上使用最广的生态学教科书多数是内容甚巨、大部头的课本,不适合初学的学生入门使用。为此,孙儒泳翻译了国外热门教材 *Instant Notes in Ecology*,其最大的特点就是重点突出。原书由英国著名大学具有丰富教学经验的教授编写,全书共24个部分,以简洁的形式提供核心的生态学知识,既全面、重点地概括了基本理论,又突出介绍了学科发展的前沿动态。本书编写与国内大多数教科书不同的是,本书风格独特、取材新颖;文字通俗易懂、简明扼要;插图简练、便于记忆;每个部分列出要点和阅读书目,重点和主线明确。本书是指导学生快速掌握生态学基础和知识的

---

[1] 《"热带海洋生态过程研究"创新团队通过验收》,中国科学院网站,网址:http://www.cas.cn/xw/yxdt/201203/t20120307_3450542.shtml,2013年5月15日。

[2] 麦肯齐著,孙儒泳译:《生态学》。北京:科学出版社,2000年。

优秀教材。

　　2005 年开始,孙儒泳在华南师范大学生命科学学院开设了"生态学进展"研究生课程。这不是一般的生态学系统理论知识的学习,而是由一系列专家讲座构成。孙儒泳邀请了广东省内一批著名的生态学家,这些专家大都是具有 20 年以上的研究经历,并且还在进行科学研究工作。生态学研究领域的不断扩大,使得写一本内容全面而深入的《生态学进展》并不是一件容易的事情。但是,为了扩大研究生知识面,能在生态学基础教材学习与顺利阅读近代期刊文献之间起到桥梁作用,孙儒泳主编将这门课任课教师的讲稿结集出版。《生态学进展》全书分十章,包括生态系统管理、全球变化生态学的现状与趋势、恢复生态学、人工湿地研究与应用、水生动物生理生态研究、水产健康安全价值的评估等。既与经济发展与可持续性等实际问题关系密切,又与生态学研究的热点领域紧密联系。[1]

　　此外,孙儒泳还积极参加青少年科普活动。第二十届广东省青少年科技创新大赛于 2005 年 4 月 14 日—17 日在中山市第一中学高中部举行。孙儒泳担任评委会主任。本届青少年科技创新大赛的主题是:体验科学·健康成长。大赛共接受 21 个地级市申报项目 1065 项,其中科学竞赛项目 395 项、科技实践活动 88 项、科幻绘画 492 幅、组织奖 48 项、优秀科技教师 42 项。活动注重启迪青少年的创新思维,培养青少年的创造能力、动手能力、综合能力及团队合作精神,是提高中小学生综合素质,为国家培养科技后备人才的一项重要活动。

　　科学普及能够引导无数青少年对科学发生兴趣,走上科学之路固然是好。就像孙儒泳说的,"前些时候,我被广东省青少年科技创新大赛组委会聘为评审委员会主任委员。我挺高兴的,我觉得现在还图什么呢?还不是想多做些事情,图个桑榆霞满天?所以我对青少年科技创新大赛特别感兴趣,说不定这些孩子中间将来能走出诺贝尔奖得主呢,谁说不能?"[2]

　　当然,并不是每一位青少年都会选择从事生命科学领域的研究。通过

---

[1] 孙儒泳:《生态学进展》。北京:高等教育出版社,2008 年。
[2] 孙儒泳:孙儒泳先生自述(十二)当选院士。《北京师范大学校报》,2009 年 5 月 13 日,第 4 版。

生态学普及读物的出版传播，也可以使广大青少年领略生命科学发展的历程，体味科学研究的思维方法，了解生命科学与人类生活的密切关系，认识自己对人类社会的责任。

桑榆霞满天

2007年6月18日，孙儒泳院士从教五十五周年纪念会在北京师范大学英东学术会堂隆重举行。时任北京师范大学校长钟秉林、副校长葛剑平出席了纪念会。北京师范大学党委组织部、人事处、科技处、学科规划与建设处、研究生院、教务处等部门负责同志以及孙儒泳院士的朋友和弟子、生命科学学院师生参加了纪念会。会议由生命科学学院院长王英典主持。

图8-5　2007年6月11日，孙儒泳（左六）从教五十五周年纪念会合影

图 8-6　2007年6月11日，孙儒泳（左二）从教五十五周年纪念会上，时任北京师范大学校长钟秉林致词（左一）

钟秉林校长致词，高度评价了孙儒泳院士为北京师范大学生态学科的建设和人才培养工作做出的重要贡献，勉励生命科学学院师生继续发扬以孙儒泳院士为代表的老一辈教师的勤奋创业、团结协作精神，继续保持北京师范大学生态学科在全国的领先地位，在教学科研岗位上不断创造新的工作业绩。

中国科学院动物研究所所长、中国动物学会副理事长、中国兽类学会理事长张知彬研究员，孙儒泳院士的学生代表、中国科学院动物研究所的王德华研究员，生命科学学院分党委书记宋杰回顾了孙儒泳院士从教、治学、为人的感人事迹以及热爱教育、献身科学的重要贡献，称赞他不畏艰难、潜心追求、严谨求实的科学精神，是学界后学和学院师生的宝贵财富。

出于对生命科学事业和母校北京师范大学的热爱，耄耋之年的孙儒泳捐出自己多年的积蓄50万元，设立"生命科学青年学者奖励基金"。该基金旨在奖励北京师范大学在生命科学领域表现突出的青年科技工作者，促进生命科学教育与研究的发展。2010年9月9日上午，首届"生命

图 8-7　2010年9月9日，孙儒泳在其设立的基金"生命科学青年学者奖励基金"颁奖会上为获奖青年教师颁奖

科学青年学者奖励基金"颁奖。"廖万金副教授获得 2009 年生命科学青年学者奖励基金优秀论文奖，李森副教授获得 2009 年生命科学青年学者奖励基金优秀教学奖。"[1]

孙儒泳出席仪式为获奖者颁奖，并在会上勉励后辈，希望青年学者在最有精力、最具创新能力的时候更多地投身于生命科学的教学和科研工作中。因为其无私奉献的精神，孙儒泳荣获了北京师范大学 2010 年度"感动师大"新闻人物。

孙儒泳把奖掖后学、传承师魂作为毕生的责任，这种精神正是北京师范大学"学为人师、行为世范"校训的生动体现。

图 8-8　2010 年，孙儒泳（右）获"感动师大"新闻人物，北京师范大学党委副书记王炳林（左）为其颁奖

---

[1]《首届生命科学青年学者奖励基金颁奖》，北京师范大学网站，网址：http://www.bnu.edu.cn/bsdkx/26816.htm，2013 年 6 月 10 日。

第八章　老骥伏枥

第九章
家庭生活

图 9-1 1962 年，孙儒泳与陈玉花结婚照

在北京师范大学的校园里，我们经常能够看到两个老人手牵着手走在路上，相依相伴。那就是孙儒泳和他的爱人陈玉花。两个老人温馨的背影是北京师范大学的一道风景线，也感染了众多的学子。在学生们的眼中，孙儒泳老两口是恩爱的夫妻，相敬如宾。孙儒泳的学生张立[1]曾经说，他对导师印象最深的画面就是，导师牵着夫人的手走在路上，那场景让人动容。

---

[1] 张立，北京师范大学副教授，现任中国动物学会副秘书长。1996-1999 年跟随孙儒泳攻读博士学位。

偶 结 良 缘

  孙儒泳和爱人陈玉花结识于 1962 年，这还得感谢他参加中国医学科学院流行病研究所组织的"柴河林区森林脑炎自然疫源地"的野外调查。当时同组的调查人员陈华中是孙儒泳的浙江老乡，两个人十分投缘。而陈华中另外一个要好的浙江老乡——陈玉花也在医学科学院抗菌素研究所办公室工作，此时她刚刚离婚，并带着一个四岁的女儿。同是老乡，境况也相同，于是陈华中热情地为两人当起了媒人。

  陈玉花，出生于浙江诸暨一个书香门第，曾祖父、祖父辈都出过秀才，家庭条件也算不错。陈玉花在当地上过小学，但是由于日本人入侵，没有读完小学就辍学了。因为是女孩子，家里也不放心她到远的地方求学，陈玉花只好在家里自学。陈玉花的爷爷是秀才，家里藏了好多古书。小时候的陈玉花就整天翻看爷爷的藏书，练就了一手好字，也写得了好文章，打下了很好的语文底子。抗日战争胜利后，陈玉花入读省立绍兴中学，1949 年正好初中毕业。毕业后，她先在家乡教了半年小学。一心向学的她不甘心放弃学业，又于 1950 年投考到了萧山湘湖师范学校。四年之后，因为成绩优秀被分到了杭州七中，成为一名语文老师。[①]1956 年，她又随夫调到了北京，分配到协和医学院政治部干部处当人事干部。然而由于二人感情不和，陈玉花最终选择了离婚，带着女儿一起生活。

  两个人认识的时候，孙儒泳已经 35 岁了，经历了一次失败的婚姻，而陈玉花小孙儒泳四岁，也离过婚。大概是相似的经历让两个人刚开始就能够互相理解，陈玉花虽然工作也很忙，但是她非常能够理解孙儒泳的工作性质。两个人认识的时候，孙儒泳已经受到了批判，正是人生失意的时候。而陈玉花却不以为意，她说，"主要是他在国外，不了解情况，老在野

---

① 张良鸿：《孙儒泳传》。宁波：宁波出版社，2005 年，第 110 页。

外，他也不了解情况，像我这样，老在这里的，我什么都知道"。① 后来回忆起当时的情景，陈玉花说，"她看中孙儒泳，完全是因为他好学上进，视工作为生命，为人特别真诚。比如当年相识交往时，他穿着打补丁的衣服走来走去也毫不在乎，拿着高工资却俭朴得像个工人农民"。② 而孙儒泳也欣赏陈玉花的朴实善良，最重要的是，她对自己工作的理解和支持，这对他而言是非常难能可贵的。

就这样，相互理解的两个人于当年的国庆节正式走在了一起。那个年代的感情特别朴实，没有什么仪式，只拍了一张结婚照，请相熟的人吃了一顿饭。而如今，两个人已经牵手走过了半个世纪。

除了大女儿孙承征之外，两个人婚后又添了一双儿女，儿子左明出生于1964年，女儿微涛出生于1968年。据说是因为女儿长得最像自己，因此取名为"微涛"。③ 孩子小的时候，正赶上了"文化大革命"。孙儒泳也正好"赋闲"在家，这反而让他和孩子们有了更多的相处时间。1969年的秋天，陈玉花被医学科学院安排去江西修水五七干校劳动锻炼，孙儒泳只好变身"全职奶爸"，照顾三个孩子的起居。④ "爸爸做什么都特别专心

图 9-2　孙儒泳与子女在一起（从左到右分别为孙儒泳、女儿孙微涛、儿子孙左明）

---

① 孙儒泳访谈，2012年6月12日，北京。资料存于采集工程数据库。
② 张良鸿：《孙儒泳传》。宁波：宁波出版社，2005年，第110页。
③ 孙儒泳小名阿涛。
④ 同②，第117页。

认真,做什么像什么。"① 孙儒泳虽然平常在家当甩手掌柜,但是真的当起家来,也不含糊。两个女儿现在回忆起来,仍然记得当时爸爸照顾自己的情景。

孙儒泳对子女的学习抓得很紧,"文化大革命"的时候小学停课一年多,左明和微涛还小,因此没有受影响。但是大女儿承征却中断了学业。然而有这么一个较真的老爸,承征也没有机会偷懒儿。反而在爸爸的督促之下,每天定时定量地学习。

为了打发那百无聊赖的日子,孙儒泳还主动学习为孩子们做衣服,照着书原样剪裁,还受到了邻居的称赞。老伴陈玉花的裁缝手艺就是孙儒泳教的。孙儒泳自小喜欢音乐,为了培养儿女的兴趣,他也在这方面下过一些功夫。他买来了风琴,但是因为买不到合适的教材,他就亲自为孩子们抄写琴谱。② 父亲教得认真,小孩子也颇有点儿兴趣。不仅在家里学,还为家属院的中秋节文艺晚会登台演出过。然而小孩毕竟年纪小,只有三分钟的热度,很快,就不再听话了。孙儒泳也没有像有些家长那样,一定要让自己失去的梦想在孩子身上延续,随孩子们去了。

时间转眼到了1971年,虽然大学里已经开始招收工农兵大学生,但是孙儒泳仍然在土霉素工厂劳动,没有返校的机会。苦闷的孙儒泳不想在工厂里继续无聊的生活,于是想到带着年幼的孩子回乡探亲。自从苏联回国之后,孙儒泳就没有多少可以回家探望的机会。1962年刚刚结婚的时候,曾经携妻子回去过一次,但也是匆匆往返,没有好好享受天伦之乐。现在结婚已经快十年了,又添了一对儿女,趁着这段时间没有工作,孙儒泳正好回家探望。因为大女儿已经上了初中,所以两夫妻只带着儿子和小女儿回到了宁波。年迈的父母第一次见到了可爱的孙子孙女,孙家第一次如此幸福地团圆。那也是暗淡的"文化大革命"岁月中,孙儒泳所能收获的最大的幸福了。自从1947年赴京求学之后,这是他和父母相聚最长的一段时间了,也算可以稍微弥补一些他内心深处对于不能在父母身边照顾的歉疚。

返京之后,孙儒泳"赋闲"的日子还是没有改观。每天,孙儒泳不是

---

① 张良鸿:《孙儒泳传》。宁波:宁波出版社,2005年,第118页。
② 同①,第120页。

照顾孩子,就是进工厂做工。这一切都被妻子看在眼里,陈玉花也能够理解丈夫不得志的心情,于是在他提出要去参加灭鼠拔源工作的时候,陈玉花全力支持,并自己承担起照顾三个孩子的责任。从1973年开始,连续四年,孙儒泳每年都有大半年的时间不在家。幸好,因为陈玉花的工作关系,孙家三个孩子都可以在医学研究院的幼儿园上学。这所研究所的幼儿园,是当时全国最好的幼儿园之一。所以夫妻两人对于孩子的看管这方面还是比较放心的。对于自己在家庭上的付出,陈玉花并不以为意。她说,"老孙与流研所协作搞四年的野外考察,也就相当于争取到了四年的工作时间,应该说是相当难得的"。[1] 说起来老孙搞野外调查,陈老师一点怨言也没有,只是淡淡地说是因为他身体比较好,所以才能经受住长时间的野外生活。

从那以后,直至"文化大革命"结束,孙儒泳又开始忙碌了起来,对于家庭自然就更照顾不到了。"因为我是反正一心投入研究工作,家务不怎么管,尽量减少,没有办法的时候要做做,尽量不管,那孩子也看在眼里。"[2] 孙家的孩子也已经习惯了父亲的忙碌,家里的事情完全轮不到孙儒泳做主,他又变成了家里的甩手掌柜。

孙 家 儿 女

孙家的孩子从小在北京师范大学长大,耳濡目染,再加上父亲的影响,学习成绩都很好。大女儿孙承征上学的时候正赶上"文化大革命",1975年高中毕业,那时高考还没有恢复。当时上山下乡的运动还在进行中,政策规定,每家可以留一个孩子在城市里。孙儒泳考虑到承征身体比较弱,又是女孩子,去农村不大合适。于是,决定把承征留在北京。事实证明,孙儒泳的决定是明智的。等到左明毕业的时候,"文化大革命"早

---

[1] 张良鸿:《孙儒泳传》。宁波:宁波出版社,2005年,第124页。
[2] 孙儒泳访谈,2012年6月12日,北京。资料存于采集工程数据库。

就结束了。孙儒泳虽然结婚晚，孩子小，但是却也无意中避开了"上山下乡"运动，孩子的教育基本上没有耽误，也算是上天的额外恩赐。"我倒是存心让儿子下乡锻炼的，但大家都回城了，他们自然也就免了；我大女儿的思想包袱也解脱了，不然她会老觉得欠弟弟妹妹似的。"①

毕业之后，孙承征被分派到北京市煤气公司工作。从工人做起，1980年参加了电大电子专业的脱产学习，转而从事煤气的管道设计。②后来经家人介绍，与医学生物技术研究所的研究生林荣团结为连理，育有一子，名为林南。女婿林荣团因为在研究所里表现突出，又得到一位前来访学的加拿大学者的赏识，于1988年获得了去加拿大留学的机会。

"加拿大有个学者来讲学，到医学科学院去讲学，那一班研究生里有我们女婿，这样子呢，他做了一些帮手，来讲学的是一个老太太，已经跟他说，你毕业以后到我那儿去，所以他一毕业以后就走出去了。业务上也好，所以就要出去了。没毕业就走了。"③

一年后，孙承征也带着儿子去加拿大伴读，并移民加拿大。至今，仍在蒙特利尔定居。

儿子孙左明中学毕业之后，顺利考取北京师范大学生物系，成了父亲的校友和学生。谈起对左明的教育，孙儒泳表示自己并没有什么干预，唯一有印象的就是督促他学英语。

"我对外语的事比较重视。因为对于研究工作，没有外语，光有中文搞研究是做不成的，搞自然科学的东西还是国外的都走在前面，所以对于外语很重视。我对孩子外语重视的，让他们一定要学习好，但是我也没做多大帮助，另外因为他们生长在这个大学里面，两个都念过附中，附小，所以自然地家庭接触的人，都是做研究的，因为我就是搞研究的，教学两个不放的，我觉得要受家庭影响主要是这一些方面。左明我记得，他考上中学第一次念，学什么语言，学法语还是学什么语言，学德语，我也忘了，德语可能，他中学里面试验各种语言都让它出来，说有些分配不到，

---

① 张良鸿：《孙儒泳传》。宁波：宁波出版社，2005年，第131页。
② 同①，第130页。
③ 孙儒泳访谈，2012年6月12日，北京。资料存于采集工程数据库。

第九章 家庭生活 *163*

让他学德语班。我就跟他讲，还是学英语用处大，因为文献哪，所有各方面资料查的多了，最重要的还是英语，国家使用的比较广，英美都是这样，法语，其他语都是不一样，达不到英语的广泛程度，所以呢，为让他学英语，后来让他转了一个学校，后来我们就搬到学校里来，住到这里，让他到一二三中，那就是学英语的了，跟着英语老师学了，开始学的时候呢让他念中学念了几年，到最后的时候我就让他看英文原版书，因为他喜欢，从小也准备学生物，学生物化学，就找了一本生物化学书，给他看英语，我说你就从头到尾看，一个一个查字典，看得多了，就慢慢开始要指导一下，帮忙一下，就是让他看，让他学，这样他考研究生英语就考得比较好，好像在动物所里英语考了个头名。"①

因为父亲的点拨，孙左明也很顺利地走上了科研道路，1986年以第一名的成绩考取了中科院动物研究所内分泌专业的硕士研究生。在国际学术往来越来越频繁的80年代末，出国成为当时的科研人员最热衷的选择，左明也不例外。"就只差一年左右毕业了，碰上国内开放，国内正式开放，就可以自己联系去美国留学，这是刚刚开始，过去不开放，谁也出不去。正式开放了，外国自由申请，美国那边吸收研究生，都是自由的，谈合适了你就去，给你定好，如果需要学费呢就是他导师付了什么等等的。他是中科院动物研究所的，一下子出来六个人都退学了，他也退学了，退学马上就发信联系，就三个月时间就联系上了，所以1989年的夏天，大概就是七八月的时候他就走了。走了就是到美国，先到的是纽约大学，跟着一个导师搞免疫方面的工作。"②

孙左明出国之后，又需要重读硕士学位，所以进入了美国得克萨斯州贝勒医学院，专业方向是细胞和分子生物学。③获得硕士学位之后，又随着导师转到北卡罗来纳州的杜克大学攻读博士学位。毕业之后，一直在从事免疫方面的科研工作。现在是美国霍普城贝克曼研究所的免疫学教授。1998年结识了妻子周海英，现在定居在美国，有三个孩子。

---

① 孙儒泳访谈，2012年6月12日，北京。资料存于采集工程数据库。
② 同①。
③ 张良鸿：《孙儒泳传》。宁波：宁波出版社，2005年，第131页。

小女儿孙微涛是孩子中最像父亲孙儒泳的，无论是外貌还是性格，都非常相似。她也是特别坐得住，做事情极其认真。现在孙微涛也在美国，在美国亚特兰大的医院里做试管婴儿的工作。她是厦门水产学院毕业的，说起来微涛去厦门水产学院是受到了父亲的极大影响。一方面是父母考虑到小女儿娇生惯养，应该到远的地方锻炼一下；另一方面也是因为当时孙儒泳正在做罗非鱼等水产方面的研究，女儿也有兴趣，就让她去了水产学院。[1]1991年毕业之后，分配到了北京水产研究所工作。1993年，在哥哥左明的帮助下，也来到了美国，到田纳西大学攻读硕士学位，专业方向还是水产学。

　　"她能够出去呢就是她哥哥帮助的，她哥哥先出去的，有一个在外头了，联系人就比较容易了。后来田纳西大学就让她留下来做实验员，本来还想让她再多念几年，像左明一样，能够再念一个六年学习拿到博士学位，女孩子想法就不一样，她觉得她自己还是做技术工作合适，那就听她的志愿，很快就有一个大学接收她做实验员，实验员搞了多少年搞得很好，这个大学的老师很喜欢她，做得很扎实，你看她让她摆一个实验，本来以前也有人做过，没做出来，让她做，她一摆就摆一百多组，一百多列，一百多个实验，同时来，总有一个出来吧，结果就有一个出来了，理想就做到了。她就做得精细，愿意多做，是个干事的人，但是呢，科研上少一些。她也是大学毕业了，也有体会，想再上研究生，想再念高一些，她只上了几年研究生，没有拿到博士学位。但是在大学里面人家很喜欢她，搞得时间很长，到后来又转到亚特兰大做试管婴儿，那里的负责人是我儿子动物所的同学，他要吸收一个喜欢搞技术的，比较扎实的，就吸收了她。现在还在那儿。"[2]

　　孙儒泳在子女教育方面并不一味强求子女的成功，他这样说："科研其实并不难，一是方向须正确，二是要耐得住寂寞。我的子女先后都走上了科研道路，他们在科研上做出了成绩，我当然很高兴，也很满意。但我从不强求子女必须做出成绩来，一切听其自然，家里环境很宽松，没有任

---

[1] 孙儒泳访谈，2012年6月12日，北京。资料存于采集工程数据库。

[2] 同[1]。

何压力。有时子女在国外不顺利,焦躁苦闷了,我就说那就回来吧,没关系的!世上事哪有件件成功、处处顺利的?国内机会也很多,重新来过就是了。"①

小女儿虽然没有继续从事科研工作,但是由于敬业努力,也一直让父母骄傲不已。陈玉花一直念叨自己的女儿做事认真,二三十个人竞争医院的工作,只有微涛脱颖而出。据陈老师介绍,小女儿的丈夫也是一个赴美的留学生,毕业于复旦大学。目前在美国做会计师,两人有一个女儿。

天伦情深

"三个孩子都送走了,好像应该留一个的。"② 陈玉花说起孩子们来,不无骄傲,但是有的时候也有些后悔。毕竟孩子们都远在大洋彼岸,难得一见。

刚开始的时候,孙儒泳借着出国访问的机会,也短暂地同孩子们团聚过几次。1995 年 6 月至 9 月,孙儒泳到美国和加拿大访问。访问结束之后,他并没有立即回国,而是借此机会在加拿大与全家团聚。"为了这次团聚,老伴陈玉花提前自费去了美国,老两口先在纽约与儿子左明相聚,接着又在田纳西与小女儿微涛相聚,最后全家在加拿大聚会。"③ 此后,由于孙儒泳的工作日渐减少,老两口也当起了"空中飞人",隔两三年去北美看看儿孙,共享天伦之乐。

其实子女们早有让他们到美国定居的打算,但是老两口却并没有答应。一方面是因为国内的工作孙儒泳还是放不下,希望能够再多出一份力;另一方面也是怕给儿女添负担。"我们不想长期在那生活,因为长期在那

---

① 孙儒泳:孙儒泳先生自述(十二)当选院士.《北京师范大学校报》,2009 年 5 月 13 日,第 4 版。
② 孙儒泳访谈,2012 年 6 月 12 日,北京。资料存于采集工程数据库。
③ 张良鸿:《孙儒泳传》。宁波:宁波出版社,2005 年,第 93 页。

生活也不习惯,养老的话我们这两个老人,我儿子三个孩子,他们自己都管不过来,你反而再去多了两个老人,那怎么管?所以就是他们有的时候来,我们也去,那这两年呢我们跑得勤一点。"[1]

最近几年,孙儒泳和老伴基本上都是暑假飞往美国,和儿孙团聚两三个月,开学再回来。老伴的身体已经大不如前了,走动起来并不方便,语言能力也有所下降。夫妻俩的大半辈子都是陈玉花在照顾孙儒泳。如今儿女不在身边,陈玉花的身体状况不好,孙儒泳就开始了照顾老伴的生活,走到哪里都牵着老伴的手,相依相伴。

---

[1] 孙儒泳访谈,2012年6月12日,北京。资料存于采集工程数据库。

结 语

生态学是研究生物与环境相互关系的科学。在今天人类社会发展至宇宙时代，对生态学的探索也将随人类的踪迹达到太穹。凡生命所至，就有生态学的问题、现象、规律。可以说，很少有像生态学这样一门科学，与人类的生存在时空尺度上，在自然、社会、经济等方面，有如此密切的联系。生态学对人类如此重要，并不仅仅是因为人类为了生存发展，要合理利用动植物资源而需要研究动植物生态学，而且也因为人类自身有责任维护人类赖以生存的星球，需要以生态学原则来调整人类与自然、资源和环境的关系。

孙儒泳从小对生物产生浓烈的兴趣，本科就读于北京师范大学生物系，后赴苏联莫斯科大学跟随名师纳莫乌夫教授攻读副博士学位，回国后先后任教于北京师范大学生物系（生命科学学院）、华南师范大学生命科学学院。孙儒泳的一生与生态有着不解之缘，"情系生态"是对其一生学术成长过程的素描。

早年立志　培固根基

孙儒泳家住在宁波郊区的甬江边上，靠近田间地头的居住环境让他从小对自然有一种与生俱来的亲近感。由于小的时候父亲常年不在家，孙儒泳并没有受到太多的管束，童年生活是在田地里自由玩耍中度过的。自由自在的童年解放了天性，也让孙儒泳对于自然生物没有陌生感。

上学之后的孙儒泳一度因为不专心而跟不上学习的进度，在家人为他转学之后，自由无拘的性格有所转变，渐渐地对读书学习有了兴趣。读书路上的几位恩师也为孙儒泳日后的求学打下了良好的基础。其中，宁波高中师范的生物老师戴希天激发了他对生物学习的兴趣，也为日后选择这门学科做好了铺垫。

1947年，孙儒泳考入北京师范大学生物系。当时的生物系人才济济，孙儒泳有幸接触到了几位名师——张宗炳、郭毓彬、汪堃仁等。这些教授都是从国外留学归国的，他们掌握了当时国外学术的前沿成果和先进的教学方法。所谓名师出高徒，孙儒泳的知识基础可以说是很扎实的。虽然孙儒泳求学的时候正值中华人民共和国成立前期国家动荡不安之时，但是，"坐得住冷板凳"的性格让他的注意力始终集中在求学上，也是那个年代中为数不多的一心向学的学子。通过名师的点拨和自己的努力，孙儒泳不但成为同学中的佼佼者，还提前毕业留校成为一名大学教师，可以在大学校园里继续做科研。做助教的阶段虽然不长，但是孙儒泳一直坚持理论学习和实验，这也为他日后能够留学苏联创造了条件。

所谓站在巨人的肩膀上，才能够看得更高更远。孙儒泳不仅在北京师范大学接受到了正规的生物学基础训练，而且留学苏联成为纳乌莫夫的弟子，掌握了当时世界上最先进的生态学领域的知识。纳乌莫夫是苏联鼠疫自然疫源地研究方面的权威，时年五十多岁，正是做科研的黄金时期。孙儒泳跟随纳乌莫夫求学也选择了导师的专长——小啮齿类生态学作为自己的研究方向，这对于孙儒泳来说是一个绝佳的学习机会。导师严谨的工作态度和专业指导让孙儒泳在科研的道路上少走了很多的弯路。莫斯科大学生物土壤系严谨的治学氛围，也让孙儒泳受益匪浅。除了学位论文的指导外，导师纳乌莫夫还让孙儒泳在留学期间参加了很多学术会议和科研考察。这些经历都让孙儒泳对生态学研究有了更加直观的感受，其中关于鼠疫的调查为后来回国参加鼠疫调查提供了直接经验。

莫斯科的学习经历不仅奠定了孙儒泳一生的研究方向，还为他日后工作开启了一个相对较高的起点。

科研为本　敬业勤勉

大德有成，天道酬勤。孙儒泳之所以能够在生态学领域耕耘不辍，同他的执着与勤勉是分不开的。

无论在顺境还是逆境中，对于科研的执着始终没有让孙儒泳放弃专业方面的深造。大学毕业做助教、留学苏联、归国任教，这基本上是他人生的主线。即使是在漫长的运动和受批判的日子里，他也始终没有放弃专业学习。在"文化大革命"时期一切科研活动都停滞的情况下，他也积极联系中国医学科学院流行病研究所主动要求参加灭鼠拔源和疫源地调查的工作。通过这种"曲线救国"的方式，又为自己争取到了四年的工作时间。由此可见，他是在想尽一切办法让自己的生活不要脱离科研的道路。

除了专业学习外，孙儒泳最重视的就是外语的学习。早年留学苏联，使他的俄文水平达到科研工作的要求。回国之后，为了能够更广泛地阅读世界上的先进科研成果，也为了能够打发"文化大革命"时期的无聊岁月，他又自学了日语和德语。孙儒泳始终认为外语是最重要的一把钥匙，掌握了这个工具，才能够更好地实现科研上的突破。改革开放后，孙儒泳作为第一批走出国门的学者，开始到世界各地考察、借鉴外国发展生态学科的经验。这些经历让他深深地认识到英语在科学研究中的重要性。虽然已经是天命之年，还是毅然拿起了英语课本。他不仅通过自学提升了英语阅读和写作能力，还同年轻人一道坐在英语课堂上，提高口语水平。语言的学习是相通的，虽然孙儒泳开始学习得比较晚，但是由于之前已经有了很多语言学习的经验，因此比较容易入门。很快，他的英语水平达到了能够同外国学者交流的水平。得益于英语水平的提高，孙儒泳同外国专家建立了广泛的联系，为日后生态学科的建设和与同行的交流打下了坚实的基础。

20世纪70年代后，生态学成为活跃的前沿学科之一。动物生态学作为生态学的一个重要分支，在阐明动物种群动态中，已广泛使用数理模式。为此，孙儒泳重点自学了数理知识。进入20世纪90年代后，年逾古稀的他又学起了计算机。现在，他不仅能够熟练地应用计算机进行文字处理、查阅文献、收发电子邮件，而且还能安装操作系统以及一些常用的软件。

孙儒泳对动物生理生态学这一领域的探索贯穿其学术生命的始终，正像他自己说的，"我不是天才，甚至算不上聪明。我的优势在于一旦确定目标，就兢兢业业去做，从不左顾右盼，不达目的绝不罢休。研究上，一旦确定课题方向后，就要一步步按程序去做，半年不行，一年；一年不行，二年。做学问一定要耐得住寂寞，干任何事情都要讲持之以恒。现在有些人很浮躁，恨不得马上做出成绩来，出不了成绩立即转向，这是做不出真正的学问的。"①

因为敬业，孙儒泳从没有感觉科研是一种负担，反而在向目标前进的过程中能够坚持不懈，将在科研上取得的进步视为人生的一种享受。可以说，"敬业"精神对孙儒泳的学术成长是非常必要的，一个人不敬业，对自己所从事的事业不感兴趣，那么很难想象这个人会取得事业上的成功。孙儒泳一生不论经历什么样的坎坷，遭遇什么样的困难，他始终没有丧失信心，没有悲观失望，没有停止前进的脚步。直到耄耋之年，他仍然头脑清晰，思维敏捷，活跃在科研、教学第一线，善于学习，勇于探索，与时俱进，开拓进取。

立足基础研究　服务国家需要

生理生态学是生理学与生态学的交叉学科，它研究生物的生理功能与环境的关系，是研究动物的生命活动及其规律性的科学。自1951年毕业留校开始，孙儒泳的研究工作主要是阐明我国鼠类的生理生态特征的种间差异，种群内季节变化、年龄变异、地理变异等。做学问的核心是创新。改革开放后，孙儒泳的研究工作重点转向小哺乳动物生理生态特征和能量生态的机理方面，研究课题不断拓宽、加深，具有更加普遍的意义。

孙儒泳是我国动物生理生态学学科的奠基人。他将哺乳类动物生理生态研究引入国内，开创了我国兽类生理生态学研究，尤其以耗氧量为指标，在体温调节发育研究方面取得了重要的成就。生态学从个体、种群、群落和生态系统等层次研究生物与环境的关系，在这些研究层次中，生物

---

① 孙儒泳：孙儒泳先生自述（十二）当选院士。《北京师范大学校报》，2009年5月13日，第4版。

与环境的物质、能量和信息交换是最具体的、最终的和最根本的。孙儒泳毕生致力于动物生理生态学研究，为我国兽类生理生态的开创和发展做出了重大贡献。具体来说，主要分为三个方面。

第一，啮齿类生理生态学研究。主要包括能量代谢、温度选择及体温调节的个体发育等。孙儒泳在其副博士论文"棕背䶄和普通田鼠某些生理生态特征的地理变异"研究中，通过对南北相隔仅一百多千米的两个地理种群间有统计上显著的生理特征差异的研究，指出这是对环境适应性的表现，并提出地理变异的季节相概念以及以耗氧量变化的绝对值为化学体温调节强度等，代替了以往文献研究中使用的不合理的耗氧量变化百分比。

第二，鱼类生理生态学。1977年，在北京市重点课题"机械化养鱼综合技术研究"中，孙儒泳对罗非鱼雄性化、温度对罗非鱼生长的影响、罗非鱼的某些耗氧量进行了研究。由于他对渔业生产做出的贡献，1983年，被聘为北京市人民政府第六届专业顾问团顾问，1986—1989年指导学生进行鱼类的能量学研究。他的博士生大弟子谢小军在孙儒泳的指导下研究了"南方大口鲇幼鱼的能量收支"，被认为是国内能量学的开创性系统研究。1992年，他指导硕士生进行水库小网箱养鲤实验，获得平均每立方米226千克的高产，在科技指导生产实践方面做出了重要的贡献。

第三，小哺乳动物种群生态学研究。孙儒泳对小哺乳动物种群生态学的研究集中在小啮齿类生态区系组成、数量季节消长和垂直分布，这方面的研究在我国生态学研究中是开拓性质的。在研究过程中，孙儒泳长期深入东北针阔混交林、内蒙古草原、青藏高原等地区进行野外观察、实验。早在1959年，当他刚刚留学回国后，就参加了森林自然疫源地研究，对鼠类宿主进行生境分布、季节消长、垂直分布和繁殖生态等基础研究，为我国陆生脊椎动物生态研究起到了示范和促进作用。在"文化大革命"时期，孙儒泳自愿参加鼠疫拔源和流行规律研究。参加农牧区鼠害防治"七五"攻关工作中，孙儒泳开展了鼠类种群生理年龄结构与繁殖生态关系、空间格局与数量的季节和年变动研究。其中，种群生理年龄结构研究在理论上具有独创性，尤其是把当年鼠参加繁殖行列旺盛度定量化，具有预测种群动态的价值。此外，他还对啮齿类巢区、巢区面积估算、生命表和繁殖等进行了研究，在生态学的理论研究和生产实践方面都具有指导意义。

任何一门科学的发展，其最终目的都是为人类的进步与文明服务。生态学在解决粮食、人口、资源、环境等问题上有着引人注目的地位。利用生态学为国家献计献策，解决我国经济建设和社会发展中出现的问题是应有之义。

孙儒泳注重将科研任务与国家战略需求相结合，多次组织有关专家，对动物生理生态、环境科学等进行调查研究和分析，找准我国动物生态均衡发展的途径，力图扭转多年来不注重生态、经济先行以破坏生态环境为代价的被动局面。孙儒泳积极参加社会学术活动。他曾任中国生态学会第三届理事长、国务院学位委员会和国家自然科学基金会生态学科评审组成员、教育部高等学校理科生物学教学指导委员会成员、北京市政府水产科技顾问团成员、《生态学报》和《兽类学报》副主编、《动物学报》和《动物学研究》编委、美国《生理动物学》（*Physiological Zoology*）编委。1977年，他参加了全国自然科学规划；1983年，任教育部编制15年科技发展规划生态学组长；1988年，参加我国自然科学基础性研究现状与对策调研工作；1991年，参加国家自然科学基金委员会编写中国生态学发展战略工作。他先后主持和参加了18项科研项目，获国家自然科学三等奖（第三名次）、农业部科技进步二等奖等15项。

立己立人　乐育乐群

国家强大，科技为根；民族振兴，教育为本。科学事业需要后继有人，孙儒泳作为科技工作者，除了在科研领域认准方向埋头苦干外，还在北京师范大学、华南师范大学建设并领导了两支优秀的科研团队；作为教师，他秉承着甘当人梯、提携后学的精神，诲人不倦、桃李满天下。

为了进一步推动生态学科的发展并加强研究队伍建设，加强理论创新与实验技术的并行发展，1987年北京师范大学建立了生态学实验室。同年，生态学科被国家教委（教育部）确定为重点学科，成为北京师范大学七个重点学科之一，也是全国生态学科中的三个重点学科之一。孙儒泳注重团结合作，引导集体群策群力，利用集体的智慧攻坚克难。在他指导和组织的多项科研工作中，与中国科学院动物研究所、中国科学院西北高原生物研究所等单位建立了长期的合作关系，取得了丰硕的科研成果。

孙儒泳从事生态学教学六十多年，先后开设了《动物生态学》《动物生态学实验》《动物生理生态学》《脊椎动物学》和《生物统计》等课程。孙儒泳精心设计教学内容及各个环节，对某些专业结构和课程体系进行调整，对教学内容和方法进行必要的改革尝试。他负责的北京师范大学生态学课程在2005年被评为国家精品课程。孙儒泳还十分重视生态学实验课，其最早出版的一本专著就是翻译的经典生态学实验讲义。北京师范大学生物系也是全国最早开设生态学实验课的两所学校之一。

为了提高教学质量，跟随生态学的发展，孙儒泳不断对教学内容进行更新，出版了十多部专著、译著及多篇论文。他与我国著名动物学家钱国桢院士、林浩然院士、黄文几教授编著了我国第一部动物生态学教材，他还与其他学者合作将著名生态学家Odum（美国）、May等编著的在国际上影响较大的《生态学基础》和《理论生态学》两本专著翻译出版介绍给国内读者。他独著的90万字的《动物生态学原理》1987年出版后，被中国台湾《中国时报》评选推荐为大陆十本重要著作之一，1992年获得第二届全国高校教材全国优秀奖和全国教学图书展一等奖。这本教材再版三次，累计出版五万余册。他参与主编的《基础生态学》自2002年出版以来，也已出版七万多册；他参与主编的《普通生态学》自1993年出版以来，印数达十万册。这些数字说明这些教科书在高校中的广泛采用和在教学中的广泛使用，是动物生态学学科广泛使用的权威教材。

1978年，我国恢复研究生教育。同年，孙儒泳被定职为副教授和硕士生导师，开始培养研究生的工作。北京师范大学于1984年经国家教委（教育部）批准，设立了生态学博士学科点。1986—1989年，孙儒泳培养了第一位博士研究生谢小军，指导他进行南方鲇的能量收支的研究工作。在研究生教育中，孙儒泳注重组织学生参加重大课题研究，充分激发学生的自主性和创新性，使研究生具备跨学科的视野以及真正解决问题的能力。孙儒泳共培养了12名硕士生、21名博士研究生，这些学生绝大多数已成为国内外高校和科研机构的业务骨干，有的已走上省部级领导岗位。

孙儒泳在20世纪90年代初涉足行为生态学领域，主要是受他留学英国的博士生房继明的影响。源于脊椎动物生理生态领域的深厚基础，孙儒泳在行为生态方面能够很快地揳入，并在1993年第一次招收了行为生态专业博士研究生刘定震。孙儒泳涉足行为生态学时，刚刚被评选为院士，因为专业方向的不同，为了更好地研究行为生态学的相关问题，并对博士生刘定震进行负责任的指导，孙儒泳总是把刘定震的文章传给在美国进修的博士生房继明审看，等回传回来后，根据房继明的意见做进一步思考后，才确定问题对刘定震进行具体指导。对于这一点，孙儒泳这样说道，"在动物行为生态领域，刘定震搞的是'圈养大熊猫的行为生态学'。他和1994年的博士生赵亚军、1996年的博士生张立，都是由我和房继明合带的。我一贯认为能者为师，只要弟子比老师高明，那么弟子完全可以成为老师的老师。"老师有这种气度，其结果必然是"双赢"。正所谓教学相长，学者要服膺真理，学生在学术上有见解，只要有道理尽可和老师去争，这种民主宽松的氛围会让学术团队受益无穷。

此外，孙儒泳组织生态学电视广播，主办生态学先进理论和方法学习班。自中国生态学学会成立起，孙儒泳曾参与组织培训班15次，为青少年举办夏令营和知识竞赛6次。1987年，他被推选为中国生态学学会理事长。1987年，他应中国生态学学会的邀请，与其他生态学家一起在北京市党校讲授了生态学课。面向党政干部，编著了《生态学与社会经济发展》，将生态学知识传授给更多的人，使大众认识到生态学的重要性，共同关心我们的生活环境。

值得一提的是，孙儒泳文献管理工作做得非常扎实。他非常注重文献调研，紧跟学界研究前沿。他不仅将自己科研所用文献分类别、分年代归档整理，还将所教学生的学位论文、历年发表的学术论文按人整理，在办公桌的抽屉中专门有三个抽屉放置学生发表的论文。孙儒泳对学生论文的整理表明他对学生科研进步的关注，让人看了着实感动。

人才的成长是必然性和偶然性的统一，是主客观因素共同作用的结果。一个人的成功，很难复制，但是，我们多少能够从孙儒泳学术成长过程得到某些启示。王安石在《游褒禅山记》中总结事业成功的三条因素：

"有志,有力,有物相之"。所谓志,即追求;力,为能力;有物相之,即能合理运用外界条件。正如荀子在《劝学》中所说:"君子生非异也,善假于物也。"孙儒泳少年时期兴趣广泛,初步确立了对自然的兴趣。在北京师范大学求学期间,打下了良好的知识基础,树立了学习生态的远大志向并为之不懈努力。留学莫斯科,跟随名师纳乌莫夫攻读副博士学位,导师的专业指导让孙儒泳提高了专业能力。孙儒泳之所以能够在生态学领域耕耘不辍,为我国动物生理生态学科研和教学事业做出了突出的贡献,同他在科研领域认准方向埋头苦干,注重科研团队建设以及与其他科研单位的交流、合作是分不开的。

孙儒泳见证了中华人民共和国成立前的炮火纷飞,也经历了中华人民共和国成立后的坎坷道路。在艰苦的岁月里,在动乱的年代里,他毅然坚守科研阵地,皆是源于他对生态的热爱。六十多年来,孙儒泳在生态学教学和科学研究上取得了显著成绩。鉴于他在教育和科研事业上做出的贡献,1991年,获国务院颁发的政府津贴。1993年,被选为中国科学院院士(学部委员),时年66岁。他被选入《20世纪中国名人辞典》以及美国传记研究会和英国剑桥国际传记中心出版的世界名人录。

"学为人师、行为世范"是北京师范大学的校训,也是孙儒泳一生的写照。他宁静致远,淡泊人生。尽管他的情感很少外露,但是从行动上可以感受到他深深的爱心。他是一个高尚的人,赢得了同行、同事、学生的尊重和爱戴。正如孙儒泳的同乡、同行、中国科学院动物研究所王祖望研究员评价的,孙儒泳在一生的科研和教学生涯中,"犹如一位不知疲倦的农夫,在生态学领域内,几十年如一日,耕耘、播种、收获,周而复始。他热爱教育、热爱科研,将这一崇高的事业视为自己生命的归宿。除去十年浩劫外,他一生绝大部分时间是在多种形式的讲坛上度过的,大学里的授课讲台和实验室里,研究现场(森林、草原、高寒草甸、湖泊、河流等)的'大讲台'上,都留下了他的踪迹。他以一生的精力履行着'师者,所以传道、授业、解惑也'的崇高职责。"[①]

[①] 王德华:《动物生态学研究进展——庆祝孙儒泳院士八十寿辰纪念文集》。北京:高等教育出版社,2007年,序。

附录一　孙儒泳年表

1927—1932 年

1927 年 6 月 12 日，出生于浙江宁波江北岸槐树路余姚江边的"浮石亭"。其父孙锷卿在上海当账房先生。孙儒泳排行老三，上有其兄儒椿、姐文美，下有弟儒烺、妹文英。

1933 年

入杨家学堂上小学。

1937 年

转学到教会办的崇信小学。

1940 年

考入鄞县私立三一中学，读初一年级。

1941 年

日本侵略军占领宁波，三一中学被迫解散，失学在家。
9 月，在联合圣经学院插班读初二年级。

1942 年

3 月，太平洋战争爆发，日寇公然进驻学校，联合圣经学院停办，再次失学。

9 月，考入沦陷后的浙江宁波高中师范学校。浙江宁波高中师范学校生物老师戴希天激发了其学习生物的兴趣。音乐教师李平之全面教授了音乐乐理、演奏乐器、歌咏技巧等知识，打下了良好的音乐基础。

1945 年

7 月，从浙江宁波高中师范学校毕业。

1945 年年底，参加省城杭州举办的沦陷区知识青年学习班。并受宁波四明孤儿院小学的马式容老师邀请去教授国文和唱歌课，其间顺利通过甄别考试。

1946 年

9 月，到上海唐山路小学教书，一边教书一边在夜校补习高中课程，准备考大学。

1947 年

暑假，被北京师范大学生物系录取。

11 月上旬，北京师范大学报到入学。

1951 年

提前半年被生物系破格留用担任助教工作，奠定了专攻动物学的专业思想，为后来留学苏联时选择动物生理生态学作为研究方向打下了基础。

1953 年

加入中国共产党，被学校推荐出国深造，留学苏联。

9 月，在北京俄文专修学校（即今北京外国语大学）留苏预备部学习俄语。

1954 年

进入苏联国立莫斯科大学生物土壤系攻读研究生,师从尼古拉·巴夫洛维奇·纳乌莫夫教授。

1957 年

7 月,经导师纳乌莫夫介绍,前往哈萨克斯坦的阿拉木图鼠疫研究所进行科研考察。先后随研究所派出的科考队到天山西北侧埃比柯帕略特山区和阿拉木图西的克孜勒库姆沙漠进行考察。

1958 年

7 月,与师兄钱国桢一起参加了由莫斯科师范学院生物系教授巴尼科夫率领的科考小组,赴里海西北部的阿斯特拉罕地区考察,考察课题是高鼻羚羊的分布和数量。

9 月,举行副博士论文《莫斯科省两种田鼠气体代谢的地理变异研究》答辩,莫斯科大学生物土壤系四十多名教授组成的答辩委员会以全票通过,论文被评为优秀论文。

11 月,获副博士学位,归国回到北京师范大学生物系任教。

12 月,自荐到中国医学科学院流行病研究所,从事流行病的自然疫源地研究。在研究所举办的"自然疫源地学说和研究方法"学习班讲授作为疾病宿主的啮齿类动物的生态学和研究方法。

1959 年

4 月上旬,带领北京师范大学生物系一名助教和两个四年级本科生,参加中国医学科学院流行病研究所组织的"柴河林区森林脑炎自然疫源地"的野外调查工作,为期半年。

6 月,翻译出版苏联生态学家克拉布霍夫著作《陆生脊椎动物生态实验研究法》。

10 月,随科考队回北京参加"反右倾"运动。由于为彭德怀鸣不平,被内定为"严重右倾"。被剥夺教学工作,下放劳动改造。

1960 年

春天，被下放到北京郊区顺义县白沟村劳动，后因健康问题被召回，住校医院养病。一个月后，回生物系工作。

1961 年

8 月，参加中国动物学会生态专业在北京举行的系列报告会。

1962 年

10 月 1 日，与陈玉花登记结婚。

11 月，在广州召开的生态及分类区系专业讨论会上做了"棕背䶄和大林姬鼠的繁殖生态学研究"报告。

是年，在北京师范大学生物系讲授综合动物学教改试验课，后改教动物生态学。

在《动物学报》上发表三篇论文《柴河林区小啮齿类的生态学Ⅰ.生态区系和数量的季节消长》《柴河林区小啮齿类的生态学Ⅱ.垂直分布》《对于以耗氧量作为化学体温调节强度指标的意见》。

1964 年

7 月，在北京举行的中国动物学会 30 周年学术讨论会上做"褐家鼠和社鼠气体代谢生态生理特征的比较"报告。

1965 年

下派到山西武乡县涌泉公社白沟村参加农村"四清"运动。

5 月，奉命回撤。

1966 年

"文化大革命"期间，被强迫参加学习，被勒令不准离开学校，不准跟随革命群众外出串联。期间偷偷自学日语和德语。

1967 年

生物系根据军宣队指示开办土霉素工厂，被分配去工厂劳动。

参加中国医学科学院流行病研究所的灭鼠拔源工作。

1971 年

10 月，携妻子儿女回乡探亲。

1973—1976 年

随中国医学科学院流行病研究所到边疆地区参加灭鼠拔源和疫源地调查工作。经过几年对鼠疫的调查研究，基本掌握了鼠疫的流行规律和防治对策，并且对东北、华北各地的鼠类生态增加了许多感性认识。

1977 年

因怀疑灭鼠拔源的可能性，遭到基层鼠防工作人员的批判。

参与北京市水产局主持的"机械化养鱼综合技术研究"的科研攻关，具体从事罗非鱼雄性化和罗非鱼耗氧量研究。

10 月，作为北京师范大学的代表参加在成都召开的生物学教材会议。会上制定了《动物生态学》教学大纲，并决定与钱国桢、黄文几、林浩然合作编写教材。负责约一半的编写工作，即编写了种群生态学、生态系统、应用生态学和附录四个部分。

参加全国自然科学规划会议。

1978 年

晋升副教授并被遴选为硕士生导师，开始招收硕士研究生。

1978 年 4 月—11 月，带领科研团队在北京市昌平县水产养殖场进行"人工诱导罗非鱼雄性化的生产上应用"实验。

8 月，应邀参加在青海省西宁市召开的全国陆地生态系统科研工作会议。

10 月 18 日，参加日中养育交流协会考察团座谈会，讨论和交流关于虹鳟鱼养殖经验，参加座谈会的除日本团员外，还有山西、北京等地从事虹鳟鱼的养殖人员。

开始与中科院西北高原生物研究所协作研究。

1979 年

11月27日至12月3日，参加在云南省昆明市举行的中国生态学学会成立大会，被推选为常务理事兼副秘书长，负责生态学的教育和科普工作。

1980 年

与张玉书两人进行的罗非鱼某些耗氧规律研究获北京市科学技术成果四等奖。

11月，译著《理论生态学》由科学出版社出版，全书共14章，对种群模型、生态对策和种群参数、节肢类捕食者－猎物系统、植物－食植者系统、竞争和生态位理论、生物地理学与自然保护、演替、社会生物学的中心问题、古生生物学、寄生系统以及人对有害生物的抵抗等都做了详细的论述。

1981 年

指导的第一届硕士研究生景绍亮的毕业论文《长爪田鼠气体代谢和体温调节的胎后发育》和董全的毕业论文《藏系绵羊种群结构和出栏最优方案》举行论文答辩会。

5月，被中国大百科全书出版社聘为《中国大百科全书》生物学卷特约编辑。

7月，参与译著的《生态学基础》由人民教育出版社出版，本书是美国著名生态学家R. M. 梅在生态系统的理论和实践方面的研究成果。

12月，参与编写的高等学校试用教材《动物生态学》（上册）由人民教育出版社出版。

1982 年

1月，参与编写的高等学校试用教材《动物生态学》（下册）由人民教育出版社出版。

5月，专著《生态学与人类》（卫生管理干部进修丛书）由黑龙江科学技术出版社出版。

8月，参加在澳大利亚悉尼举办的国际太平洋生物地理学学术会议。这是自1958年从莫斯科回国后第一次出国参加国际会议。会上，宣读"饲养水温对罗非鱼成鱼生长的影响"为题的学术论文，获得了良好的反响。会后，随中国代表一道考察了堪培拉和墨尔本的一些大学和研究所。

与中科院西北高原生物研究所开始协作培养研究生。

1983 年

春，带领研究生登上海拔3000米的海北站，指导其研究根田鼠静止代谢率和每日平均代谢率。

3月20日，被北京市人民政府科学技术顾问团聘为北京市渔业生产科学技术顾问团成员。

"罗非鱼雄性化研究"（该子课题负责人）试验与其他子项目成果一起，由北京市水产局以"机械化养鱼综合技术研究"为题上报，获北京市科技成果二等奖。

与华东师范大学合编的《动物生态学实验指导》由高等教育出版社正式出版。

9月10日，被中国科学院生物学部聘为中国科学院生物学部学科组成员，任期三年。

10月，被教育部聘为编制十五年（1986—2000年）科技发展规划《教育部生态学及环境生态学规划组》组长（教聘字0202号）。

10月，教育部组织生态教育考察团赴比利时、法国考察，任副团长。在比利时的列日大学，参观了生态学实验室并会见了著名教授瑞迈克尔。此次访问针对性强，对我国的生态学教学改革启发甚大。

12月19日—24日，出席在昆明召开的全国环境物理、环境生态学会。

会议由全国环境保护科技情报网委托中国科学院生态室和物理污染控制中心主办。来自中国环科院 115 个单位共 151 名代表出席了会议。

是年，晋升教授。

参与教育部编制 15 年科技发展规划工作，任生态学组长。

1984 年

2 月，被北京市人民政府聘为北京市人民政府渔业科技顾问团第二届顾问。

5 月，邀请加拿大温哥华不列颠大学动物学系克雷布司教授来北京师范大学讲学。

5 月 10 日，被中国生态学学会第二届理事会聘为《生态学报》编辑委员会委员。

5 月 31 日，被教育部聘为高等学校理科生物学教材编审委员会委员，聘期四年。

6 月，参加生态学方面的研讨班，研讨班成员还有 Prof. Charles. J. Krehs 和 Mary Taitt 等。陪同 Krehs 教授到西安、兰州等地考察。

12 月 27 日至 1985 年 1 月 2 日，参加中国科学院环委会、中国环境学会和中国海洋湖沼学会联合举办、中国科学院水生生物研究所筹备的全国污染生态学术会议。除了会议讨论之外，会议期间还分别召开了我国污染生态学的回顾与展望和高等学校环境生物学的教学问题两个座谈会，孙儒泳出席并参与了相关讨论。

12 月 31 日，被中国动物学会聘为《动物学报》编委会委员（编号 8400009）。

是年，被遴选为生态学专业博士生导师。

《静止代谢率与每日平均代谢率关系》一文在柏林《生态学》杂志发表。

主持国家自然科学基金项目《小动物活动和耗氧联合自动测定仪研制》。

为人民的教育事业辛勤工作三十年，受到北京市高等教育局、北京市教育工会的表彰。

1985 年

1月，被中国医学科学院聘为学术委员会委员（聘字第003号）。

2月16日，被国务院学位委员会聘为第二届学科评议组（生物学分组）成员（学位聘字第21705号）。

4月，参加中国生命科学学会年会。

4月24日，被教育部科学技术司聘为高校科技基金一九八五年生物学科评审组成员。

4月25日，被共青团中央宣传部、中央电视台、中国科协青少年部、青年文摘杂志社聘为第三届五四青年智力竞赛顾问。

7月，赴东北林学院野生动物研究所考察、研讨。

8月，编著图书《种群的科学管理与数学模型——动物的盛衰兴亡》由上海科学技术出版社出版，本书系统而扼要地介绍了数学模型在近代种群动态理论研究和种群科学管理应用。

8月26日，被北京师范大学聘为校生物学科评审组成员。

11月，赴四川卧龙自然保护区考察。

12月，考察海南岛养鹿场、海南岛尖峰岭自然保护区。

12月24日，参观上海华东师范大学生物系原生动物研究所。

是年，因任北京市人民政府第一届专业顾问期间做出突出贡献，获第一届专业顾问纪念证书。

1986 年

1月，被北京市人民政府聘为北京市人民政府渔业顾问组第二届顾问。

3月4日，被华东师范大学聘为生物系兼职教授，聘期自1986年7月至1989年6月（华师聘字第085号）。

3月13日，被共青团中央宣传部、中央电视台、青年文摘杂志社聘为第四届五四青年智力竞赛顾问。

4月24日，被中国动物学会聘为《兽类学报》编委会副主编。

6月，考察张家界。

8月，与林特溟合作编著的《近代的生态学》（生物学基础知识丛书）

由科学出版社出版，本书以基本理论为基础，叙述了近代生态学的核心问题以及它对人类面临的人口、资源和环境等问题可能产生的深远影响。

8月，参加在美国纽约州雪城举行的第四次国际生态学会议，被推荐为国际生态学会委员会成员。会议进行中，访问了雪城大学蓝瑞·沃尔夫教授的实验室。会议结束后，应卡耐基自然博物馆鲍德米尔保护区主任简·麦瑞特邀请，参观了设在美国东部阿巴拉契亚山区的保护区；访问佛罗里达大学，与动物系教授麦奈白会见，参观他的实验室。

美国访问之行结束后，赴英国考察、访问。先后访问牛津大学生物系，在系主任简·费林森教授的陪同下参观动物博物馆；访问苏格兰格拉斯哥陆地生态研究所，与摩斯教授进行深入交流；访问英国阿伯丁大学动物系，与瑞森教授、吉明亨（原英国生态学会理事长）教授会见。访问结束前，赴苏格兰北部考察石楠酸沼。

1987年

1月1日，参加宁波四中北京校友会成立大会。

2月10日，被中国科学院生态环境研究中心聘为学术委员会委员。

3月，参加水电部热排水对水生生物影响研究成果鉴定会，任副主任委员。

4月，参加天津民航无鼠害机场鉴定会。

4月15日，中国实验动物学会在京成立。参加成立大会，当选中国实验动物学会第一批荣誉会员。

6月22日，到南充师范学院生物系讲学。

7月，编著的《动物生态学原理》（第一版）由高等教育出版社出版。本书被中国台湾《中国时报》推荐为大陆十本重要著作之一（其中科学类图书仅两部著作），后两次修订再版。

7月至12月，参与中国科学院组织的全国自然科学基础性研究工作状况调研生物学科调研专题组工作。

9月，参加青海海北高塞草甸生态系统研究站开放论坛会，考察大板山亚口。

11月，参加在成都举行的中国生态学学会第三届全国代表大会暨学术讨论会，被推选为理事长。

12月3日，访问西南师大生物系谢小军（孙儒泳在读博士生）实验室，参观大足石刻。

12月25日，参加的国家"六五"科技攻关项目"遥感在内蒙古草场资源调查中的应用研究"荣获内蒙古自治区一九八七年科技进步一等奖。在该项目中承担动物试点工作。

12月31日，在西南师范大学讲学。

是年，其科研成果"高寒草甸生态系统次级生产力（小哺乳动物）研究"获中国科学院科技进步三等奖。

1988年

1月，到东北师范大学环科所讲学。

1月，被北京市人民政府聘为第三届专家顾问团顾问。

1月10日，被国家海洋局第三海洋研究所海洋实验生态系研究中心聘为国家海洋局第三海洋研究所海洋实验生态系研究中心荣誉研究员。

1月22日，被北京市高级专业技术职务评审委员会聘为北京市工程技术人员职务系列水产专业高级工程师职务考核评议组成员，参加考核评议工作。

1月27日，与武汉大学、南京大学合编的《普通动物学》获国家教育委员会高等学校优秀教材二等奖。

2月10日，被中国科学院动物研究所学位评定分委员会聘为该所盛承发博士学位论文答辩委员会委员（科动聘字八八第二号）。

3月1日，被北京市水产总公司职称改革工作领导小组聘为"北京市水产总公司中级专业技术职务评审委员会"委员。

3月24日，被北京农业大学研究生院聘为该校昆虫学专业八八届研究生沈佐锐博士学位论文评阅人。

3月26日，被全国鼠疫布氏菌病防治基地聘为顾问。

5月21日，被北京市职称改革工作领导小组聘为北京市农林工程技人员职务系列高级职务评审委员会委员，参加高级工程师职务任职资格评审工作，任期三年。

7月，参加亚太兽类学会议。

9月，赴吉林左泉特产研究所参加动物生态专业委员会研讨会。

9月28日，亚太兽类会议与会人员集体游长城。

10月，被中国科学院西北高原生物研究所聘为海北高寒草甸生态系统开放实验站学术委员（聘字第三号）。

10月，参加校庆系列活动。

10月15日，被聘为《生物科学信息》第一届编辑委员会委员。

12月1日，被中国科学院西北高原生物研究所聘为该所研究院评审委员会委员（聘字第零零二号）。

是年，邀请卡耐基自然博物馆鲍德米尔保护区主人简·麦瑞特及科罗拉多州立大学生物系主任布鲁斯·旺德教授到北京师范大学生物系讲学，介绍美国生态学研究方面的新进展。

参加我国自然科学基础性研究现状与对策调研工作。

与研究生房继明参加东莞鼠类"七五"公关项目年会。

所著《动物生态学》获国家教委优秀教材二等奖。

主持国家自然科学基金项目《晚成鼠胎后发育期的整体恒温和线粒体产热的变化》。

1989年

3月1日，赴东北师范大学讲学。3月10日，参加四川大学生物工程系世行贷款专业实验室评估会议，参观四川大学动物标本陈列室。

4月，John Phillipson到北京讲学，与其交流。

4月，被中国科学院内蒙古草原生态系统定位站聘为该站学术委员会委员，任期四年。

4月20日，被西南师范大学亚热带生物地理研究所聘为兼职教授（校聘字第241号）。

5月4日，考察北碚缙云山。

5月10日，被中国动物学会聘为《动物学报》第六届编委会编委。

指导硕士研究生刘志龙毕业论文《布氏田鼠繁殖生态和水代谢研究》。

8月24日，作为中国动物学会兽类学分会派出的四人代表之一，参加在意大利罗马举行的第五次国际兽类学会议。

9月7日，参加水产顾问组房山十渡活动。

10月14日，培养的第一个博士研究生谢小军通过答辩，指导其毕业论文《南方鲇的能量收支的研究》。

12月23日，到石家庄参加中国生态学学会理事会暨生态学发展战略会议。

是年，参与编写的《生态学与社会经济发展》（干部学习课本）由湖南科技出版社出版。

1990 年

1月，被北京市人民政府聘为第四届专家顾问团顾问。

1月23日，参加中国生态学学会春节茶话会。

5月5日，考察河南省信阳市信仰牌坊鸟岛。

5月16日，被国家自然科学基金委员会聘为第三届生态学学科评审组成员（聘字第33039号）。

7月，参加由兰州大学发起组织的考察团，在甘肃祁连山－阿尔金山考察西北生态状况。参加台湾自然生态保育协会理事长张丰绪与中国生态学学会的座谈会。

8月28日，赴日本横滨参加第五次国际生态学会议。

9月2日，参观日本东京水产大学鲸山工作室。

10月，项目"平朔露天煤矿开发的环境影响评价"（第三完成人，所属单位：北京师范大学环境科学研究所）获国家科技成果完成者证书（证书编号003663，国家登记号882313）。

10月27日，参加中国兽类学会成立10周年学术会议，就野生动物的保护和自然保护区建设方向提出建议。

11月1日，被中国动物学会兽类学会聘为《兽类学报》编委会副主编

（聘字第003号）。

11月1日，经中国兽类学会全体会员通信（差额）选举，被选为中国兽类学会第三届理事会理事（证字第017号）。

12月22日，被中华人民共和国国家教育委员会聘为首届高等学校生物学教学指导委员会成员，任期五年。

12月26日，参加北京市池塘养鱼生态理论高级研讨班。

12月20日—30日，由北京水产科技中心，北京市水产科学研究所，北京水产学会联合举办的"池塘养鱼生态理论"高级研讨班在北京举办。孙儒泳为"池塘养鱼生态理论"高级研讨班讲课，并编写了"鱼类能量学与养殖业"讲义。

1991年

5月，作为中国生态学学会的代表，参加在北京举行的中国科学技术协会第四次全国代表大会。

7月，获国务院颁发的政府特殊津贴和证书〔（91）360200号〕。

8月，项目"北方牧区三种主要害鼠种群动态预测及综合治理技术"获中华人民共和国农业部部级科技进步奖（第三完成人）。

9月，论文《南方站生物能量学研究与静止代谢及其与体重和温度的关系》获四川省科协优秀学术论文（第二作者，编号0062）。

10月14日，考察安徽省扬子鳄繁殖研究中心。

11月21日，到曲阜师范大学生物系访学。

12月9日，考察云南西双版纳小勐仑植物园原始林藤本；12月11日，考察西双版纳人工群落二层林。

12月30日，被《生命科学》聘为编辑委员会委员。

是年，参加国家自然科学基金委员会主持的中国生态学发展战略等撰写工作。

"北方农业区主要害鼠种群动态、预测及综合防治技术"获农业部科技进步二等奖（第三完成人）。

1992 年

1 月，被北京市人民政府聘为第五届专家顾问团顾问。

1 月 31 日，参加在中国科学院召开的《生命科学》北京地区编委会议，对刊物的目前状况和问题及如何办好刊物发表了自己的意见。

3 月，课题《网箱养鱼对水质要求、影响及防治措施的研究》获北京市水文总站颁发的北京市科技进步一等奖。

3 月 10 日，鉴于其在起草制定《中长期科学技术发展纲要》中做出突出贡献，获国家科学技术委员会的表彰。

4 月 1 日，在北京师范大学生命科学学院研究生会举办的第二届生物系研究生学术周活动中，被聘为"研究生论文评定委员会"委员。

4 月 18 日，到南京市环科所访学。

4 月 20 日，被国务院学位委员会聘为第三节学科评议组（生物学评议组）成员（学位聘字第 3-226 号）。

4 月 27 日，被国家自然科学基金委员会聘为生态学学科评审组成员（聘字第 392090 号）。

7 月 6 日，被中国科学院西北高原生物研究所聘为该所研究院评审委员会委员，聘期三年。

7 月 25 日，参加国家自然科学基金评委参观兽医大学活动。

7 月，作为生态学评审组专家，参加国家自然科学基金第四届学科评审工作。

8 月 10 日—15 日，参加在新疆师范大学举办的全国第五届高校动物学教学教材学术研讨会，参观新疆维吾尔自治区地方病防治研究所。孙儒泳在会上作了主题发言，与会代表就动物教学改革和教材建设进行了讨论，交流了经验。

8 月 13 日，到新疆大学访学，参观新疆天山中科院 1 号冰川站。

8 月 17 日，考察中国科学院阜康荒漠生态系统观测试验站新疆生物、土壤等，参观考察野马饲养中心。

是年，所著《动物生态学原理》（第一版）获第二届高校教材评审全国优秀奖和全国教学图书展一等奖。《动物生态学原理》第二版出版。

出席博士研究生房继明（中英联合培养）毕业论文《野生雄性小家鼠的行为》答辩会。

1993 年

1月13日，被陈钦大熊猫研究基金会聘为评审委员，聘期为五年。

出席所指导的博士研究生李子巍毕业论文《高原鼠兔季节性繁殖的神经内分泌调控》、博士研究生王德华毕业论文《高寒地区小哺乳动物对环境的生理适应》答辩会。

6月，被国家自然科学奖励委员会聘为第六次国家自然科学奖生命科学部评审组成员。

8月9日—11日，参加在成都举行的陈钦大熊猫基金会第一次评审会议。

9月27日，参加国务院学位委员会第五次学科评议组会议（生物学评议组）。

9月，首招收行为生态方向博士研究生刘定震。

10月，参与编写的高等学校教学用书《普通生态学》由高等教育出版社出版。

10月8日，赴美国科罗拉多州参加研讨国际冬眠（低温生存）问题的研讨会。会后，随布鲁斯·旺德教授到科罗拉多州立大学生物系访问，并参观了他的实验室。

是年，当选为中国科学院院士（学部委员）。

1994 年

1月，被北京市人民政府聘为第六届专家顾问团顾问。

2月24日，被中国科学院动物研究所聘为该所农业害虫鼠害综合治理研究国家重点实验室学术委员会委员（聘字第04号）。

3月，被中国生态学会聘为《生态学报》副主编。

3月30日，被河南农业大学聘为兼职教授，考察河南农业大学试验田。

1994年5月，参与国家自然科学基金委员会生命科学部关于"生命科学部优先资助领域战略研究阶段性成果汇报"的讨论。

6月，参加院士大会。

6月16日，被国家自然科学基金委员会聘为第五届学科评审组成员（聘字第177号）。

7月，参加在东北林业大学召开的自然科学基金评审会。考察东北林业大学帽儿山林场、黑龙江齐齐哈尔扎龙保护区。

7月8日，被东北林业大学聘为野生动物资源学院兼职教授，聘期三年（聘字94019号）。

9月24日，参加中国动物学会60周年纪念学术会议。

参加中国生态学学会在京常务理事座谈会。

11月1日，被中国科学院昆明动物研究所聘为中国科学院昆明动物研究所第四届学术委员会委员，聘期两年（聘字06号）。

11月16日，被中国科学技术协会聘为第二届青年学术年会指导委员会委员。

12月，《农牧区鼠害综合治理技术研究》课题获中国科学院科级进步奖二等奖。

是年，所指导的博士研究生袁重桂毕业论文《小凉山山系大熊猫与竹子生态系统研究及其与其他山系的比较》举行答辩会。

所指导的博士后牛翠娟出站报告《中华鳖幼体呼吸代谢和能量转换》举行报告会。

其参与的科研成果"农牧区鼠害综合治理技术研究"获中国科学院科技进步二等奖。

参与编写的高等学校教学用书《普通生态学》由台湾艺轩图书出版社出版繁体字版。

1995年

1月10日，被中国动物学会聘为《动物学报》第七届编委会编委。

2月16日，被国家自然科学基金委员会聘为1994年度国家杰出青年科学基金评审会特邀专家。

4月20日，被东北师范大学聘为国家草地生态工程专业实验室学术委员会委员。

6月，编写的《普通生态学》荣获1995年度北京师范大学优秀教材奖。

6月14日，到波士顿大学访学。

6月17日，考察亚特兰大斯通山脉。

6月21日，在美国亚特兰大市"灵长类研究中心"考察。

6月22日，在美国佐治亚州立大学访问。

6月29日，在美国佐治亚大学继续教育中心考察。

7月12日，在田纳西大学图书馆考察。

7月28日，考察加拿大蒙特利尔大学。

8月9日，参观加拿大渥太华农业部。

9月，被中国科学院内蒙古草原生态系统定位研究站聘为该站第三届学术委员会委员。

9月，参加全国高校首届生物多样性研讨会，当选全国高等学校生物多样性协调委员会科学顾问。

9月15日，被青岛海洋大学聘为国家教委水产养殖开放研究实验室学术委员会委员。

9月30日，因在1990年至1995年担任国家教育委员会首届高等学校理科学科教学指导委员会委员，做了大量工作，获中华人民共和国国家教育委员会颁发的证书。

10月，被兰州大学聘为兰州大学干旱农业生态国家重点实验室学术委员会委员。

10月16日，被国家教育委员会师范教育司聘为全国师范院校科级教育顾问。

11月10日，参加在珠海举办的生态学会第五次全国代表大会。

12月，被中国生态学会选为中国生态学学会第五届理事会理事，任期自1995年11月至1999年11月。

12月6日，被聘为全国自然科学名词审定委员会第三届委员会委员。

1996 年

1月1日，被中科院沈阳应用生态所学术委员会、中国生态学学会聘为《应用生态学报》顾问。

1月7日—12日，在郑州参加国务院学位委员会学科评议组第六次会议。

1月10日，被河南师范大学聘为名誉教授。

参与编写的《生态学与社会经济发展》获第三届全国优秀科普作品三等奖（中国科学技术协会等颁发）。

"布氏田鼠种群动态特征"获国家教委科技进步三等奖（证书号96-269）。

4月，所著《生态学与社会经济发展》获第三届全国优秀科普作品三等奖。

4月16日，被河南农业大学聘为名誉教授。

5月16日，访问辽宁省淡水水产研究所。

6月12日，北京师范大学生命科学院动物生理生态教研组为其举办七十岁寿诞庆贺会。

6月20日，被北京师范大学出版社聘为学术顾问。

6月26日，被四川大学聘为草原昆虫病害生物防治工程国家实验室兼职教授。

所指导的博士研究生王政昆毕业论文《我国热带亚热带小型兽类适应性产热及对策的比较研究》、博士研究生刘定震毕业论文《圈养大熊猫行为生态学研究》举行答辩会。

9月12日，被广西师范大学聘为客座教授，聘期1996年9月至1998年9月。

10月21日—24日，参加在张家界举行的中国生态学学会动物生态专业委员会主办的第三届全国动物生态学学术讨论会，提交论文《不同性活跃能力大熊猫的行为比较》（第三作者）。

10月25日，被中国生态学学会动物生态专业委员会聘为第三届中国生态学学会动物生态专业委员会顾问。

10月28日，被湖北省教育委员会聘为湖北省生态学省级重点学科检查贫孤专家组成员。

11月，被《世界科技研究与发展》杂志社聘为1996年至1999年的顾问。

12月12日，被中国林业报社、中国林学会聘为《森林与人类》编辑委员会委员。

12月18日，被河南师范大学聘为河南省生物工程重点实验室学术委员会顾问。

12月20日，被中华人民共和国林业部聘为"东北林业大学'211工程'项目部门预审专家组"评审专家。

1997年

3月，被云南师范大学聘为生命科学系客座教授。

3月19日，被陕西师范大学聘为兼职教授。

3月31日，项目"布氏田鼠种群动态特征"获国家教育委员会三等奖（第三完成人）。

4月10日，到访植物研究所，参与草原站学术委员会研讨。

4月18日，被中国科学院动物研究所聘为该所农业虫害鼠害综合治理研究国家重点实验室第二届学术委员会主任。

5月，被中华人民共和国科学技术委员会聘为国家科学技术奖励生命科学学科评委会特邀评审委员（第D5-26-011号）。

所指导的博士研究生王安利毕业论文《中国对虾病毒性流行病防治技术研究》、博士研究生杨振才毕业论文《中华鳖生态学的研究》、博士研究生刘敬泽毕业论文《长角血蜱发育和生殖行为的激素调控》、博士生研究生赵亚军毕业论文《根田鼠社会行为策略及其适应度》举行答辩会。

7月6日，被中国野生动物保护协会聘为1997年大学生绿色营科学顾问。

8月20日，被中国科学院水生生物研究所聘为《水生生物学报》编辑委员会委员，任期三年。

9月22日，被中国科学院西北高原生物研究所聘为博士学位答辩委员会主席。

10月4日，参加北京师范大学建校95周年欢庆会。

12月8日，被中国科学院昆明动物研究所聘为《动物学研究》第五届编辑委员会编委，任期四年（动编聘字520号）。

1998年

3月，被中国科学院内蒙古草原生态系统定位站聘为该站第四届学术委员会委员。

4月8日，科研项目"南方鲇生态特征的能量学机理的研究"获重庆市人民政府颁发的重庆市科学技术进步奖一等奖证书。

5月，被北京市教育委员会聘为"北京金鹏科技团"专家指导委员会委员。

与博士生谢小军合作的"南方鲇生态特征的能量学机理的研究"课题获重庆市科学技术进步奖。

所指导的博士研究生刘小团毕业论文《长爪沙鼠和达乌尔黄鼠冷适应性产热机理的比较研究》、博士研究生黄乘明毕业论文《白头叶猴对栖息地的选择利用与觅食生物学》举行答辩会。

在广东省进行野外考察。

7月，向河北大学捐款，获荣誉证书。

9月2日，被人民教育出版社课程教材研究所聘为学术顾问。

11月18日，参加中国科学院成都生物研究所建所40周年庆祝大会。

11月30日，被大连水产学院聘为该校国家级重点教材《淡水生物生态学》的主审。

12月1日，被宁夏大学聘为顾问、客座教授。做《生物多样性保育研究》的学术报告，在生物多样性成为当前热门话题的原因及对生物多样性研究的现状和趋势分析的基础上，提出了其对生物多样性保育的看法。

1999年

3月10日，被聘为全国科学技术名词审定委员会生态学名词审定委员会副主任。

3月26日，被兰州大学干旱农业生态国家重点实验室聘为第二届学术委员会委员、主任委员。

4月27日，参加中国动物学会第十四届会员代表大会。

5月，被中华人民共和国新闻出版署聘为1999年全国优秀科技图书奖暨科技进步奖（科技著作）评审委员会委员。

5月，参与项目"中华鳖高密度工厂化繁养技术研究"（第七完成人）获河北省科学技术委员会颁发河北省科级成果完成者证书（证书编号：990482—7，省级登记号990482）。

5月19日，在北京市科协作《生物多样性保育与人类持续生存》学术报告。

与博士生谢小军合作的"南方鲇生态特征的能量学机理的研究"获国家自然科学三等奖。

所指导的博士研究生张立毕业论文《布氏田鼠嗅觉通讯的行为学研究》举行答辩会。

6月26日，被南阳师范高等专科学校聘为兼职教授。

10月，参加"甬籍院士故乡行"活动。10月22日，参加江北区政府拜访江北籍院士座谈会，被宁波市江北区人民政府聘为专家咨询委员会顾问。

10月26日，所指导的博士后石琼出站报告《褪黑素及其受体水平的测定：方法建立与初步应用》举行报告会。

11月，被《世界科技研究与发展》杂志社聘为2000年至2002年的顾问。

12月，主持的科研项目"鱼类能量学机制的研究"获国家自然科学奖三等奖。

12月15日，被中国科学院动物研究所、中国动物学会聘为《动物学报》第八届编辑委员会副主编。

参加在郑州举行的动物学会会议。

2000年

4月6日，被中国科学院水生生物研究所聘为学术委员会委员。

4月18日，捐赠《科海漫游丛书》等共10册给宁波市图书馆，获证书。

6月11日，作为生命科学学科组专家，参加"长江学者奖励计划"同行专家评审会议。

6月15日，被聘为全国科学技术名词审定委员会第四届委员会委员。15日—16日，参加在北京京西宾馆召开的全国科学技术名词审定委员会第四届委员会全体会议。会议有三项内容：总结第三届委员会工作；讨论和制定第四届委员会工作计划；交流名词审定工作经验。

6月，参加宁波四中北京校友会成立大会并发言。

所指导的博士研究生张录强毕业论文《红腹锦鸡人工繁育营养生态学研究》、博士研究生周显青毕业论文《维生素C和E对中华鳖幼鳖免疫和应激能力的影响》举行答辩会。

8月，所著图书《名家讲演录·生物多样性的启迪》由上海科技出版社出版。

8月26日，被农业部海洋渔业资源可持续利用重点开放实验室聘为第二届学术委员会委员。

10月20日，被中国经济出版社、《发现》杂志社聘为《中国当代科技专家大典》编委。

12月，为海南省省直机关领导干部作科技报告。

12月1日，参加海南师范学院首批特聘教授受聘仪式，被海南师范大学聘为特聘教授。为海南师范学院师生作讲座。

译著《生态学精要速览》由科学出版社出版。

2001年

1月1日，被人民教育出版社课程教材研究所聘为21世纪义务教育生物新教材顾问。

5月18日，参加"高等学校蛋白质组学研究院"成立暨合作组建"中国高校亿利蛋白质组学研究中心"签字仪式，仪式在北京师范大学英东学术会堂举行。

6月，被中华人民共和国新闻出版总署聘为第十届优秀科技图书奖评委会委员。

6月15日，被四川大学聘为"211工程""九五"期间资源生物学建设子项目验收组专家，参加在四川大学生命科学楼进行的四川大学"211工程"建设项目——"资源生物学"子项目专家验收会。听取了子项目负责人管陈放教授所作的项目建设情况汇报，并考察了该项目购置的仪器设备和有关实验室，进行了讨论和评议。

所指导的博士研究生王煜毕业论文《布氏田鼠冷暴露中褐色脂肪组织的增补及解偶联蛋白基因表达》举行答辩会。

7月7日，参加由山西省科协、雁北师范学院共同举办的"教育改革与发展院士报告会"，报告会在山西大同雁北师范学院召开。被雁北师范学院聘为荣誉教授。

7月20日，被中国动物学会兽类学分会聘为第十九届国际灵长类学会大会顾问委员会委员。

8月，被全国中小学教师远程教育研究中心聘为顾问。

9月，《动物生态学原理》第三版出版，累计出版5万册。

9月17日，考察联合国世界公园。

11月1日，被四川大学聘为兼职教授，聘期三年。

11月28日，参加对中科院地理科学与资源研究所承担的《中华人民共和国鼠疫与环境图集》的鉴定工作。

12月26日，被中国科学院昆明动物研究所聘为《动物学研究》第六届编辑委员会委员，任期四年（动编聘字615号）。

12月，捐赠《动物生态学原理》给宁波市图书馆，获证书。

2002年

1月1日，被北京师范大学学报聘为《北京师范大学学报（自然科学版）》编辑委员会委员。

4月16日，被中国大百科全书出版社聘为《中国大百科全书》第二版生物学学科副主编。

4月18日，被中国大百科全书出版社总编辑委员会聘为中国大百科全书总编辑委员会委员。

6月，参加中国科学院动物研究所研究生论文答辩会。

指导博士研究生王维娜毕业论文《环境因子对日本沼虾生长及生理生化影响研究》。指导博士后郁发道出站报告《田鼠嗅觉识别和记忆及其神经生物学机制》。

7月，参与编写的《基础生态学》由高等教育出版社出版。

8月26日，被中国动物学会聘为第19届国际动物学大会顾问委员会委员。

8月，所著图书《名家讲演录——生物多样性的启迪》由上海科学技术出版社出版。

8月，被中华人民共和国人事部聘为2003年度"新世纪百千万人才工程"国家级人选评审委员会委员。

9月，参加北京师范大学百年校庆系列活动。

9月6日，为北京师范大学图书馆京师文库赠送图书获荣誉证书。

11月19日，被中国科学院动物研究所聘为《动物学报》第九届编辑委员会顾问，聘期四年。

12月23日—25日，参加现代动物学进展研讨会。会议在北京召开，作为组委会顾问，会上作了题为"生态系统服务研究的新进展"研究报告。

工作重心迁至华南师范大学，进行海洋水产的研究。

项目"圈养大熊猫生长发育规律及其行为学研究"获北京师范大学优秀科技成果奖。

项目"中国不同地理地带小哺乳动物的冷适应性产热"获北京师范大学优秀科技成果奖。

所著教材《动物生态学原理（第三版）》获北京师范大学优秀科技成果奖。

2003年

10月，《自然科学前沿简介——院士访谈录》由科学出版社出版。本书是"教育部现代远程教育资源建设中小学教师继续教育重大项目"课题的配套教材，其中第 17 章"生态科学回顾与发展前沿"由孙儒泳配合完成。

2004 年

3 月 26 日，参加张德江主持召开的华南师范大学教师座谈会，就大学发展定位、学科建设等发表意见。

4 月 9 日，在广东省肇庆学院做题为"21 世纪的生态学"的讲座。

5 月，同华南师范大学生命科学学院部分领导、专家教授一道考察延安。

6 月 4 日，参加生物学部全体院士大会，参与讨论中央领导和院领导、学部主任的工作报告。

所指导的博士研究生柳劲松毕业论文《北方地区五种小型哺乳动物的适应性产热研究》、博士研究生田红毕业论文《圈养大熊猫的化学通讯与亲缘辨别》举行答辩会。

8 月 2 日，参加由宁波市委统战部、宁波经济研究中心、宁波市科技局承办的"宁波发展论坛——科技专题研讨会"。会后参加宁波院士林植树活动。

8 月 4 日，参加在上海浦东举行的题为"人·城市·湿地"的国际性研讨会。

8 月 27 日，参加中国动物学会第十五届会员代表大会暨成立七十周年纪念会。

参加北京第 19 届世界动物学大会。

主持的教学成果"立足基础，紧跟前沿，建设生态学理论与应用并重的教学体系"，获北京市高等教育教学成果二等奖。

赴湖南吉首参加全国兽类学学术会议。

译著《生态学》（第五版）由高等教育出版社出版。

被广东省青少年科技创新大赛组委会聘为评审委员会主任委员。

2005 年

9 月 8 日，被聘为全国科学技术名词审定委员会第五届委员会委员。

负责的北京师范大学生态学课程被评为国家精品课程。

2006 年

1月19日，中国科学院广州分院院长陈勇、党组书记郭俊等代表中科院慰问孙儒泳，向他表示良好的祝愿并致以新春的问候。

2月6日，被中国科学院昆明动物研究所聘为《动物学研究》第七届编辑委员会顾问，任期二年（动编聘字720号）。

2007 年

4月7日，被农业虫害鼠害综合治理研究国家重点实验室聘为第四届学术委员会委员。

6月11日，参加北京师范大学为其举办的从教五十五周年纪念会。

6月，《动物生态学研究进展——庆祝孙儒泳院士八十寿辰纪念文集》由高等教育出版社出版，本书是孙儒泳先生的弟子献给先生八十寿辰的生日礼物。

所指导的博士研究生尹峰毕业论文《野生动物价值及其在生态系统中的作用》举行答辩会。指导的博士后吴诗宝举行出站报告会，题目为《红树林生态系统服务价值评估》。

9月27日，出席中国科学院海洋生物资源可持续利用重点实验室（LMB）第一届学术委员会会议暨首届学术年会。

10月，被宁波市第四中学聘为宁波市第四中学一百六十五周年校庆筹备委员会荣誉主任。

2008 年

4月，主编的《生态学进展》由高等教育出版社出版，本书分十章，包括生态系统管理、全球变化生态学的现状与趋势、恢复生态学、人工湿地研究与应用、水生动物生理生态研究、水产健康安全价值的评估等。

11月1日，被宁波经促会北京联谊会聘为第五届理事会顾问。

2009 年

8月，被中国生态学学会聘为八届理事会顾问。

10月，当选为中国动物学会第十六届理事会理事，获证书。

2010年

3月，获2010年度北京师范大学"感动师大"新闻人物。

9月17日，参加广东省对依托转制院所和企业建设的稀有金属分离与综合利用国家重点实验室、畜禽育种国家重点实验室建设计划论证会，就实验室凝练研究方向和发展目标，提升实验室的科技创新能力和国际竞争力、发挥实验室技术辐射等提出了建议与意见。

10月，因在任第五届全国委员会委员期间，为我国科技名词规范化事业做出了突出贡献，获荣誉证书。

11月2日，被中国科学院昆明动物研究所聘为《动物学研究》第八届编辑委员会编委，任期四年。

2011年

1月4日，参加在广州召开的中国科学院海洋生物资源可持续利用重点实验室2010年度学术委员会会议，对实验室今后的定位和发展目标提出了建议。

2012年

3月5日，在广州对中国科学院国家外国专家局创新团队国际合作伙伴计划"热带海洋生态过程研究"进行终期评估。会后，对创新团队相关实验室进行了现场考察。

9月10日，参加北京师范大学一百一十周年校庆系列活动。

9月12日，参加北京师范大学生命科学学院生命科学青年学者奖颁奖仪式，作为嘉宾为获奖青年学者颁奖并发表讲话。

2020年

2020年2月14日在广州逝世。

附录二　孙儒泳主要论著目录

论文

[1] 孙儒泳. Geographic variation of some eco-physiological characteristics of *Microtus arvalis* and *Clethrionomus glariolus* in Moscow region. (in Russian). Thesis of Moscow State University. 部分译文见北京师范大学学报（自然科学报），1959（6）：61-81；1962（1）：51-88.

[2] 孙儒泳，方喜叶，高泽林，等. 柴河林区小啮齿类的生态学 I . 生态区系和数量的季节消长[J]. 动物学报，1962，14（1）：21-36.

[3] 孙儒泳，方喜叶，高泽林，等. 柴河林区小啮齿类的生态学 II . 垂直分布. 动物学报，1962，14（2）：165-174.

[4] 孙儒泳. 对以耗氧量作为化学体温调节强度指标的意见[J]. 动物学报，1963，15（1）：44-48.

[5] 孙儒泳，黄铁华. 褐家鼠和社鼠耗氧量研究中方差分析的应用[J]. 动物学报，1973，19（3）：282 292.

[6] 奚家星，孙儒泳. 褐家鼠和社鼠肺皮蒸发失水量的初步研究[J]. 动物学报，1973，19（3）：272-282.

[7] 孙儒泳. 协方差分析和调整平均数在生物学研究中的应用. 北京师范

大学学报（自然科学版）[J]. 1976,（2-3）：62-76.

[8] 孙儒泳，张玉书，方喜叶. 啮齿类繁殖生态学研究中雄性繁殖强度的意义[J]. 动物学报，1977，23（2）：180-200.

[9] 孙儒泳，刘凌云，张玉书，等. 国产甲基睾丸酮对罗非鱼雄性化及鱼苗生长的影响[J]. 北京范大学学报（自然科学版），1978,（4）：65-85.

[10] 景绍亮，孙儒泳. 长爪沙鼠体温调节机制的个体发育[J]. 生态学报，1982，2（2）：189-199.

[11] 曹振东，王汶成，张玉书，等. 一种能自记小啮齿类运动、出入巢、摄食、饮水四种活动的新装置[J]. 兽类学报，1982，2（1）：120-124.

[12] 郑生武，孙儒泳. 啮齿动物的巢区面积估算法[J]. 兽类学报，1982，2（1）：95-105.

[13] 孙儒泳，郑生武，崔瑞贤. 根田鼠巢区的研究[J]. 兽类学报，1982，2（2）：219-232.

[14] 孙儒泳，张玉书. 温度对罗非鱼生长的影响[J]. 生态学报，1982，2（2）：181-188.

[15] Sun RY, Jiang SL. Relation between average daily metabolic rate and resting metabolic rate of the mongolian gerbil (*Meriones unguicula*)[J]. Oecologia（Berlin），1984,（65）：122-124.

[16] 梁杰荣，周立，魏善武，等. 高寒草甸灭鼠后鼠兔和鼢鼠数量恢复的数学模型[J]. 生态学报，1984，4（1）：1-11.

[17] 董全，皮南林，许新宜，等. 海北藏系绵羊种群结构及其出栏方案最优化的探讨[J]. 生态学报，1984，4（2）：188-199.

[18] 梁杰荣，孙儒泳. 根田鼠生命表和繁殖的研究[J]. 动物学报，1985，31（2）：170-177.

[19] 贾西西，孙儒泳. 根田鼠平均每日代谢率及每日能量需要的估计[J]. 兽类学报，1986，6（2）：139-146.

[20] 贾西西，孙儒泳. 根田鼠静止代谢率特征的研究[J]. 动物学报，1986，32（3）：280-287.

[21] Cai B, Sun RY. Studies of the mathematical model for postnatal development of thermoregulation [J]. Journal of Themal Biology, 1987, 12（3）: 189-193.

[22] Sun RY, Zeng JX. Postnatal development of thermoregulation in the root vole (*Microtus oeconomus*) and the quantitative index of homeothermy ability [J]. Journal of Themal Biology, 1987, 12（4）: 267-272.

[23] 董全, 皮南林, 许新宜, 等. 海北藏系绵羊种群结构及其出栏方案分季最优化的探讨 [J]. 生态学报, 1987, 7（3）: 276-286.

[24] 肖增佑, 孙儒泳. 长爪沙鼠（*Meriones unguiculatus*）和黄地鼠（*Mesocricetus auratus*）的肺皮蒸发失水量研究 [J]. 兽类学报, 1988, 8（1）: 49-54.

[25] 李瑶, 孙儒泳, 王汶成, 等. 长爪沙鼠与黑线仓鼠的温度选择比较 [J]. 兽类学报, 1988, 8（1）: 55-59.

[26] 房继明, 孙儒泳. 布氏田鼠种群数量的季节动态与鼠洞的关系 [J]. 兽类学报, 1989, 9（3）: 202-209.

[27] 谢小军, 孙儒泳. 影响鱼类代谢的主要生态因素的研究进展 [J]. 西南师范大学学报, 1989, 14（4）: 141-149.

[28] Xie XJ, Sun RY. The bioenergetics of *silurus meridionalis*. I. Resting metabolic rate and its relation to body weight and temperature [J]. Physiological Zoology, 1990, 63（6）: 1181-1195.

[29] 谢小军, 孙儒泳. 南方鲇幼鱼鱼体的含能量及化学组成 [J]. 北京师范大学学报（自然科学版）, 1990, 3: 83-88.

[30] Fang JM, Sun RY. Spatial pattern of Brandt's voles [J]. 北京师范大学学报（自然科学版）, 1991, 27（1）: 75-81.

[31] 房继明, 孙儒泳. 布氏田鼠空间分布格局的季节动态 [J]. 生态学报, 1991, 11（2）: 111-116.

[32] 谢小军, 孙儒泳. 鱼类特殊动力作用的研究进展 [J]. 水生生物学报, 1991, 15（1）: 82-90.

[33] 文桢中,孙儒泳. 夜鹭的繁殖、生长和恒温能力发育的研究[J]. 信阳师范学院学报(自然科学版), 1991, 4(4): 92-101.

[34] 李庆芬, 黄晨西, 孙儒泳, 等. 长爪沙鼠胎后发育的线粒体产能[J]. 兽类学报, 1991, 11(1): 42-47.

[35] 姜永进, 魏善武, 王祖望, 等. 海北高寒草甸金露梅灌丛根田鼠种群生产力的研究Ⅰ. 种群动态[J]. 兽类学报, 1991, 11(4): 270-278.

[36] 李庆芬, 蔡兵, 黄晨西, 等. 大鼠恒温能力和产热的胎后发育[J]. 动物学报, 1992, 38(1): 87-94.

[37] 谢小军, 孙儒泳. 南方鲇的日总代谢和特殊动力作用的能量消耗[J]. 水生生物学报, 1992, 16(3): 200-207.

[38] 谢小军, 孙儒泳. 南方鲇的最大摄食率及其与体重和温度的关系[J]. 生态学报, 1992, 12(3): 225-231.

[39] Liu ZL, Liu ZM, Sun RY. Seasonal water metabolism of free-living brandt's voles [J]. Physiological Zoology, 1992, 65(1): 215-225.

[40] Xie XJ, Sun RY. The bioenergetics of the southern catfish (*Silurus meridionalis* Chen) Growth rate as a function of body weight and temperature [J]. Journal of Fish Biology, 1992, 40(5): 719-730.

[41] 刘志龙, 孙儒泳. 布氏田鼠种群生理年龄结构研究[J]. 兽类学报, 1993, 13(1): 50-60.

[42] 刘志龙, 孙儒泳. 布氏田鼠种群繁殖特征研究[J]. 兽类学报, 1993, 13(2): 114-122.

[43] 王祖望, 魏善武, 姜永进, 等. 高寒草甸金露梅灌丛根田鼠种群生产力的研究Ⅲ. 种群生物能学[J]. 兽类学报, 1993, 13(1): 38-49.

[44] 王德华, 孙儒泳, 王祖望. 高原鼠兔蒸发失水的地位及热能调节[J]. 兽类学报, 1993, 13(2): 104-113.

[45] Xie XJ, Sun RY. Pattern of energy allocation in southern catfish (*Silurus meridionalis*) [J]. Journal of Fish Biology, 1993, 42(2): 197-207.

[46] 杨振才, 谢小军, 孙儒泳. 鱼类活动代谢的研究进展[J]. 河北师范

大学学报，1993，17（3）：77-80.

[47] 房继明，孙儒泳. 从肥满度看布氏田鼠对气候环境的适应[J]. 北京师范大学学报（自然科学版），1993，29（3）：413-415.

[48] 文桢中，孙儒泳. 牛背鹭繁殖、生长和恒温能力的研究[J]. 动物学报，1993，39（3）：263-271.

[49] 王德华，刘晓达，王祖望，等. 高原鼠兔褐色脂肪组织成分及功能的季节动态[J]. 兽类学报，1993，13（4）：271-276.

[50] 杨振才，谢小军，孙儒泳. 温度和体重对鲤鱼最大摄食率和消化率的影响[J]. 河北师范大学学报，1993，17（4）：68-72.

[51] 谢小明，孙儒泳，房继明. 布氏田鼠婚配制度和繁殖的实验研究[J]. 动物学报，1994，40（3）：262-265.

[52] Li ZW, Sun RY, Du JZ. Circadian rhythm in pineal melatonin contents in plateau pika (*Ochotona curzoniae*)[J]. 兽类学报，1994，14（3）：234-238.

[53] 李子巍，孙儒泳，杜继曾. 高原鼠兔季节性繁殖中的神经内分泌调控Ⅱ. 在生殖恢复期不同光照的影响[J]. 兽类学报，1994，14（2）：154-159.

[54] 李庆芬，李宁，孙儒泳. 布氏田鼠对低温的适应性产热研究[J]. 兽类学报，1994，14（4）：286-293.

[55] 王政昆，孙儒泳，李庆芬，等. 中缅树鼩（*Tupaia belangeri*）静止代谢率和体温调节的研究[J]. 北京师范大学学报（自然科学版），1994，30（3）：408-414.

[56] Fang JM, Hurst J, Barnard C, Sun RY. The parentage test of wild house mice by DNA fingerprinting[J]. Acta Theriologica Sinica, 1994, 14（4）：272-280.

[57] 房继明，孙儒泳. 布氏田鼠数量和空间分布的年际动态及周期性初步分析[J]. 动物学杂志，1994，29（6）：35-37.

[58] 李子巍，杜继曾，孙儒泳. 高原鼠兔季节性繁殖中的神经内分泌调控Ⅰ. 在性休止期不同光照的影响[J]. 动物学报，1994，40（4）：

370-376.

[59] 房继明, 孙儒泳, J. L. 哈斯特, 等. 野生雄性小家鼠行为的主要成分 [J]. 动物学报. 1994, 40（4）: 432—434.

[60] 牛翠娟, 张廷军, 孙儒泳. 中华鳖幼鳖的能量代谢（I）——水中呼吸及其与温度、体重的关系 [J]. 北京师范大学学报（自然科学版）, 1994, 30（4）: 536-539.

[61] Liu ZL, Li ZL, Liu LF, Sun RY. Intensity of male reproduction in Brandt's voles, *Microtus brandti* [J]. Acta Theriologia, 1994, 39（4）: 389-397.

[62] 王德华, 王祖望, 孙儒泳. 根田鼠消化道长度和重量的变化及其适应意义 [J]. 兽类学报, 1995, 15（1）: 53-59.

[63] 房继明, 孙儒泳, 刘志龙. 布氏田鼠肥满度分析和小型兽类肥满度指标 K 与 K wl（重长指标）的比较 [J]. 动物学报, 1995, 41（2）: 141-148.

[64] 王德华, 王祖望, 孙儒泳. 非冬眠小型哺乳动物对寒冷的适应对策 [J]. 中国兽类生物学研究, 1995, 139-150.

[65] 刘定震, 房继明, 孙儒泳, 等. 大熊猫个体行为及性别和年龄差异的初步研究 [J]. 中国兽类生物学研究, 1995, 194.

[66] 谢小明, 孙儒泳, 尹峰, 等. 布氏田鼠社会交往行为的实验分析 [J]. 中国兽类生物学研究, 1995, 169-173.

[67] 王政昆, 李庆芬, 孙儒泳. 中缅树鼩对低温的适应性产热 [J]. 中国兽类生物学研究. 1995, 131-138.

[68] 王政昆, 孙儒泳, 李庆芬. 倭峰猴静止代谢率和体温调节的研究 [J]. 动物学报, 1995, 41（2）: 149-157.

[69] 王政昆, 李庆芬, 孙儒泳. 中缅树鼩的非颤抖性产热及细胞产热特征 [J]. 动物学研究, 1995, 16（3）: 239-246.

[70] 张廷军, 牛翠娟, 孙儒泳. 影响爬行类能量收支的主要生态因素 [J]. 两栖爬行动物学研究, 1995, 4（5）: 291-298.

[71] 杨振才, 谢小军, 孙儒泳. 鲇鱼的静止代谢率及其与体重、温度和性别的关系 [J]. 水生生物学学报, 1995, 19（4）: 368-373.

[72] 王德华, 孙儒泳, 王祖望. 根田鼠的最大同化能量[J]. 动物学报, 1996, 42(1): 35-41.

[73] 房继明, 孙儒泳, 赫斯特, 等. 野生雄性断乳小家鼠对陌生同父异母鼠和陌生无亲缘关系的亲缘辩别[J]. 动物学报, 1996, 42(1): 105-107.

[74] 王政昆, 李庆芬, 孙儒泳. 褐色脂肪组织产热调节机制研究进展[J]. 生理科学进展, 1996, 2(4): 353-355.

[75] 张廷军, 牛翠娟, 孙儒泳. 中华鳖幼体呼吸代谢的初步研究[J]. 动物学研究, 1996, 17(2): 147-151.

[76] 张廷军, 牛翠娟, 孙儒泳. 中华鳖幼体能量转换的初步研究[J]. 生态学报. 1996, 16(2): 202-206.

[77] 王德华, 孙儒泳, 王祖望. 根田鼠哺乳期的同化能量及产后生长发育过程中的能量分配[J]. 动物学报, 1996, 42(2): 140-145.

[78] 王德华, 孙儒泳, 王祖望, 等. 根田鼠冷驯化过程中的适应性产热特征[J]. 动物学报, 1996, 42(4): 368-376.

[79] 杨振才, 谢小军, 孙儒泳. 日粮水平对鲇鱼日总代谢、特殊动力作用和活动代谢的影响[J]. 水生生物学学报, 1996, 20(4): 333-339.

[80] 刘敬泽, 姜在阶, 杨亦萍, 等. 长角血蜱性信息素生物合成的激素调控[J]. 北京师范大学学报(自然科学版), 1997, 33(1): 130-134.

[81] 黄乘明, 孙儒泳, 任飞, 等. 笼养白头叶猴的食物选择和食物量的研究[J]. 北京师范大学学报(自然科学版), 1997, 33(2): 253-257.

[82] Liu XT, Li QF, Huang CX, et al. Effects of thyroid status on cold-adaptive thermogenesis in brandt's vole, *Microtus brandti*[J]. Physiological Zoology, 1997, 70(3): 352-361.

[83] Liu JZ, Jiang ZL, Yin CM, et al. Evidence for the existence of juvenile hormone synthesized by the synganglion of *Haephysalis longicornis*(Acari:

Ixodidae)[J]. Systematic and Applied Acarology, 1997, 2: 51-56.

[84] 袁重桂, 胡锦矗, 孙儒泳. 大熊猫具时滞种群动态数学模型研究 [J]. 四川师范学院学报, 1997, 18 (2): 85-89.

[85] 刘定震, 房继明, 孙儒泳, 等. 大熊猫个体不同性活跃能力的行为比较 [J]. 动物学报, 1998, 44 (1): 27-34.

[86] 牛翠娟, 张廷军, 孙儒泳. 中华鳖幼鳖的空气呼吸静止代谢率, 气体交换比及其与温度的关系 [J]. 动物学研究, 1998, 19 (2): 114-119.

[87] Li ZW, Sun RY, Du JZ. Seasonal reproductive cycles in male plateau pika (*Ochotona curzoniae*) [J]. Acta Theriol. Sinica, 1998, 18 (1): 42-49.

[88] 张廷军, 杨振才, 孙儒泳. 鱼类对高密度环境的适应 [J]. 水产科技情报, 1998, 25 (3): 110-113.

[89] 周显青, 牛翠娟, 李庆芬, 等. 光照度对中华鳖稚鳖能量转换的影响 [J]. 北京师范大学学报 (自然科学版), 1998, 34 (2): 248-251.

[90] 张录强, 杨振才, 李春秋, 等. 笼养黑琴鸡 (*Lyrurus tetrix baikallensis*) 能量平衡的研究 [J]. 北京师范大学学报 (自然科学版), 1998, 34 (3): 399-402.

[91] 黄乘明, 孙儒泳, 王政昆. 笼养白头叶猴食物能量代谢的研究 [J]. 广西科学, 1998, 5 (3): 161-165.

[92] Liu XT, Lin QS, Li QF, et al. Uncoupling protein mRNA, mitochondrial GTP-binding, and T4 5'-deiodinase activity of brown adipose tissue in daurian ground squirrel during hibernation and arousal [J]. Comparative Biochemistry and Physiology, 1998, 120A: 745-752.

[93] 刘敬泽, 姜在阶, 杨亦萍, 等. 长角血蜱性息素2, 6二氯酚的含量变化及生物学作用 [J]. 寄生虫与医学昆虫学报, 1998, 5 (4): 253-257.

[94] 刘敬泽, 姜在阶, 李仲来, 等. 性信息素2, 6二氯酚在长角血蜱行

为中的作用 [J]. 昆虫学报, 1999, 42（1）: 31-36.

[95] Shi Q, Tang PL, Lin UR, et al. Studies on the structure of pineal complex in the ricefield eel, *Monopteruus albus* Zuiew [J]. 北京师范大学学报（自然科学版）, 1999, 35（1）: 106-113.

[96] Wang DH, Sun RY, Wang Z, et al. Effects of temperature and photoperiod on thermogenesis in plateau pikas (*Ochotona curzoniae*) and root vole (*Microtus oeconomus*) [J]. J Comp Physiol, 1999, 16B: 77-83.

[97] 张廷军, 杨振才, 孙儒泳. 水库小网箱养鲤效果及其与密度关系 [J]. 中国水产科学, 1999, 6（1）: 107-111.

[98] 王政昆, 李庆芬, 孙儒泳, 等. 光周期和温度对中华树鼩产热能力的影响 [J]. 动物学报, 1999, 45（3）: 287-293.

[99] 石琼, 孙儒泳, 张崇理, 等. 湖羊母体埋植腿黑激素对其初生羔羊皮毛品质的影响 [J]. 北京师范大学学报（自然科学版）, 1999, 35（3）: 408-410.

[100] 王德华, 孙儒泳, 王祖望. 光照和温度对高原鼠兔褐色脂肪织产热特性的影响 [J]. 动物学研究, 1999, 20（5）: 347-351.

[101] 王政昆, 刘璐, 梁子卿, 等. 大绒鼠体温调节和产热特征 [J]. 兽类学报, 1999, 19（4）: 276-286.

[102] Zhao YJ, Fang JM, Sun RY. Famialarity and mate choices of female and male root voles in female natural estrus [J]. 兽类学报, 1999, 19（4）: 287-297.

[103] Niu CJ, Zhang TJ, Sun RY. Food consumption and growth of juvenile Chinese soft-shelled turtles (*Pelodiscus sinensis*) in relation to body weight and water temperature [J]. Asiatic Herpetological Research, 1999（2000）, 8: 81-84.

[104] 杨振才, 牛翠娟, 孙儒泳. 中华鳖生物学研究进展 [J]. 动物学杂志, 1999, 34（6）: 41-44.

[105] 周显青, 牛翠娟, 李庆芬, 等. 光周期对中华鳖摄食、生长和能量

转换的影响［J］. 生态学报, 1999, 19（3）: 383-387.

［106］牛翠娟, 张廷军, 孙儒泳. 中华鳖幼鳖的生长模式及身体各部分生化组成［J］. 动物学报, 1999, 45（4）: 420-426.

［107］孙儒泳. 生物多样性保育研究（院士论坛）［J］. 世界科技研究与发展, 1999, 21（2）: 19-23.

［108］王安利, 李文利, 孙儒泳. 对虾病毒的分离纯化与检测方法研究进展［J］. 上海水产大学学报, 1999, 8（4）: 349-357.

［109］王维娜, 王安利, 胡俊荣, 等. 水中饵料生物的种类和数量对虾蟹繁育率的影响［J］. 河北大学学报（自然科学版）, 2000, 20（4）: 405-409.

［110］黄乘明, 孙儒泳, 薛跃规, 等. 白头叶猴食谱与觅食时间分配的研究［J］. 人类学学报, 2000, 19（1）: 65-72.

［111］王政昆, 刘璐, 李庆芬, 等. 倭峰猴的产热及细胞呼吸特征［J］. 兽类学报, 2000, 20（1）: 13-20.

［112］张立, 房继明, 孙儒泳. 布氏田鼠嗅觉通讯的行为发育——幼体对群体气味的辨别［J］. 兽类学报, 2000, 20（1）: 30-36.

［113］赵亚军, 房继明, 孙儒泳. 田鼠属动物婚配制度的研究范式［J］. 兽类学报, 2000, 20（1）: 67-75.

［114］张录强, 杨振才, 吴跃峰, 等. 黑琴鸡（*Lyrurus tetrix baikallensis*）机体营养组成的研究［J］. 北京师范大学学报（自然科学版）, 2000, 36（1）: 115-117.

［115］周显青, 孙儒泳, 牛翠娟. 维生素E对免疫功能的影响［J］. 生理科学进展, 2000, 31（2）: 163-165.

［116］王德华, 王祖望, 孙儒泳. 光照和温度对根田鼠褐色脂肪组织产热能力的影响［J］. 兽类学报, 2000, 20（2）: 123-129.

［117］王政昆, 李庆芬, 孙儒泳. 外源性褪黑激素对中缅树鼩适应性产热特征的影响［J］. 动物学报, 2000, 46（2）: 154-159.

［118］周显青, 孙儒泳, 牛翠娟. V_C对免疫功能的影响［J］. 动物学杂志, 2000, 35（3）: 57-60.

[119] 张录强, 杨振才, 孙儒泳. 长光照诱导红腹锦鸡当年雌鸡冬季繁殖效果的实验研究 [J]. 动物学研究, 2000, 21 (3): 245-247.

[120] 杨振才, 牛翠娟, 孙儒泳. 爬行动物卵孵化的生理生态学研究 [J]. 两栖爬行动物学研究, 2000, (8): 125-132.

[121] 杨振才, 牛翠娟, 孙儒泳. 鸡肝脏和配合饵料对稚鳖生长的影响 [J]. 水利渔业, 2000, 20 (4): 43-44.

[122] 石琼, 孙儒泳, 张崇理. 褪黑激素与绵羊的季节性生殖 [J]. 生态学报, 2000, 20 (5): 863-868.

[123] 王煜, 黄晨西, 李庆芬, 等. 冷暴露对长爪沙鼠BAT及UCPmRNA的影响 [J]. 北京师范大学学报 (自然科学版), 2000, 36 (5): 695-699.

[124] 王安利, 王维娜, 胡俊荣, 等. 中国海洋生物多样性的研究 [J]. 河北大学学报 (自然科学版), 2000, 2 (2): 204-208.

[125] 王煜, 黄晨西, 李庆芬, 等. 布氏田鼠冷暴露中褐色脂肪组织的增补及解偶联蛋白基因表达 [J]. 动物学研究, 2001, 22 (1): 41-45.

[126] 周显青, 孙儒泳, 牛翠娟. 应激对水生动物生长、行为和生理活动的影响 [J]. 动物学研究, 2001, 22 (2): 154-158.

[127] 张录强, 杨振才, 吴跃峰, 等. 笼养黑琴鸡 (*Lyrurus tetrixbaikallensis*) 静止代谢研究 [J]. 河北师范大学学报 (自然科学版), 2001, 25 (3): 381-384.

[128] Liu XT, Li QF, Lin QS, et al. Uncoupling protein 1 mRNA, mitochondrial GTP-binding, and T_4 5'-deiodinase of brown adipose tissue in euthermic Daurian ground squirrel during cold exposure [J]. Comparative Biochemistry and Physiology, 2001, 128A: 827-835.

[129] 刘小团, 李庆芬, 黄晨西, 等. 长爪沙鼠冷驯化过程中甲状腺激素的变化 [J]. 兽类学报, 2001, 21 (2): 132-136.

[130] 张立, 孙儒泳, 房继明. 光周期和气味信号对雄性布氏田鼠血浆睾酮含量的影响 [J]. 动物学报, 2001, 47 (4): 468-472.

[131] 王维娜,王安利,孙儒泳. 水环境中的铜锌铁钴离子对日本沼虾消化酶和碱性磷酸酶的影响[J]. 动物学报, 2001, 47(8): 72-77.

[132] 王维娜,王安利,陈丽,等. 斑节虾体内微孢子虫的超微结构[J]. 动物学报, 2001, 47(8): 78-81.

[133] 李庆芬,刘小团,黄晨西,等. 长爪沙鼠冷驯化中褐色脂组织产热活性及解偶联蛋白基因表达[J]. 动物学报, 2001, 47(4): 388-393.

[134] 刘小团,李庆芬,黄晨西,等. 达乌尔黄鼠冷暴露、冬眠及激醒时的外周甲状腺激素水平变化[J]. 动物学报, 2001, 47(5): 502-507.

[135] 张立,房继明,孙儒泳. 布氏田鼠在不同光周期下对陌生个体尿液和粪便的气味辨别[J]. 兽类学报, 2001, 21(4): 292-300.

[136] Zhang L, Fang JM, Sun RY. Behaviour development of conspecific odour preferences in Brandt's vole, *Microtus brandt* [J]. Acta Theriologica, 2001, 46(1): 23-32.

[137] Li QF, Sun RY, Huang CX, et al. Cold adaptive thermogenesis in small mammals from different geographical zones of China [J]. Comparative Biochemistry and Physiology, 2001, 129A: 949-961.

[138] Wang WN, Liang H, Wang AL, et al. Effect of pH and Zn^{2+} on subcultured muscle cell from *Macrobrachium nipponense* [J]. *Methods in Cell Science*, 2001, 22: 277-284.

[139] 黄承明,孙儒泳. 白头叶猴及其觅食生物学[J]. 生物学通报. 2001, 36(1) 3-4.

[140] 张录强,杨振才,孙儒泳. 光周期诱导红腹锦鸡冬季繁殖效果初报[J]. 动物学报, 2001, 47(6): 709-712.

[141] 邰发道,孙儒泳,王廷正,等. 五种鼠的脑和头骨形态及其生态关系[J]. 动物学研究, 2001, 22(6): 472-477.

[142] 杨振才,牛翠娟,孙儒泳. 温度对中华鳖卵孵化和胚胎发育的影响[J]. 动物学报, 2002, 48(6): 716-724.

[143] 张立, 孙儒泳, 房继明. 雄性布氏田鼠对不同熟悉程度和动情状态下雌鼠气味的辨别[J]. 动物学报, 2002, 48(1): 27-34.

[144] 邰发道, 孙儒泳. 人体气味及其功能[J]. 生理科学进展, 2002, 33(1): 61-64.

[145] 刘定震, 张贵权, 魏荣平, 等. 性别与年龄对圈养大熊猫行为的影响[J]. 动物学报, 2002, 48(5): 585-590.

[146] Zhou XQ, Niu CJ, Sun RY, et al. The effect of vitamin C on the non-specific immune response of the juvenile soft-shelled turtle (*Trionyssinensis*)[J]. Com Biochem & Physiol. 2002, part A, 131: 917-922.

[147] 周显青, 牛翠娟, 孙儒泳. 黄芪和酸应激对中华鳖幼鳖血清补体C3和C4含量的影响[J]. 动物学研究, 2002, 23(2): 177-180.

[148] 邰发道, 张育辉, 孙儒泳. 关于人类是否具有功能性犁鼻器的探讨[J]. 解剖学杂志, 2002, 25(2): 195-198.

[149] Tai FD, Wang TZ, Sun RY. Functions of vomeronasal system in reproduction behavior of the rodent. 陕西师范大学学报(自然科学版), 2002, 30(2): 97-103.

[150] 张录强, 杨震才, 孙儒泳. 红腹锦鸡(*Chrysolophus pictus*)生长曲线分析[J]. 北京师范大学学报(自然科学版), 2002, 38(4): 549-553.

[151] 王维娜, 孙儒泳, 王安利, 等. 环境因子对日本沼虾消化酶和碱性磷酸酶的影响[J]. 应用生态学报, 2002, 13(9): 1153-1156.

[152] Wang WN, Wang AL, Chen L, et al. Effects of pH on survival, phosphorus concentration, adenylate energy charge and Na^+-K^+ ATPase activities of *Panaeus chinensis* Osbeck juveniles[J]. Aquatic Toxicology, 2002, 60: 75-83.

[153] Tai FD, Sun RY, Wang TZ. Does low fecundity reflect kin recognition and inbreeding avoidance in the mandarin vole (*Microtus*

mandarinus)[J]. Can. J. Zool., 2002, 80: 2150-2155.

[154] 于晓东, 房继明, 孙儒泳. 亲缘关系与啮齿类动物的社会行为 [J]. 生态学杂志, 2002, 21(6): 51-56.

[155] Wang WN, Wang AL, Wang DM, et al. Calcium, Phosphorus and adenylate level and N$^+$-K$^+$-ATPase activities of prawn, *Macrobrachium nipponense*, during the moult cycle [J]. Comparative Biochemistry and Physiology, 2003, 134A: 297-305.

[156] 周显青, 牛翠娟, 孙儒泳. 维生素E对中华鳖生长、肝脏维生素E以及血清皮质醇含量的影响 [J]. 动物学报, 2003, 49(1): 40-44.

[157] 张立, 孙儒泳, 房继明. 啮齿动物的嗅觉通信研究进展 [J]. 兽类学报, 2003, 23(1): 74-82.

[158] 周显青, 牛翠娟, 孙儒泳. 黄芪对中华鳖免疫和抗酸应激能力的影响 [J]. 水生生物学报, 2003, 27(1): 110-112.

[159] Wang, AL, Wang WN, Wang Y, et al. Effect of dietary vitamin C supplementation on the oxygen consumption, ammonia-N excretion and Na$^+$/K$^+$ ATPase of *Macrobrachium nipponense* exposed to ambient ammonia [J]. Aquaculture, 2003, 220: 833-841.

[160] Huang CM, Wei FW, Li M, et al. Sleeping cave selection, activity pattern and time budget of white-headed Langurs [J]. International Journal of Primatology, 2003, 24(4): 813-842.

[161] 马杰, 李庆芬, 孙儒泳, 等. 东灵山辽东栎啮齿动物群落组成及优势种大林姬鼠的繁殖特征 [J]. 动物学报, 2003, 49(2): 262-265.

[162] 邰发道, 王廷正, 张育辉, 等. 棕色田鼠与沼泽田鼠犁鼻器和副嗅球的组织结构 [J]. 动物学报, 2003, 49(2): 248-255.

[163] 马杰, 阎文杰, 李庆芬, 等. 东灵山辽东栎林啮齿动物群落组成及多样性 [J]. 动物学杂志. 2003, 38(6): 37-41.

[164] 刘定震, 王立文, 张晓彤, 等. 大熊猫尿液中挥发性成分的初步分析 [J]. 北京师范大学学报(自然科学版), 2003, 39(1) 123-130.

[165] Zhou XQ, Xie MX, Niu CJ, et al. The effects of dietary vitamin C on growth, liver vitaminC and serum cortisol in streesed and unstressed juvenile soft-shelled turtles (*Pelodiscus sinensis*) [J]. Com Biochem and Physiol, 2003, 135A: 263-270.

[166] 周显青, 牛翠娟, 孙儒泳. 维生素 C 和酸应激对中华鳖幼鳖血清补体 C3 和 C4 含量的影响 [J]. 动物学报, 2003, 49 (6): 769-774.

[167] 周显青, 牛翠娟, 孙儒泳. 饵料维生素 E 含量对酸应激中华鳖幼鳖血清补体 C3 和 C4 含量的影响 [J]. 动物学研究, 2003, 24 (6): 452-456.

[168] Yu XD, Sun RY, Fang JM. Effect of kinship on social behaviors in Brandt's voles (*Microtus brandti*) [J]. J Ethol., 2004, 22: 17-22.

[169] 周显青, 牛翠娟, 孙儒泳. 维生素 C 和 E 混合饲喂对中华鳖幼鳖抗酸应激能力的影响 [J]. 动物学研究, 2004, 25 (1): 37-42.

[170] Liu JS, Wang DH, Sun RY. Metabolism and thermoregulation in three species of rodent from Northeastern China [J]. Journal of Thermal Biology, 2004, 29: 177-183.

[171] 田红, 魏荣平, 张贵权, 等. 传统圈养和半自然散放环境亚成年大熊猫的行为差异 [J]. 动物学研究, 2004, 25 (2): 137-140.

[172] 柳劲松, 王德华, 孙儒泳. 白琵鹭雏鸟的生长和恒温能力的发育 [J]. 动物学研究, 2003, 24 (4): 249-253.

[173] 柳劲松, 王德华, 孙儒泳. 东北地区黑线仓鼠的代谢产热特征及其体温调节 [J]. 动物学报, 2003, 49 (4): 451-457.

[174] 赵亚军, 孙儒泳, 房继明, 等. 青春期雌性根田鼠初次择偶行为与雄性优势等级 [J]. 动物学报, 2003, 49 (3): 303-309.

[175] Liu JS, Wang DH, Wang Y, et al. Energetics and thermoregulation of the Carpodacus roseus, Fringilla montif ringilla and Acanthis flammea [J]. 动物学报, 2004, 50 (3): 357-363.

[176] 周显青, 谢孟峡, 牛翠娟, 等. 维生素 C 和 E 合用对应激和非应激中华鳖幼鳖生长、肝脏维生素 C 和 E 以及血清皮质醇含量的影响

[J]. 动物学报, 2004, 50（2）: 158-164.

[177] Zhou XQ, Niu CJ, Sun RY. The effects of vitamin E on antiacid stress ability in juvenile soft-shelled turtles (*Pelodiscus sinensis*)[J]. Comparative Biochemstry and Physiology, 2004, 137C: 299-305.

[178] 周显青, 牛翠娟, 孙儒泳. 维生素 C 和 E 合用对中华鳖幼鳖非特异性免疫功能的影响[J]. 水生生物学报, 2004, 28（4）: 356-360.

[179] Wang WN, Wang AL, Bao L, et al. Changes of protein-bound and free amino acids in the muscle of the freshwater prawn[J]. Aquaculture, 2004, 233: 561-571.

[180] Wang WN, Wang AL, Zhang YJ, et al. Efeects of nitrite on leyhal and immune response of *Macrobrachium nipponense in different salinity*[J]. Aquaculture, 2004, 232: 679-686.

[181] 田红, 陈媛, 黄晨西, 等. 毛细管电泳法测定大熊猫尿肌酐[J]. 北京师范大学学报（自然科学版）, 2004, 40（4）: 531-533.

[182] 张立, 房继明, 孙儒泳. 光周期对雄性布氏田鼠种内个体气味辨别的影响[J]. 兽类学报, 2004, 24（4）: 304-310.

[183] Yao CL, Wang AL, Wang WN, et al. Purification and partial characterization of Mn superoxide dismutase from muscle tissue of the shrimp *Macrobrachium nipponense*[J]. Aquaculture, 2004, 241: 621-631.

[184] 马杰, 李庆芬, 孙儒泳, 等. 啮齿动物和鸟类对东灵山地区辽东栎种子丢失的影响[J]. 生态学杂志, 2004, 23（1）: 107-110.

[185] 马杰, 李庆芬, 孙儒泳, 等. 啮齿动物对北京小龙门林场辽东栎地表种子的扩散[J]. 动物学研究, 2004, 25（4）: 287-291.

[186] 高新宇, 刘定震, 叶新平, 等. 佛坪自然保护区野生大熊猫对保护区内简易建筑的利用[J]. 北京师范大学学报（自然科学版）, 2004, 40（2）: 260-263.

[187] Hong Y, Liu DZ, Sun LX, et al. Anogenital gland secretions coding for sex and age in the giant panda, *Ailuropoda melanoleuca*[J]. Can J

Zool，2004，82（10）：1596-1604.

［188］Zhou XQ，Niu CJ，Sun RY. The effect of vitamin C on stress withstanding capability in the juvenile soft-shelled turtle（*Pelodiscus sinensis*）[J]. Aquaculture Nutrition，2005，11：169-174.

［189］Zhou XQ，Niu CJ，Sun RY. The effects of vitamin E on non-specific immune response of the juvenile soft-shelled turtle *Pelodiscus sinensis* [J]. Fisheries Science，2005，71：612-617.

［190］Yu XD，Sun RY，Fang JM. Effect of kinship on parental care and infanticide in Brandt'voles（*Microtus brandti*）[J]. Biologia_Bratislava，2005，64（2）：221-226.

［191］张立，房继明，孙儒泳. 光周期对雄性布氏田鼠种内个体气味辨别的影响［J］. 兽类学报，2004，24（4）：304-310.

［192］Tai FD，Ding XL，Wang HC，et al. Cellular activation of AOB，MOB in different behaviour and brian development stages of Mandarin voles（*Microtus mandarinus*）[J]. 动物学报，2005，51（1）：60-67.

［193］Wang WN，Wang AL，Wang Y，et al. Effect of dietary vitamin C and ammonia concentration on the cellular defense response of *Macrobrachiurn nipponense* [J]. Journal of the World Aquaculture Society，2005，36（1）：1-7.

［194］TAI FD，Lian Y，Wang TZ，et al. Odor Recognition in mandarin vole（*Microtus mandarinus*）and reed Vol2（M.fostis）[J]. 兽类学报，2005，25（2）：175-181.

［195］Liu DZ，Zhang GQ，Wei RP，et al. Behavioral responsiveness of captive giant pandas（*Ailuropoda melanoleuca*）to substrate odors from conspecifics of the opposite sex. *In*：Mason，R.T.，LeMaster，M.P，Müller-Schwarze，D.（eds.），Chemical Signals in Vertebrates 10，Springer，New York，2005：101-109.

［196］Liu JS，Wang DH，Sun RY. Climatic adaptations in metabolism of four species of small birds in China［J］. 动物学报，2005，51（1）：

24-30.

[197] Tai FD, Broders HG, Lian Y, et al. Cellular activation pattern of the main olfactory bulb and accessory olfactory bulb following exposure to bedding soiled by same-or opposite-sex conspecifis in Mandarin voles (*Microtus mandarinus*) [J]. Can J Zool., 2006, 84: 1138-1145.

[198] Liu DZ, Yuan H, Tian H, et al. Do anogenital gland secretions of giant panda code for their sexual ability [J]. Chinese Science Bulletin, 2006, 51 (16): 1986-1996.

[199] Wang WN, Wang AL, Liu Y, et al. Efects of temperature on growth, adenosine phosphates, ATPase and cellular defense of defense response of juvenile shrimp *Macrobrachium nipponense* [J]. Aquaculture, 2006, 256: 624-630.

[200] Liu JS, Sun RY, Wang DH. Thermogenic properties in three rodent species from Northeastern China in summer [J]. Journal of Thermal Biology, 2006, 31: 172-176.

[201] 廖绍安, 郑桂丽, 王安利, 等. 养虾池好氧硝化细菌新菌株的分离鉴定及特征 [J]. 生态学报, 2006, 26 (11): 3718-3724.

[202] 王安利, 郑桂丽, 廖绍安, 等. 虾池中具有降解硝酸盐或亚硝酸盐能力的细菌多样性 [J]. 生态学报, 2007, 27 (5): 1937-1944.

[203] Tian H, Wei RP, Zhang GQ, et al. Age differences in behavioral responses of male giant pandas to chemosensory stimulation [J]. 动物学研究, 2007, 28 (2): 134-140.

[204] 柳劲松, 孙儒泳, 王德华. 三种啮齿动物的消化道形态的比较 [J]. 动物学杂志, 2007, 42 (1): 8-13.

[205] Liu Y, Wang WN, Wang AL, et al. Effects of dietary vitamin E supplementation on antioxidant enzyme activities in *Litopanaeus vannamei* (Boone, 1931) exposed to acute salinity changes [J]. Aquaculture, 2007, 265: 351-358.

[206] 成洪山, 王艳, 李韶山, 等. 系统动力学软件 STELLA 在生态学中的

应用[J]. 华南师范大学学报（自然科学版），2007，3：126-131.
[207] 马杰，阎文杰，李庆芬，等. 东灵山辽东栎虫损种子调查[J]. 生态学杂志，2008，27（3）：282-285.
[208] Zhou J, Wang WN, Sun RY. Gene expression of ferritin in tissue of the Pacific white shrimp[J]. Aquaculture，2008，275：356-360.

著作

[1][苏联]H.H.卡拉布霍夫，陆生脊椎动物生态学实验研究法[M]. 孙儒泳译. 北京：高等教育出版社，1959年.

[2][美]R.M.梅，等. 理论生态学[M]. 孙儒泳，等译. 北京：科学出版社，1980年.

[3][美]EUGENE P.ODUM. 生态学基础[M]. 孙儒泳，等译. 北京：人民教育出版社，1981年.

[4]华东师范大学，北京师范大学，复旦大学，中山大学. 动物生态学（上册）[M]. 北京：人民教育出版社，1981年.

[5]孙儒泳. 生态学与人类[M]. 哈尔滨：黑龙江科学技术出版社，1982年.

[6]北京师范大学，华东师范大学. 动物生态学实验指导[M]. 北京：高等教育出版社，1983年.

[7]孙儒泳. 种群的科学管理与数学模型——动物的盛衰兴亡[M]. 上海：上海科学技术出版社，1985年.

[8]孙儒泳，林特溟. 近代的生态学[M]. 北京：科学出版社，1986年.

[9]孙儒泳. 动物生态学原理（第一版）[M]. 北京：北京师范大学出版社，1987年.

[10]孙儒泳. 动物生态学原理（第二版）[M]. 北京：北京师范大学出版社，1992年.

[11]孙儒泳，等. 普通生态学[M]. 台北：艺轩图书出版社，1995年.

[12][美]麦肯齐. 生态学[M]. 孙儒泳译. 北京：科学出版社，2000年.

[13]孙儒泳. 名家讲演录——生物多样性的启迪[M]. 上海：上海科学

技术出版社，2000年.

［14］孙儒泳. 动物生态学原理（第三版）［M］. 北京：北京师范大学出版社，2001年.

［15］孙儒泳. 基础生态学［M］. 北京：高等教育出版社，2002年.

［16］孙儒泳. 生态学进展［M］. 北京：高等教育出版社，2008年.

参考文献

[1] 北京师范大学，华东师范大学. 动物生态学实验指导［M］. 北京：高等教育出版社，1983.

[2] 杜文成. 密云水库网箱养鱼对水质影响的监测［J］. 水文，1993（1）42-44.

[3] 国家科委. 关于编制我国科技发展"九五"计划和2010年长期规划的基本思路［N］. 1994-6-8.

[4] 华东师范大学，北京师范大学，复旦大学，中山大学. 动物生态学（上册）［M］. 北京：人民教育出版社，1981.

[5] 贾西西，孙儒泳. 根田鼠平均每日代谢率及每日能量需要的估计［J］. 兽类学报，1986，6（2）:139-146.

[6] 李鹏. 建国初期留苏运动的历史考察［D］. 上海：华东师范大学，2008.

[7] 孙儒泳，方喜叶，高泽林，等. 柴河林区小啮齿类的生态学Ⅰ：生态区系和数量的季节消长［J］. 动物学报，1962，14（1）：44-48.

[8] 孙儒泳，方喜叶，高泽林，等. 柴河林区小啮齿类的生态学Ⅱ：垂直分布［J］. 动物学报，1962，14（2）：165-173.

[9] 孙儒泳. 生态学与人类［M］. 哈尔滨：黑龙江科学技术出版社，1982.

[10] 孙儒泳，林特溟. 近代的生态学（生物学基础知识丛书）［M］. 北京：科学出版社，1986.

[11] 孙儒泳. 动物生理生态学的发展趋势［M］// 中国生态学发展战略研究（第

一集）. 北京：中国经济出版社，1991.

［12］孙儒泳. 孙儒泳先生自述［J］. 北京师范大学校报，2008.

［13］奚家星，孙儒泳. 褐家鼠和社鼠肺皮蒸发失水量的初步比较［J］. 动物学报，1973（3）：75-85.

［14］王德华，等. 小型哺乳动物生理生态学研究与进化思想［J］. 兽类学报，2009，29（4）：343-351.

［15］张笛梅，等. 中国高等学校中的中国科学院院士传略［M］. 北京：高等教育出版社，1998.

［16］张良鸿. 孙儒泳传［M］. 宁波：宁波出版社，2005.

［17］中共中央文献研究室. 建国以来重要文献选编［M］. 北京：中央文献出版社，1993.

［18］中国科学院院士工作局. 科学的道路［M］. 上海：上海教育出版社，2005.

［19］中国生态学会. 生态学与社会经济发展［M］. 长沙：湖南科学技术出版社，1989.

［20］中国科学院学部联合办公室. 中国科学院院士自述［M］. 上海：上海教育出版社，1996.

［21］中共宁波市委党史研究室业务一处. 宁波八年抗战大事记［J］. 宁波通讯，2005（8）.

［22］［美］R.M.梅. 理论生态学［M］. 孙儒泳，等译. 北京：科学出版社，1980.

［23］孙儒泳：Geographic variation of some eco-physiological Characteristics Of Microtusarvalis and Clethrionomusglariolus in Moscow region.（inRussian）。Thesis of Moscow State University. 部分译文见北京师范大学学报（自然科学版），1959，1962.

［24］Sun Ruyong, Jing Shaoliang. Relation between average daily metabolic rate and resting metabolic rate of the Mongolian gerbil（Meriones unguiculatus）［J］. *Oecologia*, Berlin, 1984, 65：122-124.

［25］Cai bing, Sun Ruyung. Studies of the Mathematical model of Postnatal Development of Thermoregulation［J］. *Journal of Thermal Biology*, 1987, 12（3）：267-272.

［26］Sun Ruyung, Zeng Jinxiang. Postnatal Development of Thermoregulation in the Root Vole（Microtus oeconomus）and the Quantative Index of Homeothermy Ability［J］. *Journal of Thermal Biology*, 1987, 12（4）：267-272.

后 记

孙儒泳院士是著名的生态学家，是一位深受大家敬重的学者、长者和师者。他严谨求实、博学厚德的大师风范和勇于探索、不断创新的治学精神是后辈学习的楷模。高山仰止，景行景止。《情系生态：孙儒泳传》仅仅是孙儒泳院士丰富、精彩人生的一个缩影。

首先要感谢孙儒泳院士及他的夫人陈玉花女士。采集工作开始的时候，孙儒泳院士的身体情况良好，配合我们进行了两次录像访谈，一次在北京师范大学电视台录播室，另一次在孙儒泳院士的家中。孙儒泳院士分别回忆了童年生活、人生经历、求学过程以及治学经历。孙儒泳院士对年表逐条核对、确认，他严谨的工作作风给我们留下了深刻的印象。最让我们感动的是，为了丰富采集成果，孙儒泳院士虽然年事已高，但他热情地招呼我们，不时起身给我们拿来各种图片、资料供我们参考、复制。孙儒泳院士夫妇的支持和帮助，我们始终铭记于心。后来，孙儒泳院士因身体原因不能接受直接访谈。2020年2月14日8时50分，孙儒泳院士因病医治无效在广州逝世，享年93岁。孙儒泳院士的逝世，是我国生态学界的重大损失，他的学术品德和崇高精神值得我们永远学习。

在资料采集及研究报告的撰写过程中，我们还得到了孙儒泳院士的同行、同事、弟子们的支持和配合。主要有孙儒泳院士的同行、同乡、好友，中国科学院动物研究所王祖望研究员，北京师范大学副校长葛剑平教授、生命科学学院张正旺教授，中国科学院动物研究所王德华研究员，国家动物博物馆副馆长黄乘明研究员，北京师范大学生命科学学院刘定震教授、牛翠娟教授、张立教授，华南师范大学生命科学学院王安利院长、王维娜教授，孙儒泳院士的科研助手黄晨西老师、吴诗宝老师，首都医科大学周显青教授，北京师范大学出版社教辅分社姜涛社长，宁波四中张良鸿老师，等等，不一一列举。在此，向他们表示感谢。没有他们的支持和配合，采集工作不可能顺利完成。

在资料采集和研究过程中，北京师范大学电视台台长李美仙老师、科技处副处长戴杰老师，北京师范大学党委宣传部、档案馆、历史学院、生命科学学院等单位给予了大力的支持和帮助。在此也一并致谢。

由于笔者的水平所限，走笔行文恐难以尽述孙儒泳院士的风采，疏漏不妥之处，敬请各方批评指正。

朱汉国　李　葳　马红红

老科学家学术成长资料采集工程丛书
已出版（110种）

《卷舒开合任天真：何泽慧传》　　　《此生情怀寄树草：张宏达传》
《从红壤到黄土：朱显谟传》　　　　《梦里麦田是金黄：庄巧生传》
《山水人生：陈梦熊传》　　　　　　《大音希声：应崇福传》
《做一辈子研究生：林为干传》　　　《寻找地层深处的光：田在艺传》
《剑指苍穹：陈士橹传》　　　　　　《举重若重：徐光宪传》

《情系山河：张光斗传》　　　　　　《魂牵心系原子梦：钱三强传》
《金霉素·牛棚·生物固氮：沈善炯传》《往事皆烟：朱尊权传》
《胸怀大气：陶诗言传》　　　　　　《智者乐水：林秉南传》
《本然化成：谢毓元传》　　　　　　《远望情怀：许学彦传》
《一个共产党员的数学人生：谷超豪传》《没有盲区的天空：王越传》

《含章可贞：秦含章传》　　　　　　《行有则　知无涯：罗沛霖传》
《精业济群：彭司勋传》　　　　　　《为了孩子的明天：张金哲传》
《肝胆相照：吴孟超传》　　　　　　《梦想成真：张树政传》
《新青胜蓝惟所盼：陆婉珍传》　　　《情系梁菽：卢良恕传》
《核动力道路上的垦荒牛：彭士禄传》《笺草释木六十年：王文采传》

《探赜索隐　止于至善：蔡启瑞传》　《妙手生花：张涤生传》
《碧空丹心：李敏华传》　　　　　　《硅芯筑梦：王守武传》
《仁术宏愿：盛志勇传》　　　　　　《云卷云舒：黄士松传》
《踏遍青山矿业新：裴荣富传》　　　《让核技术接地气：陈子元传》
《求索军事医学之路：程天民传》　　《论文写在大地上：徐锦堂传》

《一心向学：陈清如传》　　　　　　《钤记：张兴钤传》
《许身为国最难忘：陈能宽》　　　　《寻找沃土：赵其国传》

《钢锁苍龙　霸贯九州：方秦汉传》
《一丝一世界：郁铭芳传》
《宏才大略：严东生传》
《我的气象生涯：陈学溶百岁自述》
《赤子丹心　中华之光：王大珩传》
《根深方叶茂：唐有祺传》
《大爱化作田间行：余松烈传》
《格致桃李伴公卿：沈克琦传》
《躬行出真知：王守觉传》
《草原之子：李博传》

《虚怀若谷：黄维垣传》
《乐在图书山水间：常印佛传》
《碧水丹心：刘建康传》
《我的教育人生：申泮文百岁自述》
《阡陌舞者：曾德超传》
《妙手握奇珠：张丽珠传》
《追求卓越：郭慕孙传》
《走向奥维耶多：谢学锦传》
《绚丽多彩的光谱人生：黄本立传》

《宏才大略　科学人生：严东生传》
《航空报国　杏坛追梦：范绪箕传》
《聚变情怀终不改：李正武传》
《真善合美：蒋锡夔传》
《治水殆与禹同功：文伏波传》
《用生命谱写蓝色梦想：张炳炎传》
《远古生命的守望者：李星学传》

《探究河口　巡研海岸：陈吉余传》
《胰岛素探秘者：张友尚传》
《一个人与一个系科：于同隐传》
《究脑穷源探细胞：陈宜张传》
《星剑光芒射斗牛：赵伊君传》
《蓝天事业的垦荒人：屠基达传》

《善度事理的世纪师者：袁文伯传》
《"齿"生无悔：王翰章传》
《慢病毒疫苗的开拓者：沈荣显传》
《殚思求火种　深情寄木铎：黄祖洽传》
《合成之美：戴立信传》
《誓言无声铸重器：黄旭华传》
《水运人生：刘济舟传》
《在断了 A 弦的琴上奏出多复变
　　最强音：陆启铿传》
《弄潮儿向涛头立：张乾二传》

《化作春泥：吴浩青传》
《低温王国拓荒人：洪朝生传》
《苍穹大业赤子心：梁思礼传》
《仁者医心：陈灏珠传》
《神乎其经：池志强传》
《种质资源总是情：董玉琛传》
《当油气遇见光明：翟光明传》
《微纳世界中国芯：李志坚传》
《至纯至强之光：高伯龙传》
《材料人生：涂铭旌传》

《一爆惊世建荣功：王方定传》
《轮轨丹心：沈志云传》
《继承与创新：五二三任务与青蒿素研发》

《淡泊致远　求真务实：郑维敏传》
《情系化学　返璞归真：徐晓白传》
《经纬乾坤：叶叔华传》
《山石磊落自成岩：王德滋传》
《但求深精新：陆熙炎传》
《聚焦星空：潘君骅传》

《寻梦衣被天下：梅自强传》
《海潮逐浪镜水周回：童秉纲口述人生》

《采数学之美为吾美：周毓麟传》
《神经药理学王国的"夸父"：金国章传》
《情系生物膜：杨福愉传》
《敬事而信：熊远著传》